由前世看今生

幸福外一章

劉心陽醫師 著

CONTENTS

I

XI

感謝

感謝廣播節目製作主持人郭念洛女士

感謝廣播節目製作主持人郭念洛女士的發心，用她清純又專業的廣播語音，盡心耗時將這本探索生命真相與指引的書《由前世看今生 - 幸福外一章》，編製成六十二個單元的有聲書，在YouTube網路播放。

郭念洛女士多年來一直涉身於廣播界，從事廣播製作主持近三十年，其服務跨足不同領域，例如促進身心建康、兒童教育與銀髮族樂活。近年於中國知音傳媒知音心理，主持「多愛自己一點點」微課程；並於中國大陸微信「念洛心視界」有聲節目，主持生活、心靈教育專欄。

郭念洛女士簡介：
國立臺北護理健康大學碩士
國立教育廣播電台節目製作、主持
美國國家催眠協會認證催眠師
哈佛心靈成長協會心理諮商師
TDEA國際心理諮商師

感謝品牌設計師簡緁優女士

感謝品牌設計師簡緁優女士發心，用她的設計專業，盡心耗時編排這本提升生命幸福與智慧的書《由前世看今生 - 幸福外一章》。

緁優在品牌設計領域，一直能突破傳統，
呈現頗多創新理念，本書編排即是一例。

簡緁優女士簡介：
國立台北科技大學經營管理學士
品牌設計師
哈佛心靈成長協會心理諮商師

劉心陽 醫師

劉心陽醫師早年於臺灣大學醫學院牙醫學系畢業後，持續在美國哈佛大學牙醫學院齒顎矯正研究所專研齒顎矯正學，取得美國齒顎矯正專家資格。同時在哈佛大學公共衛生學院取得公共衛生碩士學位。美國加州牙科執業醫師。

劉心陽醫師畢業後曾執業於美國哈佛大學附屬醫院「佛賽斯牙醫中心」，並任教於美國紐約大學牙醫學院齒顎矯正專科。1982年接受臺灣大學醫學院牙醫學系約聘返國任教。曾任三軍總醫院兼任齒顎矯正專科臨床教授。

自1983年迄至今，任職哈佛牙醫診所負責人，專業於齒顎矯正臨床醫療。此外，劉心陽醫師是美國國家催眠協會認證的催眠專家、TDEA國際心理諮商師、哈佛心靈成長協會創辦人。

除開醫療科學之外，劉心陽醫師跨足心靈科學與禪學兩個領域，擷取並聯結其中提昇心靈的精髓，發展出觸動豐盛美好生命的簡易方法。

XC

作者介紹

序章

2

———

序
章

序章

一個緣分的開始

以紅塵為道場，以覺心為菩提，生一爐緣分的火，煮一壺雲水禪心。

禪心禪語

對天才作家來說，寫書是件輕鬆工作，他們經常寫的又快又好。對專業作家來說，寫書是謀生工具，他們文思泉湧，幾乎天天寫。但對我而言寫書卻非如此，一則它像纖瘦的孕婦難產，一則天性疏懶，寫書立言不是我的選項。

約四年前，壓根沒意料到竟然寫了「潛意識對話」那本書。對於這個行動我頗驚奇，也頗欽佩自己。書出版的那天，我隆重的給自己一張 Hello Kitty 貼紙以資獎勵。但同時也告誡自己：「別再寫了，挺累人的，書讓別人寫吧！」

在一年前，我竟然重蹈覆轍，又著手寫了這本書《由前世看今生-幸福外一章》。

什麼因緣驅動我寫這本書呢？它絕非理性訴求，而是應許心靈深處某個寧靜指引：「寫吧，你會喜悅的。」接到指引後，我在理性上強化

了寫書動機。客觀來說，從提示生命真相與增益幸福來說，書中內容的確是有它的獨特性。此外，相信對許多人而言，它應頗有可讀性、娛樂性與啟發性。

許多人喜歡逛書店買書，但猜想多數人看完書後，書就被丟在書架上形同打入冷宮，書與他們斷絕了關係。對這本書，我有個奢望，就是當你看完它後，願意把書內資訊存留心中，讓它在你未來的生命中發酵，而促成生命變得既喜悅又精彩。

此刻我不禁在想，當你翻看這本書時，是否是個緣分的開始。

這本書談的內容，並非蕭規曹隨，追隨近代當紅的幸福學；也非獎掖風雅，探索如何取得財富、權勢、地位或愛。它是集合、整理與詮釋我累年透過催眠，對一些個案做的「前世回溯」與「神聖能量意識聯結」中截取的訊息，並透過這些訊息提示一些頗值得探索的人生議題：

- 💡 生命的真相到底是什麼？
- 💡 生命該做什麼才不虛此生？
- 💡 生命該如何規劃，才符合生命真相下最大的生命藍圖？

人該用什麼態度面對生命真相呢？

生命的背後隱藏著更大的生命真相嗎？如果有，那人們該用什麼態度面對它呢？

- 💡 是漠視生命真相，只是聽天由命，依憑緣分安排？
- 💡 還是積極探索生命背後隱藏的離世真相，而依循該真相經營生命？

面對此議題，也許你有興趣探索，也許你沒有興趣探索。如果是後者，那這個態度頗值得爭議，為什麼？當你不願意面對它，或者不經意的選錯了真相，它可能導致你經營生命的哲學與態度是錯的。想像生命如此珍貴，用錯誤的哲學與態度經營生命，不是蠻可惜嗎？

兩個不同版本的生命真相

根本來說，生命背後隱藏兩個不同版本的真相：

版本一：
生物學家達爾文提倡的進化論是對的，人往生進入黃土後就消散了，與黃土無異。

版本二：
如同宗教所說的，人往生後並沒有消失，會轉進到某個界域，扮演某個角色。

如果後者是真相，意指：「極可能你生命中所做的一切，與往生後的去處與角色息息相關。」在這種版本真相下，隨緣宿命論不是個明智選擇。

也許有些人會認定，當務之急並非探索生命真相，而是如何令生命更加快樂、幸福。在優先順序考量下，他會由幸福學書籍中汲取心靈雞湯，參加提升心靈的課程，尋求專業心理諮商，投入宗教，或甚至於遠渡西藏、尼泊爾，請求仁波切灌頂加持。

沒有錯，當生命感受匱乏，需要更多幸福時，找尋提升幸福的祕徑絕對有益。但回想一下，這些年來，許多人透過這些途徑尋找幸福，幸福感增加了多少呢？

或許你會消極的想：「這個議題我探索過了，但左找右找，找不到答案，我想放棄。」沒錯，也許你努力過了，但回想一下，你探索時用的工具是思想嗎？它是好工具嗎？思想中一切資源，都只是呱呱落地後入世經驗的累積而已，思想的入世資源可探索高維的離世真相嗎？

或許你會執持「科學至上論」，相信達爾文的進化論，認定人來自於原生細胞的演化，與神創造無關，你舉雙手擁護「無神論」。

試問，你確定你所相信的真相是真的真相嗎？在缺乏真知全信下，你打算像在拉斯維加斯賭場賭單雙嗎？賭輸了呢？請理解，我並非打擊你的信仰，只是想邀請更客觀地面對信仰。

或者宗教徒會想：「這個議題不必再探索，我的信仰已經給了我好答案。」當你說服自己你所相信的宗教信仰是真相時，面對信仰，你會每天研讀經書，也經常會在祈禱中與神對話，你的心念是堅定的。對這一切努力，你自我感覺良好，認定紮實掌握了生命真相，也認定堅實走在生命正道上。

我並非企圖評斷宗教的真實性，但何妨將頭抽離迷沙中，客觀回想：「當進入宗教後，你可曾真正在自由心下探索過信仰是否是生命真相呢？還是進入信仰前，就已說服自己完全接受信仰為真相呢？」

你必須正視一個殘酷的事實：「目前，這個世界檯面上存在的各類生命真相，遠超過論百種，而這些真相竟然不盡相同。」不是嗎？但真相當然只能有一個。

催眠下的「前世回溯」與「神聖能量意識聯結」

這本書載錄的內容，是我透過催眠累積的一些「前世回溯」與「神聖智慧能量意識聯結」案例。這些案例內容不獨有趣，且頗值得藉由它協助探索生命的真相。

此刻，你可能會好奇：「生命真相議題已經被人們激辯了數千年，至今都沒有答案，你這本書能說什麼？」也或者你會問：「你書中前世回溯或與神聖智慧能量意識聯結的個案訊息會是實相嗎？」

沒有錯，這本書不見得能說服你它提示的內容為實相，也非強制灌輸某個信仰的一言堂。它對個案催眠內容的處理模式與宗教信仰不同；宗教信仰直接倒樁式的提示結論，而本書則以邏輯辯證模式研析個案催眠內容。相信這種模式可增加探索生命真相的客觀性。

想像千年來，人們激昂的爭辯真相，口水已多到匯流成河，憤怒激烈的情緒甚至於引發戰爭。任何提示真相的企圖都會招致一部分人對你鼓掌，而另一部分人對你唾棄。

面對這本書，何妨用宏觀的柔軟心，將它當作故事書欣賞，不必刻意與其它真相評比而升起對立的情緒，也不必刻意採用思想慣用的雙分法，執意選擇相信或不相信。建議不妨把它丟在心靈深處的圖書館，慢慢地等待這些訊息在心靈深處自動發酵。也許有一天，你會歡喜地說：「我想它是真相。」

沒錯，真相就像是愛一樣，你不必思考分析，它來了就來了，你就是知道。

為什麼我要寫這本書呢？

當初寫這本書，並非為了彰顯催眠技巧或企圖將它變成信仰寶典。這本書提示的內容的確隱然指向某個真相，但更重要的是，它並非執著於結論，而是想藉由催眠中截取的訊息，引導人們省思最佳的經營生命哲學與模式。

環觀當下這個世界，處處充滿著冰冷的氛圍、分裂、悲苦與憤怒的激情。衷心希望透過這本書，能夠緩解這個世界繃緊的弦，為人們心靈中注入一股暖流與希望的光。我也希望透過這本書，引動你探索生命真相的興趣與擴展你探索生命真相的視野。

我不禁在想，透過這本書的迴響，人們是否更能夠善用生命，擁有更多幸福，過得更精彩，並讓生命符合生命真相下最大生命藍圖？

第一章　現代人幸福嗎？

9

第一章　現代人幸福嗎？

現代人幸福嗎？

繁忙快節奏的城市生活

近年拜經濟快速發展之賜，享受的物質和科技遠比歷史上任何年代都舒適，但跡象顯示：

- 生活上壓力大、競爭多。
- 視野越來越窄，心裡想的都是活下去的柴米油鹽，追求的都是帶不走的財富、權力、地位、享受。
- 內心過得不快樂、沒有安全感。
- 人與人關係卻變得緊張、冷漠。

當人們心靈困擾達到某個程度時，會警覺幸福受到威脅，生命難道就只是苦多於樂嗎？十九世紀法國著名的小說家安那托爾·佛朗士（Anatole France，1844年－1924年）曾經用九個字描述人生：「人，出生，受苦，然後死亡。」人生價值難道這九個字就描述完了嗎？

安那托爾·佛朗士
（Anatole France，1844年－1924年）

美國哈佛大學80年縱向幸福研究

自一九三八年開始，美國哈佛大學進行了一個長達八十年的社會學縱向追蹤研究，它的目標是探索人們的幸福根源。

該研究開始時，追蹤了七百二十四位麻省的波士頓居民。被測試者分成兩組，兩組被測試者背景迥異；第一組是當年哈佛大學大二學生，第二組則是當年波士頓最貧困地區居民。

該研究持續多年調查被測試者工作、生活、健康與心靈狀況等等。研究至今仍持續進行，研究執行者已歷經四代。至今，原先七百多位被測試者還存活的大約有60%，他們多已九十多歲。目前研究的對象，已擴展到原先被測試者的兩千名子孫。

綜觀八十年來幾十萬頁的訪談資料，研究結論顯示：「人們熱中索求的財富、權力、地位等等一切，與幸福無關。良好的人際關係才是創造幸福的根源。」基於這極有參考價值的社會研究，我們開始理解：「幸福不是來自於對外在世界的索求，而是來自於透過內省，創造圓融的社群關係。」

如果一個人面對生命無法感受幸福，那生命價值何在？基於此，追求幸福難道不是生命中最重要的事情嗎？

美國哈佛大學幸福課程

近年美國哈佛大學做了一個市調，調查該校最受學生歡迎的課程。調查結果有趣的指出，學生歡迎的課程不再是曾經當紅的課程，像是教導賺錢的王牌課程「經濟學導論」或「成功的祕密」，而是一位名不見經傳的年輕講師泰勒·本·沙哈爾（Tal Ben.Shahar，Ph.D.）開的一門「幸福學」。參加該課程的學生竟然破表，超過千人。

在沙哈爾主持的「幸福學」課程中，他沒講怎麼成功、賺錢，而是深入淺出地教導學生透過不同的生命觀，學習令生命能更快樂、幸福。

課程內容包括「什麼是正向心理學」、「幸福是一種隨機現象嗎」、「樂觀主義」、「積極的情緒」、「完美主義」、「幸福與幽默」、「收穫交流」等等。

可知道為什麼這堂幸福課程如此多學生參加嗎？ 它影射了哈佛學生的強烈需要。

哈佛大學在一項對該校學生持續六個月的心靈調查中發現：「哈佛學生普遍呈現心理健康危機；80%的學生一年內至少有一次感到非常沮喪、消沉；7%的學生至少每年有一次因為太沮喪而無法正常做事；10%的學生自稱曾經考慮過自殺。」

一位曾患嚴重焦慮和情緒紊亂的哈佛畢業生曾自評：「我是一個成績優異的哈佛精神病患者，時常不明原由哭泣，要把自己關起來才能睡覺。我看過幾個心理醫生，試過六種精神藥物，我休學兩個月應付自己的心理問題。 在內心深處，我經常覺得自己會窒息或者死去。」

好令人心疼的自評，不是嗎？

心靈空蕩痛苦的年輕人

曾經有個年輕人找我做心理諮商，他面貌姣好，曾出國留學，工作能力很強，家境富足，家裡給了他一個公司經營，使他輕鬆的做個太平董事長。外人看來，他一切客觀資源完美，但他莫名的經常感覺憂鬱跟痛苦，因此來找我諮商。

我在他的面前放了張空白紙，要求他從客觀角度寫下他生命的缺陷。他想了至少一分鐘，在紙上寫不出一個字，有趣嗎？為什麼一切在客觀世界富足的人，心靈卻是空蕩跟痛苦呢？

曾與一個好友家庭到峇里島旅行，深夜於別墅大家敞開心懷聊天。朋友抬起他三十多歲女兒的手，展示她手腕上多處刀疤。他告訴我他女兒自青春期起，已經多次自殺未遂。在既往二、三十年中，每天都擔心他的女兒會選擇了斷自己。為什麼一個生長在幸福家庭的女孩會選擇輕生呢？

假如天使給你一個願望

人們都希望擁有幸福，針對這個議題，不妨冥想一個情境：

假設有天你清晨剛起床，睜開眼睛時，發現床邊站著一個帶著和藹微笑的天使。天使對你說：「今天是你的好日子，我想給你一個願望，只要你說出願望，我可以讓它實現，但只有一個願望。」

你會選擇哪一個願望呢？我邀請你把手放在心的位置，認真思考，回應天使要什麼。會是財富？權力？地位？成就？瀟灑或美麗的伴侶？青春美貌？生活享受？長命百歲？健康？

也許你會想向天使要上述某個東西，試問，如果你擁有上述一切，但生命缺乏幸福感，那你所擁有的真的那麼有價值嗎？另一個更值得探討的議題是：「人們汲汲營營的追求幸福，但總是茫然，不知道幸福在哪裡。」

我們都被綁架了

《金錢世界》

1960年代，全世界最富有的人是美國石油大亨保羅·蓋提，他創立蓋提石油公司。近年有個頗受好評的電影《金錢世界》，它描述保羅·蓋提的孫子約翰·保羅·蓋提三世遭到意大利黑手黨綁架的故事。

年僅十六歲的約翰·保羅·蓋提三世於1973年在羅馬遭黑手黨綁架。小蓋提被綁架後，黑手黨威脅保羅·蓋提給出1700萬美元的贖金，但老蓋提卻堅持不肯付錢。直到六個月後，歹徒割掉小蓋提右耳寄到保羅家裏，老蓋提才在討價還價下，付了美金360萬贖金。被救出來的保羅·蓋提三世由於綁架時被折磨的陰影，自此他終日吸毒，五十四歲就過世了。

看了這個影片，會不會覺得心有戚戚焉？你也許會自覺幸運，因為被綁架的不是你，但答案是如此嗎？我們每個人活著，每天想做這個或不想做那個，總覺得生命是自由的。然而這是個騙局，我們真的自由嗎？認真講，我們都被綁架了。

駭客任務（The Matrix）的虛擬世界

看過電影駭客任務嗎？它是一部1999年好萊塢科幻電影，由基努·李維主演男主角尼歐（Neo）。尼歐是個電腦工程師，一直過著平淡生活，直到某天，莫菲斯告訴尼歐他生活的世界並非真實世界，而是電腦母體（Matrix）在程式下所創造的虛擬世界。

電影中，人類自以為自由的生活，其實被電腦母體綁架了，人類只是電腦母體創造的虛擬世界中的機械人。人類感覺生命經驗的一切彷彿真實，但卻是泡沫幻影。

不妨此刻檢視一下生命內容，回想一下：「我們都自認面對生命，在自由心下選擇我們想要的生命內容，但真的如此嗎？」試問，你面對你的生命，從學校唸書到工作，到生命中所做的事情，你真正在做心裡想做的事情嗎？還是你被綁架了呢？」

神創造了一頭牛寓言

有一個寓言「神創造了一頭牛」，它頗入味的描述被綁架的人生。

有天，神創造了一頭牛，神對牛說：「你要整天在田裡替農夫耕田，供應牛奶給人類飲用。此外，你要工作直至日落，而你只能吃草。我給你50年的壽命。」牛抗議道：「我這麼辛苦，還只能吃草，我只要20年壽命，剩下的還給你。」神答應了。

第二天，神創造了猴子，神跟猴子說：「你需要娛樂人類，令他們歡笑，你要表演翻跟斗，而你只能吃香蕉，我給你20年的壽命。」猴子抗議：「要引人發笑，表演雜技，還要翻跟斗，這麼辛苦，我只要活10年好了。」神也答應了。

第三天，神創造了狗。神對狗說：「你要站在門口吠，吃主人吃剩的東西，我給你25年的壽命。」狗抗議道：「整天坐在門口吠，太無趣了，我只要15年壽命就好了，剩下的還給你。」神答應了。

第四天，神創造了人。神對人說：「你只需要睡覺、吃東西和玩耍，不用做任何事情，只需要盡情地享受生命，我給你20年的壽命。」人抗議道：「這麼好的生活只有20年，太短了啦！」神沒說話。人對神說：「這樣吧。牛還了30年給你，猴子還了10年，狗也還了10年，這些都給我好了，那我就能活到70歲。」神答應了。

這就是為甚麼我們的頭二十年只需要吃飯、睡覺和玩耍；之後的三十年，我們像一條牛整天工作養家；接著的十年，我們退休了，不得不像隻猴子表演雜耍來娛樂自己的孫兒；最後的十年，整天留在家裡，像一條狗坐在門口看門。

欣賞了這個寓言後有什麼感想？太誇張了嗎？還是很真實呢？依我的觀察，多數人經營的生命型態跟這個寓言頗相似。

往下，我描述一些現代普世生活現象驗證這個寓言真實性。

學校辛苦唸書19年

現代多數幼兒呱呱落地後，會在二、三歲時進入幼稚園。記得在我小的時候，去幼稚園是歡喜的，唯一做的就是吃點心與玩遊戲。然而現代幼稚園不同，某些幼稚園已經開始教導一些東西了。在美國，甚至於有幼稚園聲稱是「長春藤聯盟」的先修班。

可知道從幼稚園開始學習一直到大學結束，要學習幾年？足足十九年。

記得在剛入學校時嗎？你的父母與學校會告訴你：「唸書是重要的，唯有把書唸好，才會有好成績；有了好成績，才能進好學校；進了好學校，將來才會有好的工作；有了好的工作，才能夠賺比較多錢；有了錢，才能過好的生活。」這是多麼具說服力的人生哲學，不是嗎？

在這種「唸書萬萬歲」生命觀下，孩子唸書感覺競爭多，壓力大。因此睡眠變少了，情緒變壞了，眼鏡也戴起來了。最終，原本孩子們應該開心享受的十九年生命，變成了辛苦掙扎的十九年。

如果唸書對生命有諸多幫助也就算了，但真的如此嗎？回想一下，我們學校唸的東西七成以上不都忘了嗎？此外，學校唸的東西有多少在職場上真正用得上呢？如果這兩個現象為真，那唸書又是為什麼呢？試問，我們這十九年唸書沒有被綁架嗎？

職場辛苦工作40年

當畢業後進入職場工作，你的父母與周邊親友都會告訴你：「如果要生活過得好，面對工作得打拼。你要相信社會資源是有限的，必須利用競爭手段去奪取少數資源。」

當你奉行這個哲學觀時，工作就變成是一個搶奪資源的殺戮戰場。它令你面對工作時充滿了壓力、疲倦與痛苦。總結來說，多數人工作的四十年是辛苦的。想像一下，工作佔了生命超過一半時間，如果你不喜歡你的工作，那你的生命又有何幸福可言呢？

但此刻你也許會說：「你講的沒錯，但我必須工作。」這句話既對也錯，難道你不能夠尋求喜歡的工作嗎？追根究底，從結論來說，你還是被工作綁架了四十年。

退休後無奈的燃燒生命

一個人辛苦工作一輩子，當他退休時，會理所當然認定往後生活會變得很輕鬆、很享受，但答案不一定是如此。

當他退休後，清晨睜開眼睛，他開始慌張，不知道該如何消磨時間。

為什麼？許多人年輕時忙著在職場打拼，必須放棄享受，也因為如此，退休後他們不懂得如何享受生命。

曾經被電台邀請演講，演講題目是：「如何面對退休的生活？」。聽了這個講題，就可猜想許多人面對退休生活經常滿困擾的，不知道該如何消磨日子。當他們不知道怎麼經營生活時，經常心裡會莫名的產生焦慮。

我認識一個將軍，他在職場時叱吒風雲，每天清晨早操時，至少有上萬士兵在廣場聽他演講，他過得挺順心如意，且頗有成就感。他在退休後有天見到我，跟我說：「劉兄，我最近有憂鬱症，正在吃藥。」

還有一位蠻有名的皮膚科醫師，今年也六十多了。前段時間碰到他，發現他還在看診，就問他：「你已經到這個年齡了，為什麼不考慮退休，好好的享受生命呢？」他說：「別開玩笑了，我退休了做什麼？」

有趣嗎？許多人退休後都無法找出自己想做的事，這難道不是另外一種綁架嗎？

生命充滿壓力跟痛苦

我們面對每天的生命，總希望能夠感覺到平靜喜悅，然而經常事與願違。相反地，我們經常感覺到壓力、耽憂、恐懼與痛苦。面對不愉快的情緒，我們會找原因；有時找到了原因，但有時完全無由，只是莫名的不愉快。

元朝著名的小說家王實甫寫了一本非常有名的小說《西廂記》。《西廂記》中有一首詩描述著書中女主角崔鶯鶯莫名的惆悵情緒。這首詩是：「花落水流紅，閒愁萬種，無語怨東風」。

這首詩說些什麼呢？

崔鶯鶯坐在溪流旁邊，看到樹上紅花掉落流水中，落花多到讓水面呈見一片紅色。鶯鶯明明生命一切安好，但心裡總是有著萬般愁。 她心裡左找右找，總是找不到惆悵原因。既然找不到，她就乾脆怪罪將花吹落流水的東風。

我幫助一些年輕人做心靈諮商；客觀上他們長相好、身體好、家世好，有很好的教育與工作能力，然而他們卻總是感覺到憂鬱與痛苦。

當人們心靈感受憂鬱與痛苦時，會嘗試找方法解決，例如參加心靈課程，找心理醫生諮商，或找精神科醫師接受藥物治療。你可知道全世界一年鎮靜劑、安眠藥使用量有多少嗎？

生命中充滿著慾望

人的大腦中有個「思想」，只要「思想」存在，每天就會起心動念，總是想著「要這個東西」、「要那個東西」。要什麼東西呢？例如像是財富、地位、權利、愛、成就感、掌聲等等。人們面對慾望永遠無止境，像呼吸般如此的自然；追求完一個慾望後，會再追求另一個，生命變成一個不斷追求慾望的樂章。

追求慾望本身並非不對，只要是人，誰不追求慾望呢？但你可知道追求慾望會帶給你二種迷失：

其一：追求慾望帶出四種壓力與痛苦

 當你在追求慾望的過程中，會沒有壓力嗎？
 當你追求到慾望，但追求的不夠多，不會感覺到不滿嗎？
 當你追求到慾望，怕失去這個慾望，沒有患得患失的壓力嗎？
 當你追求到的慾望消失了，難道沒有痛苦嗎？

其二：得到的慾望帶不走

追求慾望背後隱藏著一個迷思：「就算生命中你能夠順利追求到慾望，但死亡後，你帶得走嗎？」如果辛苦打拼追求到的東西都帶不走，那慾望又有多少價值呢？

綜觀上述，許多人面對生命被綁架，被綁架的生命如何奢言幸福呢？如果你的生命缺乏幸福感，試過一些方法效果不彰，那又該怎麼辦呢？

希望你能夠透過這本書提示的生命訊息
引導出對生命不同的心靈感受、觀點與態度
藉此能引領生命走上幸福之路

幸福不是來自於對外在世界的索求
而來自於內在世界的轉化

第二章　四個生命層次

四個生命層次

沒有比人生更難的藝術，因為其他的藝術和學問，到處都可以找到很理想的老師。

盧修斯·阿奈烏斯·塞內卡或辛尼加
（Lucius Annaeus Seneca，西元前4年－65年）

我們買房子，會挑選公寓的樓層，因為不同樓層看的街景不一樣，面對生命也該如此。如果你想智慧的經營生命，最佳方式不是悶頭悶腦的衝入紅塵，依主觀感受想做什麼就做什麼，你該考慮謀定而後動。要學習離開生命平台，將自己放在生命至高點下觀生命。當你如此細觀生命時，生命會變得如清溪般清澈見底。

生命尤如萬花筒般形態萬千，每個人經營生命各吹各的號，全都不同調。細觀生命，你可知道生命可分成四個層次？想知道你活在那個層次？

第一個層次：柴米油鹽層次

我們一來到世間，社會就會在我們面前豎起了一個巨大的問號，你怎樣度過自己的一生？我從不把安逸和快樂看作是生活的本身，這種倫理基礎，我叫它豬欄的理想。

愛因斯坦（Albert Einstein，1879年－1955年）

多數人面對人生，總是掛心生活中的柴、米、油、鹽。他們每天努力打拼，為的是力求溫飽和安全。當你面對生命每天擔心物質匱乏時，這種心念會讓你感覺到壓力並衍生痛苦，同時讓你耗費過多精力在物性世界，促使你生命內容乏善可陳。相信多數現代人生活在這個層次中，它約佔85%人類。

有一次，搭上某個計程車，上計程車不久，這個司機就開始抱怨。他抱怨開了四十年車子，以前日子好過，一天賺個三、四千塊錢不難，現在經濟不景氣，要賺三千塊錢至少要開十幾個小時，還不一定賺得到。他抱怨政府無能，也抱怨等紅綠燈時間太長了。他一路上喃喃自語，直到我下車為止。

我認識一個女士，她抱怨幸福不足找我諮商。她說，自年輕起就在某家銀行上班，已持續二十五年了。這二十五年的銀行生涯是什麼樣子呢？

她每天例行早上六點起床，為兩個孩子準備早餐，把孩子們送到學校後開始上班。有時因為結算，在公司得經常忙到晚上七、八點鐘才回到家。她回家後可忙了，要做飯、洗碗，又得幫孩子檢查功課。等到全部事情做完後已到了深夜，才能上床睡覺。她這樣的日子每天千篇一律不變。

人生本就不長，一輩子為了柴、米、油、鹽，汲汲營營的辛苦活著，不覺得既無趣又無奈嗎？

第二個層次：體面層次

人們努力追求的庸俗目標：財產、虛榮、奢侈的生活，我總覺得都是可鄙的。虛假永遠無聊乏味，令人生厭。

愛因斯坦（Albert Einstein，1879年－1955年）

第二個體面層次的人生像什麼呢？

有些人面對生活已無溫飽和安全疑慮，他們會更進一步，努力追求社會價值觀下認定有價值的東西，例如像是財富、權力、地位、成就、享受等等。對這一切，他們有能力追求到。當他們追求到這些東西，讓他們自覺在社會中活得非常體面，也得到別人的羨慕。當然，在體面哲學觀下，他們會努力強化並維持這個生活層次。粗估活在體面層次的人約佔10%。

然而體面歸體面，活在體面層次的人是辛苦的，為什麼？因為當他努力去追求某些東西，會自動衍生四種辛苦：

- 當他在追求時，當然會耗費精力，感到辛苦。
- 當他追求到了但自覺不足時，會感到沮喪、不滿。
- 當他追求到了怕失去時，會有保護它的辛苦。
- 當他追求到了卻不幸失去了它，會非常地痛苦。

此外，當他汲汲營營追求這些東西，得要善用競爭、對立手段，可想像這個追求過程必定是利己的、缺愛的。一個缺愛的心靈會快樂嗎？再說，當他耗費時間追求這些東西時，會有時間去做自己真正想做的嗎？在尋夢的世界，他缺席了。然而最糟的是什麼？他追求到的一切都帶不走。

威廉．薩默塞特．毛姆（William Somerset Maugham，1874年-1965年）是十九世紀英國成功的劇作家，別人認定毛姆活的風光精彩，但毛姆在九十一歲死前完全不同意這種說法。他非常痛苦悔恨地說：「我快要死了，而我一點也不喜歡這個想法。如果我死了，我甚至於連一張桌子都帶不走，我這一輩子徹底失敗了，我希望我從來沒有寫下任何一個字；它有為我帶來什麼嗎？我的人生失敗了，現在要改變也太晚了」。

威廉．薩默塞特．毛姆
（William Somerset Maugham，
1874年-1965年）

弗里德里希·威廉·尼采（Friedrich Wilhelm Nietzsche，1844年 - 1900年）是著名的德國哲學家，他對「存在主義」與「後現代主義」有獨創見解，在西方哲學領域中極有影響力。尼采被社會認定充滿人生智慧，且活在體面層次，但他真的活得好嗎？

尼采的生命一直活得坎坷、痛苦，他到了晚年已經精神錯亂，行為也越發瘋狂。他曾經在意大利阿爾伯托廣場看見一匹馬被馬夫鞭打，他上前抱住馬的脖子痛哭說道：「我受苦受難的兄弟啊！」他令世人認定體面、精彩地哲學觀帶給了他什麼？是幸福？還是詛咒？

弗里德里希·威廉·尼采
（Friedrich Wilhelm Nietzsche，
1844年 - 1900年）

尼采最為人稱道的一句名言是：「上帝已死。」不管尼采這句話的意思是上帝根本就不存在，或者上帝在人心中已經死亡，它摧毀了西方形上學的根基，也令人們陷入對生命的迷惘，認定生命本質上並不存在任何價值。當人們心中虛無主義當道，就會失去對生命的熱誠與心靈的寄託，也會畏懼死亡後永遠消散的痛苦。

近代政治史上最大的奇蹟，可能是川普當選美國總統。他講話粗魯，並不真正懂政治，幾乎沒有多少人相信川普會當選總統，但他竟然當選了。川普是一個標準追求體面層次成功的佼佼者，然而體面的代價真的那麼好嗎？川普快樂嗎？

唐納·約翰·川普
（Donald John Trump，1946年6月14日 - ）
美國政治人物及企業家，
現任美國總統（第45任）

去年政治風雲人物金正恩是政治史上另一個奇蹟，他不到三十歲就掌控了北韓。他不斷的發射導彈，造成全世界許多人擔心核戰。他真的是一個喜歡核子戰爭的狂人嗎？或者是，或許不是，但金正恩是一個標準追求體面層次的人，你認為他快樂嗎？

第三個層次：精彩層次

人生不是一支短短的蠟燭，而是一支暫時由我們拿著的火炬。我們一定要把它燃得十分光明燦爛，然後交給下一代的人們。

愛因斯坦（Albert Einstein，1879年－1955年）

當你擁有如此難得的生命，又如此短暫，當然切莫辜負了它。你應該竭盡所能令生命精彩，精彩到像是跨年燦爛美麗的煙火，而不要令生命變作風中搖擺的微弱燭光，每天只是無趣的燃燒，等待死亡。

如果你同意生命值得精彩，那下個提問是：「什麼叫做精彩呢？」其實每個人依據個性、生命背景、文化背景不同，認定的精彩內容必定不一樣。所以，所謂生命精彩的事情，是每一個人心中最想做的事情。

論及做心裡想去做的，從結論來說很多人交了白卷。

令生命精彩最基本的考驗，是你是否喜歡你的工作？想像工作佔了你六成生命，如果你不喜歡，如何能談論生命精彩呢？有些人會辯解：「我不是不願意做喜歡的工作，但為了生活不得不如此。」真的如此嗎？你真的為五斗米折腰嗎？

不妨看看著名港星周潤發的生命哲學。

周潤發近年把他絕大部分財富約五十多億捐了出去，他知道生命中錢財帶不走，與其如此，不如順勢幫助窮苦的人。

周潤發曾表達他的生命觀，他說：「我拍片不是為了賺錢，也不是為了追求名聲，我就是喜歡而已。」

他強調：「很多人為什麼一輩子過得都不快樂呢？就是沒找到自己喜歡做的事情。人的能力雖有大小，但有一點是共同的，就是一個人找到了自己喜歡做的事，才會活得有意思有滋味。」

面對財富，周潤發不流俗於當下社會認同的價值觀，將多年辛苦拍片賺到的錢，一股腦輕鬆的捐了出去。在生活上，他清楚知道明星只是他營生的工作，而不是他。他平日如常人般融入社會，不自許為閃亮且高高在上的明星。相信對他而言，他會認定他所營造的生命是精彩歡喜的。

第四個層次：屬靈層次

人生意義的大小，不在乎「外界的變遷」，而在乎「內心的經驗」。
「外貌的美」是短暫的、表面的；「精神的美」才是內在永恆的。

　　　　愛因斯坦（Albert Einstein，1879年－1955年）

什麼叫做屬靈的生命層次？

我們提到過，生命背後存在兩個不同版本真相，第一個版本是：「人死亡後就消失了，不管你擁有多少財富、權勢、愛，往生都是一堆黃土。」第二個版本是：「人死亡後靈魂並未消散，會以另一個不同角色去某個界域。」

不妨做個假設，如果第二個版本真相為實相，人往生後並未消失，則在這個真相下，人來人間既非偶然，就極可能在生命背後存在著某些高維規劃。換言之，我們生命中所做的一切，極可能與往生後將去的界域與將轉化的角色息息相關。

如果上述屬實，生命所做的一切與往生後際遇息息相關，那理所當然的，我們應該設法理解生命真相，例如：

- 🔎 我是誰？
- 🔎 生命到底是什麼？
- 🔎 我為什麼而來？
- 🔎 生命中該做什麼符合最大生命藍圖？

當你處於「屬靈層次」積極探索生命真相，那麼你會在真相指引下，懂得放棄掉生命中帶不走的東西，譬如說像是財富、權利、地位、掌聲、成就、享受等等，也懂得追求生命中可帶走的東西，並創造本世生命最大的藍圖。活在「屬靈層次」的人生，稱為「屬靈人生」。

什麼是生命中可帶走的東西呢？
依據我在回溯中收集的資料，它就是「愛」與「慈悲」

為什麼「愛」與「慈悲」帶得走呢？
因為這個宇宙最源頭的神聖能量意識
祂的震動頻率就是「愛」跟「慈悲」

這裡所談到的愛，不是私慾的愛，而是無條件的利他愛。這個愛對外展現的行為，就是讓這個社會變得美好。例如：

- 莫札特透過音樂讓世界變得美好。
- 梵谷透過藝術讓人生變得多彩多姿。
- 林肯解放黑奴創造公平的世界。
- 愛因斯坦透過科學創見讓人們更接近真理。
- 修女特蕾莎將生命貢獻給窮困病痛的人。
- 達賴透過宗教提升人們的心靈。

愛因斯坦（Albert Einstein，1879年-1955年）曾說：「雄心壯志」不會產生任何真正有價值的東西。只有「對於人類和對於客觀事物的熱愛與獻身精神」，才能產生真正有價值的東西。

愛因斯坦講這段話必須建立在一個先決條件，就是他認定人往生後並沒有消失。如果人往生後消失了，那他提示的內容並無價值。從這個角度來看，愛因斯坦是相信有神論的。

寫這本書潛在的理由，就是針對屬靈人生有興趣的人提示屬靈人生方面的訊息與建言。

我可以選擇較高的生命層次嗎？

不妨此刻認真的探討：「當了解了生命存在四個層次，我可以選擇較高的生命層次嗎？」

對這個提問，我猜許多人也許會喃喃自語的抱怨：「我不是不想進入更高的層次，但是現實環境讓我辦不到。」答案真的是如此嗎？難道我們真的沒有另類解決方案嗎？

有一個人在面試時被考官問到一個考題：「假設你在暴風雨中，開車經過一個公車站時，看到公車站內有三個人，一個是你夢中的完美情人，一個是曾救過你生命的老朋友，另外一個是需要幫助的孤苦老年人。如果你只能選一位搭你的車，該如何選擇呢？」這個年輕人給的答案是：「把鑰匙交給他的老朋友，讓老朋友開著他的車帶這個孤苦老年人回家，他自己下車，在公車站跟這個夢中情人一起等車。」我們面對人生總覺得充滿制約，是嗎？難道生命真的沒有解決方案嗎？

如何提升生命層次？

柴米油鹽層次的人如何不比較？

許多一輩子生活在柴米油鹽層次的人也許會否定提升層次的看法，他會抱怨說：「我連柴米油鹽都不夠了，怎麼可能選擇更高層次呢？」但答案不盡然如此。

想像一下，二百年前的人的確物質匱乏，需要在生活中打拼才能有足夠物質。然而在現代，很少人真正是乞丐，他們經常可找到工作，有足夠物質。但為什麼他們會抱怨物質不足呢？其實並非真的不足，而是他們心念中在比較。在比較下，他們覺得自己的房子不夠大，車子不夠好，吃得不夠享受。是因為比較，才產生柴米油鹽不足的錯覺。

活在體面層次的人如何改變「價值觀」？

活在體面層次的人呢？他們會很難放棄追求社會價值觀下認定有價值的東西。其實沒錯，追求這些東西並非不好，但當過度用力時，會產

生許多辛苦與壓力。況且，這些東西是他們生命中帶不走的，追求生命中帶不走的東西那麼重要嗎？

活在精彩層次的人如何讓心「自由」？

當你願意活在第三個層次，希望生命過得精彩，就得先要有顆沒有被綁架的自由心。如何讓你的心自由呢？

經常我們以為我們是自由的，但這是假自由，真正的自由是來自於沒有恐懼的平靜心。當免於恐懼的平靜心存在時，你內在會出現一個溫馨的智慧建言，它清楚的提示你生命該做什麼是精彩的。

如何讓內在免於恐懼呢？最好的方法就是靜心。

活在屬靈層次的人如何「覺知」生命的真相？

當然，如果你接受上方論述，也相信生命外另有生命，我猜你會積極的希望活在「屬靈層次」。要進入屬靈的層次，就必需學習擁有屬靈的覺知。在覺知中，你可知曉「你是誰」，也知曉生命該做什麼符合「最大的生命藍圖」。

如何擁有屬靈的覺知呢？最好的方法是靜心。當你在靜心狀態中，無意識（Nil Consciousness）（註）會升起，它可接收「量子能量網」中對你生命的訊息與指引。當你在屬靈覺知中接到的訊息與指引，你會清楚如何引導生命走向屬靈的中正大道。

註：無意識（Nil consciousness）。
本書中定義的無意識非心理學定義的無意識，它近似佛家認定心靈深
處的「真我」或「自性」。

可能你會懷疑，靜心真的可接收生命訊息與指
引嗎？其實這個模式並非我的創建。當初，佛
陀就是在菩提樹下禪定四十九天後，透過心靈
深處的「自性」覺知生命的真相與指引。

屬靈人生的核心基礎就是「利他的愛」。然而
「利他」是多麼難，因為多數人傾向「利己」
而不「利他」。就算是一些人想愛別人，但由
於自己正面臨生活困苦或過度繁忙，泥菩薩過
江自身難保，沒有餘力去愛別人。

但答案真的如此悲觀嗎？

我曾舉辦過一個十天的課程「光與愛」，它主要目的是培訓心理諮商
師。對這種利他課程，我認定是個挑戰，開課最多小貓兩三隻參加而
已。但答案令我驚訝，這個課程竟然幾天內就爆滿了。為什麼會有這
麼多人願意參加利他的心靈課程呢？佛陀講過一句話：「人心中都是
佛。」我們內在深處都存在著愛與慈悲，而我們惟一需要做的，只是
開啟心靈愛與慈悲的門而已。

你也許會問我：「我暫時同意你的見解，但如果往生後我們都消失了
呢？這一切不是白做了嗎？」

其實不管生命結束後答案是哪一個？
如果人往生後就消失了，那麼學習愛有什麼不好？

如果人往生後沒有消失
那你可賺大了
你學習的愛是生命能帶走的東西
所以不管生命真相是哪一個，能夠愛人永遠是贏家

追根究底
如果你面對生命想要提升到屬靈層次
你得堅實的說服自已屬靈層次不是空幻的理論

這本書也是為了驗證屬靈層次的存在而寫的

第三章　人活著幹什麼？

第三章　人活著幹什麼？

人活著幹什麼？

我對生命真相的思量

在死亡的門前，我們要思量的不是生命的空虛，而是它的重要性。

蘇格拉底（Socrates，前469年-前399年，古希臘哲學家）

記得在我十六歲時，面對未知的生命充滿了好奇與不安。我曾在半夜心靈空蕩時掛心自問：「人活著幹什麼？」「人死了就結束了嗎？」當時，在侷限的思想中攪動尋覓，卻總是找不到答案，心中悲觀的認定：「人死後大概就結束了。」

我也曾經哀怨的自問：「如果人來人間這麼的短，來了還是快快的要走，那不管生命多麼快樂、精彩，擁有多少物質、愛，終究要放棄這一切，那人為什麼一定要來人間呢？人生是祝福還是詛咒呢？」在這種負面想法下，心中總是充滿著濃濃的鬱悶、惆悵。

年輕時，對生命真相的關懷一直在心中盤繞不止，我決定透過宗教試圖瞭解它。

在大學時，我走入教堂聽牧師佈道，研讀聖經，參加唱詩班，也經常虔誠對神禱告。但兩年後，我清楚的知道，我可以勉強坐在教堂裡聆聽牧師佈道；我可以自我催眠，在心中植入一個夢幻的神；我也可以重覆頌讀聖經，強化我的信仰；但我也知道這一切努力都是枉然，因為這些都無法令我捕捉到一個真實的上帝，我毅然而然離開了教堂。

這些年來，我內心從未停止過探索生命真相，也不停的自問：「神在嗎？」「生命到底是什麼？」我認定必定有個路徑可令我能紮實的覺知生命真相。

人期望不朽

人們的主要問題是他是否關心無限，這根本就是生命的問題。如果我們瞭解真正的重點是無限，才能避免投注心力於徒勞無益的追求。

卡爾·古斯塔夫·榮格（Carl Gustav Jung，1875年－1961年）

許多人日復一日過著重覆的無趣生活，或全心投注在追求物質或某些目標。當這一切無法令他們感受到喜悅，或令他們自覺生命空洞，他們對生命會產生迷惘與恐懼，會期待抱持著一些能夠令心靈安詳的信仰，例如像是靈魂永在、神、天堂等等。

多數的宗教提示了使人們心靈安適的「重生觀」，「重生觀」當然美好，它令人們相信塵世不是生命最終歸宿，往生後靈體永存，死亡只是永恆生命中的一個轉換期。在「重生觀」下，人們面對生命的態度將會不同，他們會更坦然接受生命中面臨的肉體殘疾與心靈痛苦，也會說服自己苦難是神的善意安排，其背後擁有某個高尚理由。他們更願意相信靈魂降臨人世的目的，是為了學習勇氣、愛與智慧等高尚的心靈特質。

不朽的「重生觀」可帶給人希望，安撫焦慮，更可令人們自在的面對死亡。有神真好，不是嗎？誰不喜歡有神？只要你相信神與死後世界的存在時，它所引導的生命經驗將會有所不同。但人是不是無限不朽的呢？世上真的有神嗎？

相反的，如果人們抱持「無神論」，認定死亡後魂體消散無蹤，那麼不管死後真相是什麼，除了少數天生個性樂觀的人，多數人非常難仰賴任何模式消解生命經驗的痛苦。痛苦對他的心靈傷害是直接且敏感的，有多少的苦痛，就得用多少的心理創傷來承擔。此外，他的痛苦會在死亡迫近時愈加強烈。死亡前，當他想到將放下塵世間一切擁有的，放下親情，他必定極度痛苦，他的人生將不會是贏家。

人們在沒有「聖盃」的世界中，社會將會變得混亂無序，傳統倫理道德必定棄兵卸甲。人們會相互運用零障礙的超自由心與競爭掠奪的手段，隨心所欲的進行利己的生命活動。當愛與善在人間消失時，平靜的生命秩序就是奢言。

對生命真相不同的見解會促成不同的生命內容，這個答案倒是不難想像。

面對生命，這個謎團是誰猜對了？是相信神與靈魂永存的有神論者猜對了？還是相信靈魂死後消散無蹤的無神論者猜對了？最終，不管誰猜對了，無神論者注定將永遠是輸家，不是嗎？

「無神論」是真相嗎？

蟑螂是我們的遠房親戚

對人類的起源，達爾文提示了進化論。他相信人不是神創造的，而是在大自然物競天擇的選擇下演化而成的。自二百年前演化論誕生後，世界上頗多的人開始漸漸相信人的創生是與神無關的，而死亡就是死亡了，與塵土無異。

如果達爾文的進化論是對的，人不是神創造的，而是由單細胞億萬年

慢慢演化而成的，那我們在動物園裡看到了猩猩、猴子，就得多給一點尊重，因為牠們是我們堂兄弟妹。連我們在廚房裡打殺蟑螂前也得三思，因為牠們也可能是我們的遠房親戚。

近年美國曾做過一個調查，約三至四成的人接受進化論。而不意外的，七成以上的科學家都是無神論者，喝科學奶水長大的科學家當然傾向於相信科學的無神論點。

近數百年自從牛頓時代的「天體機械運行論」興起，再加乘達爾文「進化論」的普及，七十年代後，有神論漸漸式微。在美國，法律明令中學教科書唯一官方認可的人類起源學說是「進化論」，且明令不准在校園裡禱告。因此，神變成了校園外的孤兒。

人往生後剩下的就是一個墓碑

如果達爾文的進化論是真相，人生命結束後就徹底消散了，那在這個真相下，人們面對生命該怎麼做是對的呢？答案顯然簡單：「人們不管做什麼都對。」

在這個哲理下，我們想像一下，一個將軍叱吒風雲、百戰沙場、戰無不勝，為國家立下無數汗馬功勞，也為自己建立了豐功偉業。然而他往生後，卻遺憾的什麼都帶不走，唯一剩下的，就是一堆黃土和一個尊榮的墓碑而已。將軍往生後的生命結論跟一個默默無聞的平民百姓相比，有什麼差別呢？

一個企業家企業經營得非常成功，變成億萬富豪，也獲得社會崇拜與敬重。然而他往生後，一切擁有的財富、地位都帶不走。 他往生後的生命結論跟一個貧窮乞丐相比，又有多大差別呢？

一個萬人唾棄、無惡不作的強盜生命中傷天害理，幹盡壞事，然而他往生後一切歸零終了，也沒有任何處罰 。他唯一剩下的，仍也如同一個廣施善行的慈善家，是一堆黃土和一個墓碑而已。

「無神論者」利己生命觀

如果「無神論」是真相，生命就只一次，過完了就終了了，那人們會傾向於執持「利己生命觀」，儘量讓自己生活過享受、舒服、快樂，不是嗎？在這種生命觀下面對社會，人們會傾向於放棄道德，對周邊人的愛也變少了。

當然，執持「無神論」的人並不一定會用這種哲學觀面對社會，但是他會傾向於如此做，不是嗎？此外，無神論者會比有神論者更難以面對死亡。

到底「無神論」與「有神論」誰執勝方？

不同宗教信仰不同真相

然而如果「有神論」是真相，那我們會遇到困擾，因為不同宗教信仰間存在矛盾，本書舉三個主流宗教信仰為例。

一、基督教

第一個要分享的宗教是基督教，它是目前世界最大宗教，擁有約二十四億個信徒，與伊斯蘭教、佛教並列當今世界三大宗教。

基督教是以「耶和華神」、「耶穌」和「天國」為信仰核心的「一神教」。基督教相信獨一的神耶和華創造了宇宙與萬物，並依自己的樣子創造了亞當。上帝怕亞當寂寞，用亞當的肋骨創造了夏娃，並為亞當、夏娃創造了美好的伊甸園，讓亞當、夏娃快樂的居住其中，享受永恆生命。

可是神警告亞當、夏娃，他們在伊甸園中可自由地做任何事情，但不得摘取園中「知識樹」上的禁果。亞當與夏娃聽信了扮裝成蛇的魔鬼誘惑，摘食了禁果，犯了神的罪。神處罰亞當與夏娃不再永生，並且將他們驅逐出伊甸園。也因此，人生下來就得承襲祖先亞當、夏娃的原罪，且無法無條件回到神的身邊與神的天堂。

不過，耶和華給了人一條回到祂身邊的路，就是人必須承認耶和華為唯一的主，承認自己的原罪，並遵從聖經教義。如此，人們可重新與神和好，並得神的赦免與享受永生。

耶穌基督為神的兒子，祂為了將世人從罪惡中拯救出來，降世為人，並被釘死在十字架上贖了世人的罪。但耶穌基督將要再來，所有的人都要復活，接受最後的審判。

人如果不能認知耶和華為唯一真神，不能在生命中執行神的教導，則將得不到神的救贖與赦免，往生後可能在神的審判下，其靈魂要與神永遠隔絕，並要下地獄永受火刑折磨。

耶穌的在世事蹟最初並沒有文字紀錄，而在祂往生六十年後，人們才將耶穌事蹟記錄下來，它被稱為《新約全書》。《新約全書》千年來經由論百位作者綜編而成，被教徒宣稱其所載內容來自於神的啟示。考證基督教歷史，基於長年多位作者編輯，基督教教義一直在增、減與改編中。換句話說，聖經在演化中。神當然不會演化，演化的是人的心。

多年來，分裂下的各個基督教支派在教義分歧下，各取所需，用能接受的聖經內容為核心信仰侍奉相同的主。

舉例說明：

💡 在四世紀，基督教為當時羅馬帝國國教。羅馬帝國基於社會、政治需求與人性教導，在經書中增補禮儀教導。

💡 十六世紀馬丁路德進行宗教改革，創立基督新教，宣稱聖經為信仰的唯一正確不變的經典。

💡 十九世紀出現自由派神學，該派認定聖經記載多處錯誤，其內容不乏只是傳說、寓言或想像，比如童女懷孕、死人復活、行神蹟等。它反對用聖經作為信仰基礎，只使用聖經中一些他們認定可取的道德教訓。

💡 福音派基督徒則反對自由派神學見解，宣稱這個支派的信徒根本就不信基督教。福音派提出「聖經無誤說」，強調聖經必然的正確性與權威性。

二、佛教

佛教是世界第三大宗教，信徒約五億，它提示的教義與基督教差異頗大。

佛教稱整個總宇宙為三千大千世界，認定三千大千世界有三種界域，包括慾界、色界與無色界，其中慾界存在有慾望的生物。慾界存有六個道（界域），它分別是天、人、阿修羅、畜生、餓鬼、地獄，而人類在「人道」。

依佛教教義，認定人們往生後並未消失，會基於生命中造的業（所做的一切），在「因果業報定律」裁定下進入六道輪迴中承受業報。人處在的人道在六道中算是好道，而慾界中比人道好的道只有天道。

依佛教教義提示，當人在生命中積存足夠功德，往生後會在業報律安排下，進入享受美好生命的天道。但天道有個缺點，就是人在天道非永恆享受，而有時間限制。人在天道結束後，必須重新墮落六道輪迴中。當墮落六道，最好是回到人道，如果墮落其它道就變悲慘了。

如果人在人間做了惡事，那往生後可能墜入三個惡道中輪轉受業。如果墮落了末三道，不管是畜生道、餓鬼道或地獄道，那可就陷入萬劫不復之境了。

佛教也提示：「如果人想離開六道輪迴，唯藉由修習佛法、無相布施與放下五蘊。」此外，佛教也提示：「人與神並不是分離的，人的內在其實都是佛，只是人在五蘊的遮蓋下變得無明。每個人均可以透過修行證悟成佛或菩薩。」

佛教的淨土門另闢蹊徑；淨土門提示：「如果眾生存在善心，累積善事功德，經常一心默念南無阿彌陀佛，則死後將跳脫輪迴，前往西方極樂世界。」

佛教教義把死亡後的一切說的清楚扼要，頗能得到信徒全心篤信，也願意將其教義訂定為生命準繩認真執行。

佛教有本蓮花生大士撰寫的經書《西藏度亡經》，書中斬釘截鐵的指出：「死亡只是靈魂脫除肉體，進入另一種生命形態的開始，而不是生命的結束。」這個過程稱為「中陰得度」。《西藏度亡經》被佛教徒認定是往生後靈體轉世指南，中陰時若依循這個指南，則擁有機會跳脫輪迴，前往西方極樂世界。

佛教版本的真相與基督教版本的真相大不相同。

三、神祕主義

近數百年來，有一群人否定無條件接納宗教信仰，並質疑宗教經書的真實性。他們認定經書多年來經許多作者撰寫、改編，其中可能暗存人為錯誤、企圖或者私心。因此，他們拒絕接受二手教條，而在探索生命真相議題上另闢蹊徑，這種探索模式被稱為神祕主義。神祕主義者認為人的靈魂深層擁有某種高維意識，它被稱為「更高的自我」。「更高的自我」蘊含無限潛能，可聯結真理源頭探知生命真相。

近年來吹著靈異風潮，在該風潮下神祕主義急速發展。它的背後反應出近年人們在自由心下對傳統宗教信仰逐漸喪失信心，並認同屬靈的覺知。有趣的是，許多神祕主義者在超自然感知下所截取的訊息，大

體是雷同的或相似的。從科學角度觀察，這種現象是存在意義的。

神祕主義者利用屬靈覺知探索到的生命訊息歸納如下：

- 💡 人往生後並未消失，靈魂永存。
- 💡 往生並非存在終結，它只是靈在靈性長河流動的中途站。
- 💡 三維地球界域外另有高維靈性世界，人往生後可回歸這個界域。
- 💡 高維靈性世界充滿著光、愛與關懷，也存在著共修的靈性夥伴。
- 💡 生命經歷的部分內容並非偶然，它們是人來人間前預設的；例如
  出生在某個家庭、娶某個妻子、嫁（娶）給某人、做某種工作或
  遭遇某些狀況。
- 💡 生命預設內容存在著經驗與（或）教育雙重目的。
- 💡 從教育的角度，既定規劃是為了學習某些心靈屬性，例如像是自
  由、勇氣、愛與智慧等等。
- 💡 人不管生命中做了什麼，並沒有地獄的處罰，地獄是人心自創的
  自責幻相。

神秘主義提示的內容與主要宗教提示的信仰不盡相同。到底那個版本
才是生命真相呢？

往下探討：「該如何探索生命真相呢？」

第四章　傳統探索生命真相的方法好嗎？

第四章　傳統探索生命真相的方法好嗎？

傳統探索生命真相的方法好嗎？

你們還沒有去尋求，就先來找我。所有的信徒都是這樣，故而一切信仰也就不足取了。

弗里德里希‧威廉‧尼采《查拉圖斯特拉如是說》
（Friedrich Wilhelm Nietzsche，1844年－1900年）

信仰提示的生命真相差異很大

分享了上述三種不同信仰內容，會不會開始有點迷惑呢？因為三種信仰提示的生命真相差距頗大。

面對這三種信仰，我們不禁思考這些信仰是如何來的？

- 💡 它們是事實嗎？
- 💡 它們是透過超意識覺知到的生命訊息？
- 💡 它們是有神論者呼應心靈苦悶或企求永恆，而在集體潛意識下投射的幻相或臆想？

至今，人們在真理大海中知道的少到不能再少了，它促使幾千年來人們爭辯不休，而沒有任何結論。現實的問題來了，芸芸眾生面對生命真相，到底該相信那個版本的真相呢？

天使直接現身

面對探索生命真相，當然
最理想的途徑，就是神明
直接出現在人們面前，或
者如《舊約聖經》所載，
神再次創造神跡，如此人
們就沒有任何疑惑了。

我認識一個美國知名的牧
師，他證道時群眾坐的滿
坑滿谷。我們一起用餐，
他邊吃邊跟我說：「我見
到天使三次，祂們告訴我
人間未來的十大災難」。
他送給我一本他出版的薄
冊，冊內畫了十個天使告
知他的災難預言。依據觀
察，近年七個大災難符合
薄冊內的前七個預言。

第七個預言畫的是矗立在
紐約島南角碎裂的自由女
神雕像。他告訴我當他依
據天使訊息畫第七個預言
時，不能理解該預言是什
麼，直到2001年美國紐約九一一恐怖攻擊事件發生。

如果這個牧師見到天使的經歷為真，相信他對聖經所載將了無懷疑，
他不再需要間接在經典中找尋神跡。但遺憾的是對多數人來說，神或
天使只是聖經故事中的角色。

傳統科學能驗證生命真相嗎？

傳統科學如何面對生命真相

近代科學長足發展，創造了大躍進的物質文明，例如像飛機、微波爐、手機、電腦等等，這一切科學產品豐潤了物質生活。但科學近幾百年來面對形上學，例如靈魂、前世、神等等議題，卻興趣缺缺。

為什麼呢？最大的原因是科學方法、儀器不足，侷限了探索能力。因為如此，科學乾脆將形上學打入冷宮。當人們希望憑藉科學發現幫助增加對生命真相的理解，他們會失望。

至目前為止，科學不但未能著眼在探索形上學，它反向透過天文物理學與生物學的研究發現，否定了形上學的真實性，創傷了有神論者的信仰。

天文物理科學的機械宇宙觀 (Mechanical cosmology)

宇宙中唯有兩件事物是無限的：那就是宇宙的大小與人的愚蠢，而宇宙的大小我卻不能肯定 。

> 阿爾伯特‧愛因斯坦（Albert Einstein，1879年－1955年）

綜觀數百年前科學史，當時科學家無條件的相信上帝的存在。他們以執持的宗教信仰為科學根基，認定所有天體創造與運行皆是上帝存在的痕跡。

然而近百年來，科學家開始否定「神在論」，轉換以純科學的理性態度探索宇宙。在這種態度下，天文物理科學家提出了「機械宇宙觀（Mechanical cosmology）」。機械宇宙觀指出：「宇宙的一切從生成到運行，像一部有完整能力自行運作的龐大機器，它不需要神的參與與協助。」

機械宇宙觀毫不困難的把神推到了宇宙外緣，也幾乎把神學基礎與信仰連根拔起。在機械宇宙觀逼迫下，擁神論者既無法抗衡它對神的質疑，但又不願意放棄「神在論」，他們技巧的迂迴轉進，改口說道：「造世主不是不在，祂只是默默的躲在宇宙後面，一言不發，一事不做。」

依邏輯，人們不能腳踏二條船；如果你相信「機械宇宙觀」，就得否定神的存在；如果你相信神的存在，就得否定「機械宇宙觀」；你只能二選一，沒有中間灰色空間。

當科學光環不再照耀上帝，許多當初在「無神論」與「有神論」間舉棋不定的游離者開始欣然接納「機械宇宙觀」。人們驚憂，因為他們感受到科學已經不再提供安心立命的寄託，也摒棄了靈魂與永生的哲學空間。

不管神存在與否，無神論對人們心靈撞擊是沈重的。在沒有神的世界裡，由於人們缺乏信仰下良善的引導，一切的生命行動將是物性導向的。社會在競爭導向的利己哲學下，變成了無愛的冰冷世界，無愛世界中找得到幸福嗎？難怪尼采消極冷酷的註解人生「上帝已死」。

機械宇宙觀可採信嗎？

可知道宇宙有多大嗎？

我們身處的地球歸屬在太陽系之中，而太陽系歸屬在銀河系之中，光是銀河系就包含幾千億個星球。但銀河系在整個宇宙卻不值一提，宇宙包含了多達幾千億個類似銀河系的星系。

宇宙何其之大，然而至今科學家對它探索的足跡，仍侷限於太陽星系之內。人們目前能觀察到的可見宇宙極少，少到僅佔總宇宙的4%而已，而無法探測的暗能量佔73%，無法探測的暗物質佔23%。天文學家至今仍無法瞭解剩餘的96%宇宙是什麼？

此外，有許多宇宙議題仍然未解；例如，什麼是宇宙大爆炸前的奇異點？什麼因素促發奇異點爆炸？這個自發性的智慧宇宙是如何生成的呢？

面對宇宙的真相，就如同面對包含千塊碎片的大象拼圖。想像當科學家手中僅握有極少的大象拼圖碎片時，如何拼湊的出大象呢？用不足的拼圖碎片企圖拼湊大象，會存在太多的猜測與膨脹的驕傲。

也許千年後真相會萌現，但真相萌現前，真相舞台上唯一霸持麥克風的代言人仍然只是科學家。在這種跛腳情況下，無法提示證據的宗教如何能對抗證據導向的科學？

美國著名的電視連續劇「CSI犯罪現場」深獲好評；它每一集總能夠智慧的抽絲剝繭，在極微薄證據下推繹出犯罪真相。科學找尋真理的推繹過程與犯罪案中找尋真兇過程極為相似，兩者同時用觀察到的片面資訊去還原真相。但遺憾的是，「CSI犯罪現場」中的完美推論境界在科學世界裡並不存在。

基本上，科學99%的知識都是構架在假設之下。科學藉由串聯一堆假設，疊起了一個貌似真相的天梯。這種企圖既是危險的野心，也令科學變成了另類宗教信仰。科學本身不會過度猜測，猜測是科學家的心態。

此外，科學家身處三維的地球，企圖用制約的五官意識覺知與侷促的入世思想解讀高維的離世實相。它頗像是小魚缸中的金魚，透過視覺扭曲的魚缸企圖解讀魚缸外的世界，它極易陷入井蛙觀天之嫌。

有人說：「如果你想要說一句可被接受的謊言，必須先說九十九句真話。」但科學卻得天獨厚，有言論豁免權。套句馬克吐溫（Mark Twain，1835年~1910年）說過的一句妙語：「科學有一個很迷人的現象；對真相做一點點投資，可以得到一大缸的猜測。」

愛因斯坦（Albert Einstein，1879年~1955年）也曾評註現代科學，他說：「我在漫長一生中學會一件事，相較於真實的狀況，所有的科學研究都顯得十分原始和小兒科。」

如果未來科學想要更接近真理，必須放下框限的知識與方法，用謙卑且無約束的自由探索未知。對此點，艾薩克·牛頓（Isaac Newton，1643年 - 1727年）會舉雙手贊成，他說：「我僅是一個在海邊嬉戲的頑童，偶或為發現一粒光滑的石子，或一片可愛的貝殼而歡喜，在此同時，我對我面前偉大的真理海洋，卻視而無睹。」

達爾文的進化論為真嗎？

其實近百年來對「有神論」衝擊最大的，不是「機械宇宙觀」，而是達爾文的「進化論」。達爾文相信：「人與萬物是經由單細胞演化而成，而非神創造的。」

「進化論」的存在是個奇蹟，為什麼呢？它僅是個科學假說，但所有的教科書均載明「進化論」是不必爭論的科學真相。憑心而論，它並沒有被完整的證實。

有趣的是，就算是多數人對「進化論」能朗朗上口， 認定它是真相，但宗教仍堅持「神創論」。例如基督教仍宣稱「六日創世」，並認定「進化論」是知識界的暴行。

在十九世紀達爾文時代之前，多數人皆認同上帝的良善與循序漸進的造世計畫，也相信萬能的神同時創造了宇宙與地球上物種，而萬物自成一個完美的循環。循環中，自然之鏈的每一個環節緊密相扣，絲毫未曾斷損變更，任何環節的破損便唐突了上帝造物的美意。

查爾斯·羅伯特·達爾文，
FRS（Charles Robert Darwin，
1809年2月12日－1882年4月19日）

智慧創造論

過去千年來，不乏一些知名哲學家提示支持「智慧創造論」的思辯。例如柏拉圖（公元前427－公元前347年）在其晚期哲學著作中，闡述了哲學概念中的「道（Logos）」，它意指宇宙存有至高智慧和能力的自然造物主。亞里士多德（公元前384至公元前322年）也在其著作《形上學》中提示了「宇宙創造者」存在的論點。

在1802年，英國培利牧師（William Paley）在出版的著作《自然神學》中，使用了鐘錶匠的比喻來隱喻神的存在。他提示：「在上帝良善的設計下，無論是人的眼睛或鳥翅，每個物種的構造精細而完美。」培利認定生物有機體如同功能機械，被設計在特別環境具有完整功能。培利相信這些精良設計的證據是造物主上帝存在的證明。

威廉培利（William Paley，
1743年7月至1805年5月25日）

培利用一個比喻解釋這個論點，他說：「一個走過荒野的人若踢到一塊石頭，他可能會猜測石頭一直躺在那裡。但若是在地上發現了一隻錶，他會理所當然的追究錶是怎麼來的。」

培利認為：「錶和石頭不同，錶有很多零件，所有的零件皆為達到同一個計時功能組合起來的。那些零件只有在組合後才有作用，半隻錶是無法計時的。因此，必定有個設計錶的人。」培利斷言，要說錶只是這些零件多種不同組合裡的一種，這種說法太荒謬了。培利同時指出，自然界之中可發現數不清比錶更複雜的構造。

近期的「智能設計假說」中，擁護者持續強化培利宣揚的「智能設計論」，這些倡導者認為：「在自然系統中，無序的自然力量無法充分解釋一些現象，它必須歸結於智能的設計。」在二十世紀，「智能設計假說」是試圖顛覆進化論的現代神學變形。隨著進化論的發展，對抗的「智能設計假說」的論據也在變化，但其核心觀點沒變：「複雜的系統必須有一個設計者。」

在十九世紀，這個思辯創生了「自然神學」；所謂「自然神學」，即通過研究生物學來探索神的旨意。這一個運動促成了蒐集生物化石和標本的熱潮。但是無心插柳柳成蔭，它反向的造就了達爾文《物種起源》的誕生。

分子生物遺傳學（Molecular genetics）

近年來支持進化論最具說服力的證據，是來自於分子生物遺傳學。分子生物遺傳學的一些研究驚奇的發現：「人類與動物遺傳密碼間呈現高度的相似性，它是人類與動物間親緣性最具說服性的證據。」例如說，人與紅猩猩DNA排序相似性高達99.99%，而人與細菌DNA排序相似性竟然也達七成以上。

物種間除了DNA相似性之外，由DNA所轉譯出來的蛋白質胺基酸序列也呈現高度的相似性，這也構成了動物間呈親緣性的重要證據。例如，分子生物學家發現，人在血紅素的多胜肽腱有一百四十六個胺基酸，而人與恆河猴的多胜肽腱排序幾乎盡同，僅有八個胺基酸相異。

如果達爾文的進化論為真，人不是神創造的，而只是與其它萬物般由單細胞演化而來的，那身為野獸的人其內在擁有獸性就是正常的，而仁慈反而違反人性。如果人的確是野獸，那獸性的「殺戮和競爭」本質就會自由且無制約的蔓延到人類社會，你願意忍受這個冰涼無愛的世界嗎？

達爾文的進化論為真嗎？

進化論提示了很多支持證據，但不管它提示多少證據，進化論不是沒有嚴重的破綻。例如說，至今進化論支持者全然無法說明動物複雜精密的遺傳長鏈分子DNA或RNA是如何出現的，它一直是個科學界迷團，科學家至今無法提示令人心服的科學證據。

演化學家聲稱，只要年代夠久，無機物會緩慢的在豐沛的大自然能量環境中自動隨機組合，形成眾多短鏈胺基酸斷片。而在足夠演化時間下與適當的能量溫床下，一堆胺基酸短鏈斷片會自動聚合，形成極精密複雜的創生生物的遺傳基因DNA。然後大自然能透過物競天擇的機序，將具環境競爭力生物的遺傳基因保存而延續。

這個理論貌似理性，但缺乏客觀科學論證。至今，科學家在實驗室中不管如何模仿在遠古大自然環境下製造DNA，最多只能製造一些無任何意義的胺基酸碎短斷片而已，連一小截類似DNA的短鏈分子都無法製成。基此，如此連存有智慧的科學家都無法複製部分DNA，那又如何奢言大自然辦的到呢？

我們買彩券前，會藉由客觀概率計算出中獎機會。 概率專家曾嘗試推算由胺基酸短鏈斷片組成DNA的機率。依據隨機演算，大自然組成DNA的機率幾近「零」。

演化學家譏評「智能設計論」的不當且缺乏科學論據。但不妨用直觀想像，如果有人撞碎一片玻璃牆，無數斷碎的玻璃片落地後，竟然在地上自動排序，構成一幅羅浮宮收藏的名畫「蒙娜麗莎的微笑」，面對這個現象，你仍會認為是巧合嗎？還是會認為是某種特定的安排？你喜歡什麼答案？

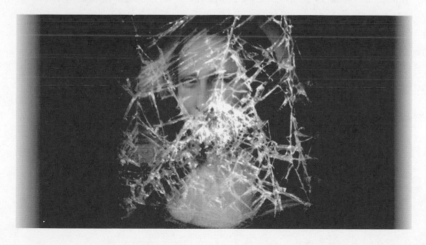

第四章 傳統探索生命真相的方法好嗎？

萬物起源假設

既然既存的科學發現建築在大量的猜測或假設之下，那我們何妨也依樣畫葫蘆，大膽推出一個「萬物起源假設」。記住，這個假設只是假設，但不妨思考它是否可能。

這個假設提示：「**引導生成萬物的遺傳基因DNA並非在大自然能量引導下生成，而是直接經由某種高維神聖智慧能量意識播種於地球上。這個神聖智慧能量意識藉由不斷的調整這個原始DNA的部分結構，而創生萬物。**」

在這個假設下，萬物非經由演化生成，而是由「至高智慧能量意識」藉由提供DNA而創生。這個假說有可能性嗎？科學家當然無法排除它存在的可能性；但同樣的，它潛在的難點是無法被科學方法證實。

面對萬物起源議題什麼是理性的態度

面對支持無神論的「機械宇宙觀」與「進化論」，什麼是現今理性的態度？

連非科學的法庭判決，都知道得依據完整蒐證，那天文物理學家與遺傳演化學家靠著手上握著的片面資訊，卻聲稱真相已現，它如何可被

接受？基於這兩個理論的不完整性，在未能圓滿解答前，暫時擱置它們不下定論，會是個智慧且理性的選擇。

在科學歷史上，經常是公眾的意見錯誤而科學的意見正確。但面對「有神論」，科學依據片面發現而否定「有神論」過度的主觀，它跨越了科學應有的理性精神。 在沒有更明確答案前，人們應暫時保持開放的觀望態度。

過度仰賴侷限的知識而遽下定論，會收縮我們的視野與智慧。對於這一點，蘇格拉底說的好，他說：「我比別人知道得多的，不過是我知道自己的無知。我非常清楚地知道，我並沒有智慧，不論大的還是小的都沒有。」

當科學自以為知道很多，開始滔滔不絕時，就失去對真相的謙卑，放棄了可能看到真相的機會。科學不是不好，但科學不過只是搜索真理的工具，並非完美的真理本身。

無神論與宗教對立的矛盾，相信未來百年內不會改變。科學家仍然會用著手上有限的發現，去創設無數飛躍的假設；而宗教也會迂迴閃避科學的質疑，聲稱審判將至。我會建議「相信神」或者「不信神」雙方陣營，可在真相未清前暫時寬容對方的想法。

思想探索生命真相合適嗎？

曾經你們看錯我，今天又錯看我，思想變的是你，然而我還是我。

三國曹操（155年－220年）

面對探索生命真相，人們會理所當然的利用思想為工具，但思想是個跛腳工具，為什麼？因為思想中所有一切的資源，包括知識、經驗或邏輯思維，都是入世資源而已。利用入世資源探索出世的未知領域，必定掛一漏萬、荒腔走板。

思想下的「邏輯思維」奠基在「因果邏輯」。用白話一點，「因果邏

輯」就是「為什麼」。人們的思想有個特色，只要發現兩個事件一前一後連續發生時，會習慣性的將兩種事件聯想在一起，認定前面的事件是因，後面的事件是果。如果套公式，就是：「因為A，所以B」。

例如：

💡 因為先生不愛我，所以我痛苦。
💡 因為孩子不孝順我，所以我悲傷。
💡 因為老闆不支持我，所以我工作失敗。

Jane的母親是加害者嗎？

一位醫生如果想療癒疾病，會探索疾病成因。當他知道原因後，就擁有機會療癒疾病。但人們的「因果邏輯」能找到生命真相嗎？依眾多經驗，利用「因果邏輯」找到的原因經常是錯的。

心靈痛苦的人經常藉由因果邏輯探索痛苦成因，並且經常自認找到答案，但卻痛苦無解。

舉例說明。

Jane是個中年女士，很希望能夠跟她年邁母親建立圓融關係，但心裡總存著幼年母親責打她的回憶，令她反射性的對母親心生恐懼，無法靠近她的母親，她希望透過心理諮商改善她對母親的恐懼。

在心理諮商中，Jane認定她之所以無法接近她的母親，是因為母親在她幼年時對她凶暴的態度，這個回憶促成她無法接近她的母親。她所建立的因果邏輯似乎理所當然，但答案真的是如此嗎？

透過諮商，發現Jane的母親在她小的時候，Jane的外祖母也是用同樣粗暴的方式對待Jane的母親。Jane的外祖母對Jane母親的暴虐方式令Jane母親的潛意識中被植入了一個「暴虐教育印記」。這個印記，令Jane的母親在印記的影響下用暴虐模式對待Jane。然而不只如此，同樣的現象也發生在Jane的外曾祖母對待Jane的外祖母，她們這三代上代對下代的暴虐教育模式是一代傳一代。

在這個的瞭解下，Jane開始知道她的母親對她的粗暴態度並非始作俑者，真正的始作俑者是她的外曾祖母。

一個律師的瀕死經驗

這個瀕死經驗是個律師的真實經歷。

有個律師經驗過瀕死經驗;在瀕死經驗中,他通過一個光的甬道到達另一端,在另一端出現了一個天使與他相會。天使在律師面前展現一個大銀幕,在銀幕上律師看到他既往往生命中種種經歷。

天使讓他看到他所住的社區中有一個乞丐,他問這個律師說:「你知道這個乞丐是誰嗎?」這個律師說:「這個乞丐在社區中既骯髒又惹人嫌,許多社區的人都排斥他」。

天使這時候說:「請再仔細的看這個乞丐。」這時候律師在銀幕上看到的,不再是那個骯髒的乞丐,而是個充滿著光的天使。天使告訴他說:「這個乞丐是個天使,他進入人間扮演一個乞丐,希望人們能夠透過他學習包容與愛。」

如果這個律師的瀕死經驗是實相,那麼這個律師利用思想中的因果邏輯去分析這個乞丐,顯然錯的離譜。

前世的債務

相信前世今生嗎？我講一個前世回溯案例。

有位女士面對她的婚姻非常痛苦，先生經常對她不好，她因此找我做心理諮商。在催眠引導下，這個女士進入了她某個前世。她在該世是個男人，而她本世的先生就是她該世的妻子，他們的角色對調了，她在那一世對她的妻子（這一世的先生）非常的暴虐。在回溯中，她覺知到她該世對她先生暴虐的態度創造了她本世的業，也覺知到本世必需透過先生施加給她的橫逆經驗，學習上一世沒有學到的「寬容」與「愛」。

藉由上述案例，是否開始理解思想下的因果邏輯不可靠呢？

從宗教信仰中探索真相

宗教是夢，在夢中堅持醒著。

　　　　　　　　　　木心（埃及‧拉瑪丹）

多數人會透過宗教尋找生命真相，然而這種模式基本上是跛腳的，為什麼呢？

想像一下，當一個人進入宗教，想探索該宗教的信仰是否是真相時，

他該怎麼做呢？他會利用參加集會或研讀經書探索信仰。但對多數宗教徒來說，問題來了，當他加入某個宗教後，他壓根進入宗教時就已經放棄了探索真相的企圖，他心念中已經打算無條件相信這個宗教的信仰就是真相。他唯一做的，就只是強化信仰而已。

採用上述方法的宗教徒必須有所警覺，為什麼？許多不同宗教提示的真相版本是不同的，任何宗教徒憑藉什麼而具有完整的信心，相信他所相信的宗教信仰就是真相呢？

在此
並非評斷任何宗教提示的信仰是否是真相
但請接受一個事實
「真相只能有一個」
不是嗎？

真正的探索必須是無方向的；非制約的與自由的
而非先決定相信再強化這個相信

研讀經書可探索真相嗎？

不妨更深入探討透過經書探索真相。

很多宗教徒會非常認真仔細的研讀經書，希望從經書點滴文句中的找尋生命真相。如何研讀呢？

利用邏輯學中的「因果論證」。所謂「因果論證」，就是利用一個句子來論述一個現象的因果關係。這類因果句子結構存在兩個變數，一個變數是因，一個變數是果。為了要符合因果關係，這兩個變數之間必須是兩個獨立的變數。套用公式，就是：因為「A」，所以「B」。

舉個例子來說：

💡　因為太陽升起來了(因)，所以大地變熱了（果）。
💡　因為澆了水了（因），所以樹生長了（果）。
💡　因為別人打了我一拳（因），所以我的眼睛變成熊貓（果）。

然而從利用「因果論證」探索經書中生命真相會是個死胡同，為什麼呢？因為它陷入了邏輯學中的「循環論證」。聽過「循環論證」嗎？「循環論證」跟「因果論證」的文句敘述外表相同，但有顯著差別。

在循環論證敘述中，雖然也存在著兩個變數，這兩個變數貌似獨立變數，但其實卻是同一個變數。

舉個例子來說。

敘述如下：「強生因為教音樂，所以強生是音樂老師。」

這段話貌似「因果論證」，但根本什麼都沒有說，與因果無關。其語句中的兩個變數根本不是兩個獨立變數，而是同一個變數，它們都是在講強生教音樂而已。這種型態的敘述稱之為循環論證。

再舉個例子。

牧師佈道：神是存在的。

信徒問：為什麼神是存在的呢？

牧師回應：因為神講的話都記錄在聖經裡，而聖經裡清楚說明神必定存在。

這段話不是「因果」敘述，它唯一說的只是：「聖經中記載神是存在的。」它是個循環論證，與因果無關。

另舉個例子。

牧師佈道：聖經裡寫的一切都是對的。

信徒質疑：為什麼聖經裡寫的都是對的呢？

牧師回應：因為聖經是上帝寫的，而上帝不說謊，所以聖經寫的都是對的。

信徒再質疑：你怎麼知道上帝不說謊呢？

牧師回應：因為聖經是這麼寫的。

這一段話也根本不是「因果」敘述，它唯一說的只是：「聖經中記載上帝不說謊。」

此處並非意圖批判任何宗教信仰是不是真相，只是藉此談論「循環論證」本質。

自我催眠強化信仰

一些人探索生命真相，會不斷地背誦、研讀經書自我催眠，在他的潛意識中植入「信仰印記」，利用這個印記強化信仰。追根究底，印記本質上與實相與否無關，它反而可能變成探索真相的絆腳石。

我催眠過一些宗教徒，在催眠中他們常常會見到神。有趣的是，基督教徒催眠中見到的神千篇一律都是「耶和華」或「天使」，而佛教徒催眠中見到的神不是「佛陀」就是「菩薩」。試問，到底他們催眠中見的「耶和華」、「佛陀」或「菩薩」，那個神是真相？或者都是真相？或者部分是真相？或者都不是真相？

試問，如果這些人在催眠中見的每個神都實存，那麼佛教徒看到的就不一定是佛陀、菩薩，可能是耶和華；同樣的，基督教徒看到的也許不是耶和華，可能是菩薩、佛陀，不是嗎？

如果基督教是對的，這個宇宙只有一個神耶和華，那麼這些人在催眠中所見到的神，不管是佛教徒或者基督教徒，見到的神都應該是耶和華。反過來說，如果佛教是對的，這個宇宙只有佛教的神，那麼這些人在催眠中所見到的神，不管是佛教徒或者基督教徒，見到的都應該是佛陀或菩薩，不是嗎？

如果上述假設都可被爭議，那麼也許這些人催眠中見到的神都不一定是真相，而只是在催眠下潛意識創造的幻相而已。

總結上面所描述的探索生命真相方法，不盡然客觀可靠，都有可被爭議之處。那面對生命真相探索，人們該何去何從呢？

第四章　傳統探索生命真相的方法好嗎？

第四章　傳統探索生命真相的方法好嗎？

第五章　如何探索生命真相呢？

第五章　如何探索生命真相呢？

如何探索生命真相呢？

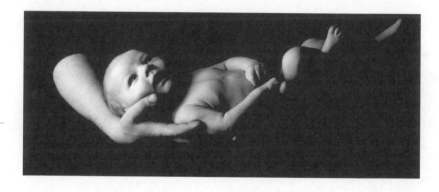

生命，除了生命本身之外，一無所有。

老子（公元前571年-公元前471年）

面對生命真相的探索，人們當真束手無策嗎？有任何有效路徑探索它嗎？

赫胥黎的不知論

面對評斷未知真相，曾經著力捍衛達爾文「進化論」的英國生物學家湯瑪斯·亨利·赫胥黎 (Thomas Henry Huxley，1825-1895) 提出「不可知論」。不可知論認為：「人類既缺乏證據，也缺乏求證的能力，所以無法得到真理。」

赫胥黎在1860年給查爾斯·金斯利的一封信中，提出了對「永生」的觀點，他說：「我不肯定也不否認人的永生性。我一方面沒有理由相信它，另一方面沒有反駁它的證據，我也沒有先驗的原因來反對這個教條。」他用「不可知論」來拒絕科學無法解讀的「形上學」、「來世」或「上帝」。

值得一提，晚年多病的赫胥黎寫出馳譽全球的著作《美麗新世界》。赫胥黎的心路歷程極富戲劇性，從早年接受的「虛無主義」轉進到接受「不可知論」，而最終，他接受了「神秘主義」的信仰。

赫胥黎在妻子癌症臨終前，遵循《西藏度亡經》中藏教主張的往生前教法，在他妻子身邊叮嚀她迎向清淨法界。什麼因素促成了晚年的赫胥黎戲劇性改變對生命的見解？是智慧的認同？或只是死亡前無奈的妥協？

伯特蘭·亞瑟·威廉·羅素 (Bertrand Arthur William Russell，1872年 - 1970年)是英國哲學家。他在1927年發表的《我為什麼不是基督徒》一書中，提示他也是一個面對神採用「不可知論」的中性論者。他呼籲用開放的智慧客觀的探索生命議題。

伯特蘭·亞瑟·威廉·羅素
（Bertrand Arthur William Russell，
1872年 - 1970年）英國哲學家

「神在論」與「無神論」這場擂台賽將會是誰勝出？會是「有神論」擁護者勝出？還是是「無神論」的擁護者勝出？現今理性的態度也許是：「無神論者」不能強人所難，堅持宗教徒讓神現身；而宗教徒也不必強迫無神論者立時提示反神論的證據。

執持客觀不知論的理由

不要在真相混沌不清的情況下賭單雙

執持「不知論」有個堅實的理由；既然生命真相與人們面對生命的哲學與態度息息相關，因此在理性上，不要在真相混沌不清的情況下賭單雙。為什麼？

如果電影院有兩場電影，你不清楚哪一場好看，看著電影廣告感覺哪個好看，就衝進去看了。如果你猜錯了，電影不好看，問題不大，終究它只不過是一場電影而已，輸也輸不多。

去過拉斯維加斯Casino賭博嗎？有種賭法很簡單，就是賭單雙。這種賭法又叫做一翻兩瞪眼，乾淨俐落，1/2機會贏，1/2機會輸。如果你賭博賭輸了，了不起輸一些錢，也沒有關係。

如果有兩個異性朋友都向你求婚，你未深思熟慮就衝動的嫁給其中一個，婚後發現抉擇錯了。當你選錯了伴侶，問題也沒那麼嚴重，了不起再嫁就是了。想想美國七十年代明星伊莉莎白泰勒都離婚七次了，一點都不怕選錯婚姻。

然而面對生命真相，賭輸了可能輸得很慘。

面對生命真相
如果你強賭單雙選錯了邊
那後果可比選錯電影或婚姻伴侶嚴重多了
為什麼？

因為萬一依附了錯誤的生命真相
而導致經營錯了生命
那你可能輸得很慘
因為你不獨可能平白浪費了一個稀罕的本世
而且你可能得面對悲慘、痛苦的來世

為什麼呢？

如果你是無神論者，不相信生命外另有生命，認為人死了就消失了。在這個情況下，你會傾向於執持「利己人生觀」。在「利己人生觀」下，你會將自己放在生命中間，盡其所能享受生命，並冷酷絕情地不惜以各種利己手段，取得你想要取得的一切。

然而你往生後，竟然發現你並未消失，基督教講的是真相，而你必須要接受耶和華的審判。更後悔的發現，你在世所做的一切又不符合耶和華的規範，最終被判下了烈火地獄而永不得超生，那你可輸了你的生命，不是嗎？

或者，往生後你竟發現佛教講的是真相，這時你開始後悔，為什麼？由於你是無神論者，認定往生後就消散了，你不顧一切的在利己觀下盡情享受生命，並且經常犯身、口、意三業，犯貪、瞋、痴、慢、疑五毒，造了許多不好的業。

往生後，你發現六道輪迴竟然實存，而基於你在世做的一切惡業，在因果業報律判決下，必須下一世進入「畜生道」輪迴。當你轉世進入「畜生道」時，發現你竟然不再是人，而是一隻蟑螂或是一隻老鼠，那你可輸慘了，不是嗎？要知道去「畜生道」還算是好的，如果入了「地獄道」可就萬劫不復了。

探索生命真相建言

如果你認同上述所言，那麼面對生命真相，相信在不知情下不可強賭單雙，那你該如何做呢？我並不打算變成一言堂堂主，聲色俱厲的警告大家要相信某個生命真相，但有個建言可提示你參考。

雖然現今科學無法直接利用實體證據提示生命真相，大可利用可被接受的形上學現象，側面迂迴探索隱藏在形上學現象背後的生命真相。這種迂迴探索真相的方式，可稱它為「瀑布理論」。

當你看到瀑布流下山壁時，觀察瀑布外形。如果瀑布外形平坦，表示瀑布後沒有隱藏東西，如果瀑布形狀崎嶇，表示瀑布後面隱藏某些東

西，例如岩石。舉例說明。

磁鐵驗證磁場存在

人的眼睛無法看到磁場的存在，也無法量化這個磁場。科學家為了想展現磁場的存在，找到一個方法。他們拿一個U型條狀磁鐵放在一張紙下，然後在紙上隨意撒下鐵屑。紙上鐵屑在磁鐵磁力下，依磁場由北極彎向南極，優美整齊地呈現曲線弧度。這個實驗令科學家迂迴知曉磁場的存在。

揣測蝙蝠飛行的音波存在

蝙蝠沒有眼睛，但飛行時卻可以準確的閃避障礙物。科學家找不到原因，但揣測蝙蝠飛行時必定對前方發送某種音波，音波碰到阻礙回彈時，就知道前方有障礙物。

創立量子學說的方法論

其實瀑布理論並不是一個創新的理論，量子學說就是藉由這個理論建構的。

二十世紀初葉，科學家很想了解宇宙，知道要達成這個企圖，就得瞭解物質的本質；要瞭解物質的本質，就得了解構成物質的最基本元素「微粒子」，因為宇宙的一切，包括星辰、萬物、你與我，都是由微粒子構成的。

科學家研究這些所能切割的最小微粒子，發現一些很難想像的特質，介紹如下。

面對任何物件，例如杯子，我們會感覺它是個固定不變動的實體。藉此，科學家理所當然認定微粒子也必定是個固定不變動的實體。但答案是錯，科學家們驚奇的發現：「物件最基礎元素微粒子並非如一般想像，是個固定不變的物質，它倒像是個不定形虛無縹緲的雲。」科學家根本無法定性微粒子。

科學家們還驚訝的發現：「微粒子根本不存在於固定地方，它隨時可在任何地方，但也同時不在任何地方，微粒子有如鬼魅般不斷地轉移位置。」科學家找不到它在哪，只能揣測它大概存在的位置。

更令科學家跌破眼鏡的是，雖然微粒子不存在固定的狀態，也不存在於固定的位置，但有個例外；當微粒子場域中存在某個存有意識的觀察者，而觀察者企圖觀察微粒子是否呈現某種狀態時，該微粒子竟然會感受到該觀察者的企圖，並呼應、執行該觀察者的企圖，由無形化為有形，落實變成觀察者企圖想觀察的形態。

譬如說，當觀察者認定微粒子是「無形的波」，觀察時以觀察波的儀器觀察微粒子時，微粒子竟然會感受到觀察者的企圖，並呼應、執行該觀察者的企圖，由無形化為有形，讓自己呈現「波」的狀態。

當觀察者認定微粒子是「有形的粒子」，觀察時以觀察粒子的儀器觀察時，微粒子竟然感受到觀察者的企圖，並呼應、執行該觀察者的企圖，由無形化為有形，讓自己呈現粒子狀態。

為什麼這些發現讓科學家跌破眼鏡？

因為這兩種形態的微粒子「波」與「粒子」，一個是無形的，一個是有形的，它們在物理型態上根本對立、矛盾，無法共存。如果微粒子

是「波」，就不可能是「粒子」；反過來說，如果微粒子是「粒子」就不可能是「波」；怎麼可能微粒子同時是「波」又是「粒子」呢？這個現象迷惑了科學家，讓科學家傷透了腦筋。

當初科學家面對微粒子的特質感覺很矛盾，發現所有的傳統科學方法都無法解讀這個現象，更不知道如何下結論。在眾科學家們束手無策下，丹麥哥本哈根的物理學家發現只有迂迴的利用瀑布理論，才可解讀微粒子呈現的物理現象。

他們針對這個令人高度不解的現象，跳出了傳統科學方法制約，提出了「量子學說」。

「量子學說」提示：「微粒子本身並不存在任何的形態，也不存在於任何固定的位置，它只有在觀察者存在時，呼應觀察者的企圖，轉換成觀察者期望的固定、可測量的事物。」

既然科學家開了先例，以間接迂迴的瀑布理論詮釋了微粒子的特質，那為什麼科學不能引用解讀量子物理的哲學觀，解讀一些形上學的現象，進而利用它迂迴探索生命真相呢？

例如，你不能夠直接由五官或意識感覺到「神」、「高維靈性世界」或「神聖智慧能量意識」的存在，但可間接的觀察與其相關的一些可靠的形上學現象，利用它探索祂存在的痕跡。

利用形上學迂迴探索生命真相

往下，將討論一些目前已被部分人認定可能真實的形上學現象，然後藉由「瀑布理論」，利用這些現象迂迴詮釋生命真相。

瀕死經驗

第一個討論的形上學現象是瀕死經驗。依據近年文獻記載，已有近數百萬人經歷過瀕死經驗（Near-death experience）（註）。

註：瀕死經驗

根據「國際瀕死研究協會」定義，瀕死經驗是在沒有心跳和呼吸的狀態下，發生的一個事件或一連串的事件，或是一種人在接近死亡時所經歷的現象。

舉例來說。

莎莉是位六十五歲的女士，在一次的墜機事件中，她是少數倖存者之一。但她在空難後體無完膚，多處骨折，且傷及內臟。在急診時，莎莉高燒、痙攣且陷入昏迷。當時莎莉被緊急接上心肺復甦機急救，醫師用盡方法堅持不放棄救她。

在急救時，莎莉有了瀕死經驗。她自稱飄浮在天花板上俯視，看到醫師和護士們正手忙腳亂地急救她。她見到遠方美麗白光，覺得美妙平

靜。她毫不猶豫的投向光中，聽到光中傳出沉穩平靜的聲音，告訴她時機未到。她抗議說：「我的身體已體無完膚，我不願回去受苦。」聲音回應：「我們有訊息要妳帶回去，記住，平靜就是愛，愛就是智慧。」莎莉答應了，她的靈魂回到身體。醫師們大感驚奇，因為她的心跳已經停止十五分鐘。

有趣的是，多數經歷瀕死經驗的人返回人世後，聲稱經驗到的歷程竟然極為相似。

將這些經歷整理如下：

- 病人自覺浮在天花板上，往下看著醫護人員搶救自己。
- 他們不但沒有痛苦，反而感受到極度的平靜喜悅。
- 多數人會看到光的隧道，隧道遠處的光如磁鐵般吸引著他們過去。
- 在隧道的另一端，他們會到達一個充滿光的美好祥和世界。
- 在那裡他們會看到親友、天使或一些美好的景物。
- 部分人會在天使引導下，在螢幕上回溯著他一生中的事件。
- 當他們正享受平靜喜悅時光時，天使告訴他：「時候還沒到，你必須回去」。
- 他們多半不想回到人間，但不得不回去。
- 回醒後，他們一切的疼痛也都回來了。

在1982年，喬治·蓋洛普引用國際蓋洛普組織資訊探索瀕死經驗，該調查結果顯示，在美國已有超過八百萬人經歷過瀕死經驗。他綜合歸類了各個個案瀕死經驗中重覆經歷的現象，它們包括：

- 🔮 離開身體，佔 26%。
- 🔮 存在準確視覺，佔 23%。
- 🔮 存在聽力，佔 17%。
- 🔮 存在安寧感、無痛感 ，佔32%。
- 🔮 見到光，佔14%。
- 🔮 有隧道經歷，佔9%。
- 🔮 經驗生命回顧，佔32%。
- 🔮 處於另一世界，佔32%。
- 🔮 與神聖能量意識接觸，佔23%。
- 🔮 遇見先知，佔6%。

依莉莎白·庫柏勒·羅絲醫生 (Elisabeth Kubler-Ross，1926-2004) 蒐集了世界各地兩萬個瀕死經驗。她透過對瀕死經驗的研究，認定一些現象可能存在：

- 🔮 人往生後生命仍有延續，神識是不滅的。
- 🔮 沒有人會孤獨死去，通常會有最愛的意識來接，可能是死去的親人或是所信仰的耶穌、聖母瑪利亞、阿彌陀佛等。

康涅狄克大學瑞恩 (Kenneth Ring) 博士對曾經歷瀕死的人作研究，發現該體驗對他們往後人生觀起了很大的影響。他總結出七項影響：

💡　珍惜生命的一切，包括平凡的經驗。

💡　不再追求物質生活，認定那是虛假的。

💡　失去競爭的企圖，認定關懷更重要。

💡　靈性上會不斷的自我提昇。

💡　相信死後生命會延續。

💡　相信宇宙中有「神」或「光」的超然力量。

💡　認定在死時需要為生前所做的一切負責。

值得一提的是：「大多數經歷過瀕死的人幾乎都願意接受神的存在，相信靈魂恆在，也願意接受生命一切經歷皆非偶然，它們的背後隱藏著善意的教育目的。」這些人自覺非常幸運，他們經由自己的瀕死經歷，免費得到一張體驗「神」與「永生」的門票。

瀕死經驗反對言論

有些醫學家對瀕死經驗抱持懷疑，認定這類經驗可能是源自於一些病症造成感受自身分離現象，包括精神錯亂、癡呆、暫時性癲癇症、妄想症、老年癡呆症等等。有些醫學家認定瀕死經驗可能源自於瀕死時腦部缺氧造成的「化學物質不平衡」及「自我反射幻象」。也有醫學家認定可能是嗎啡類毒品藥物造成的異象。

這些反對的意見仍處於假說而已，醫學研究至今未能從客觀的科學角度提出實際的反面證據。在科學論證中，假說只是存在於理論階段，並非代表真理。

此外，當被測試者服用藥物感受幻象時，大腦會呈現一些電波活動。但瀕死經驗在感受一些現象時，腦波圖是腦死下完全的「水平線」，它意味著該實驗的結論不能類比瀕死經驗。

瀕死經驗支持言論

一些醫學家指出：瀕死經驗並不是「精神病態」或「暫時性癲癇」所

能產生的幻相。精神病患會表現出沮喪、失望及絕望，但瀕死經驗並未存在如精神病患的負面情緒，他們反而在經驗瀕死後存在更好的心靈狀態，且對生活更有正面動力。

美國宇宙科學家卡羅·山根對瀕死經驗中出現的隧道提出假說，他認定每個人潛意識中存在著「誕生記憶」或「誕生創傷」。他認定人在極度壓力下，神志會被強迫切換至該意識，而產生從子宮中投向光洞的退化記憶。而在光洞口意識有著物體全神貫注的盯著他，例如醫生或護士。山根提示的假說是個頗具有幻想力的假說，不是嗎？

在1980年代，羅納得·西格做了一個與瀕死經驗相關的實驗。他讓一些被測試者志願服用一些醫藥及迷幻藥物，嘗試利用藥物模擬瀕死經驗。西格依據得到的結果認定：「迷幻藥物可以創造當事人感受到隧道。」

這個實驗有嚴重破綻，因為該實驗使用的藥物本身就可提昇了當事人的可教唆性。因此，這個實驗結果似乎並不令人意外，西格後來放棄了該實驗結論。

自1920年始，科學研究腦部缺氧的效應。在一些實驗中，被測試者被置於氧氣逐漸減少的容器中。被測試者神智及肉體活動能力逐漸降低，造成痙攣、理解緩慢與記憶困難，但幻覺根本沒有產生。因此，瀕死邊緣經歷中所展現的覺知清晰度及真實性不可能由缺氧形成。

一些瀕死經驗案例指出：「當事人可以在事後敘述死亡當時的醫療過程及房間中發生的對話及活動。」這個臨床發現一直是醫療科學無法解讀的現象。

董慕節的鐵板神數

接下來，我想藉由命相師董慕節的鐵板神數批命迂迴探索生命真相。

很多人都很喜歡看相批命，但也有很
多人認定批命是虛假的，到底答案是
怎麼樣呢？看相批命不是近代技巧，
大約幾千年以前在東西方就同時存在
了。想像一下，從命相普及性觀察，
如果命相不存在價值，為什麼千年來
有許多人會去批命呢？從「不知論」
的哲學角度，何妨對命相學抱著更柔
軟客觀的態度。

董慕節，祖籍上海，
外號「鐵板神算」、「董半仙」，

就我所知，的確有部分命相師批的命是不準確的。但如果一個人經驗
過一次不準確的批命經驗，是否可否定掉所有命相批命？如果你去歐
洲旅行，走到湖邊，看到湖上游動的一群天鵝都是白色的，你轉頭對
你的朋友說：「天鵝都是白的。」這個世界很大，你看到一個小小湖
上幾隻白天鵝，就下了天鵝是白的定論，你真的確定這個世界上沒有
黑天鵝嗎？

香港早年有十個傳奇人物，其中一個竟然是個命相師，名字叫做「鐵算盤」董慕節。董慕節批命有個特色，必須由熟人介紹，不接受陌生上門者。 掛號批命者經常要等侯一年之久，不準不收費。

董慕節批命採用的技巧叫做「鐵板神數」，「鐵板神數」是宋代邵康節融會貫通了各家各法而創制的。他所編著的命相書《皇極經世書》已成天下孤本。該部巨著共四十多卷，目下流傳於世的僅十二卷，其它已絕版。

董慕節批算用的是個大算盤。他在客人面前的桌上排列著十二本手抄本，每個抄本中有一萬句斷語，每一句斷語均編有號碼。董慕節用算盤批算時，客人只須報出生辰八字與生出時辰的第幾分鐘，他即低頭打算盤，利用只有他知道的某種命相公式算出一些數字。他每算出一個數字時，即請你根據該數字翻閱抄本，找尋該數字下的斷語。

董慕節的「鐵板神數」斷語驚人，其準確度幾乎達到百分之百，尤其是斷六親，其準確度駕凌任何術數之上。例如他可以批出近親生肖、配偶生肖、近親存歿、兄弟姐妹幾人與近親相差歲數等等，他更甚至可以批出配偶姓氏。

董慕節一句一句批命會令客人非常驚奇。客人會發現他們生命的一切內容並非偶然無常，而是既定的，例如父母、配偶、兄弟姐妹、親友的生肖、存在與否、過去生命中經歷的榮辱、運程、起伏、事業、健康與歷年來的重大遭遇等等，這些全部都精確的記錄在他桌上十二本手抄本中。

我舉些坊間流傳的董慕節命相批算案例來描述他的神算。

董慕節鐵板神算案例

其一、一字記之曰青，不得不防

民國三十年代國共合作時期，董慕節住在上海，周恩來曾請董慕節批命。董慕節批算他的大批中有一句：「一字記之曰青，不得不防」。

照字面來解釋，這個「青」字是對他不利的。周恩來笑說：「這個青大概是指青天白日滿地紅的青，看來是國民黨對我不利。」當年蔣介石很器重周恩來，但周恩來卻投靠了毛澤東。當時的周恩來沒想到董慕節批算中的「青」，不是國民黨，而是文化大革命中四人幫的「江青」。文革時期，周恩來處處受到「江青」迫害。

其二、這位少年不在人世

有個人心存戲謔，拿了他兒子的生辰八字請董慕節批命。代表親戚朋友批算很常見，可能是朋友不便露面或有病在身。董慕節批了一半，臉色即變了，對來的人說：「你在開玩笑，這個年輕人已不在人世間了。」來人立刻向董慕節道歉，被批命的年輕人是他的兒子，才十幾歲便得了癌症去逝，他是想測試董慕節批命靈不靈。

其三、身有暗病，二刀難逃

早年中報董事長傅朝樞請董慕節批命，他的命書中一句話：「身有暗病，二刀難逃，一刀在腸，一刀在腎」。這句話令傅朝樞心服口服，因為他的確患過盲腸炎和腎病，也的確開過二刀。這二次手術是在美國做的，根本無人知道。

其四、一字記之曰張，疏不得，喜訊傳來

董慕節的批算更驚人的是，他可批出配偶姓氏與相差年歲。他給某位女士的命書中有這麼一段：「一字記之曰張，疏不得，喜訊傳來」，下一句：「妻小十歲，姻緣定數」。再下一句：「借問姻緣何處是，命該締結他鄉人。」

他的丈夫果然是姓張的，年齡剛好相差十歲。這位女士是廣東人，他的先生是北方人。

其五、一字記之曰劉，欣欣然也

董慕節幫一位女士批命如下：

- 💡 流產二胎
- 💡 姊妹三人數由前定
- 💡 妹屬猴，姊屬犬
- 💡 排第二
- 💡 夫大十歲，姻緣定數
- 💡 連理枝棲比翼鳥，和諧舉案兩齊眉
- 💡 屬鼠之子大貴
- 💡 一字記之曰劉，欣欣然也，財帛取之不竭

　依該女士自評，董慕節該命書批算的一切都對了。

其六、影星樂蒂批命

董慕節的鐵板神數最驚人的斷語，是六十年代批影星樂蒂的命書。書中有段詩辭：「古典氣質我演古戲，人贊人贊。衰敗風尚他作衰行，自嘆自嘆。厚者不厚，樂者不樂。香閨枯坐，何止寥落。徒重義氣，暗自悲哭。短見覓死，陰曹獨宿。」

這幾句斷語不獨斷出樂蒂的職業、遭遇及心情，更點出她與先生的姓名，樂蒂的真名「奚重儀」，她先生名字是「陳厚」。她後來也應了命書中自殺身亡的斷語。

樂蒂，本名奚重儀
（1937年7月24日 - 1968年12月27日）
1963年樂蒂以《梁山伯與祝英台》中祝英台一角榮獲
台灣「第2屆金馬獎最佳女主角獎」，演藝事業達到巔峰

其七、莫愁批命

香港影星莫愁之死在當年十分轟動，她是在香閨自殺的。早在一九六一年，她曾請董慕節批命，命書中有四句斷語如下：

> 莫作痴心莫成雙
> 愁悔托身墮情網
> 輕浮公子道雌黃
> 生禍香閨逼女郎

這四句斷語語意不清，但明眼人如將每句話第一個字連起來看，就是「莫愁輕生」四字。董慕節推出她的輕生，但未直明，僅在四句斷語中暗藏玄機。

其八、陸運濤批命

香港富豪陸運濤當年跨足多國企業，身家已有數十億元美金。在一九六四年，他帶領公司職員去台灣作親善活動，並計劃大排筵席敦請蔣經國為座上貴賓。未料班機由台中飛回台北時失事墜毀，機上所有乘客包括陸運濤，全部罹難。

出事三年前即一九六一年，陸運濤曾請董慕節批命。董慕節批的斷語如下：不可隨波君知否，灣路伏災免機謀，攀龍騰空千分咎，求古屬真亦禍由，嘯傲群公尋常有，設宴何必邀巨頭，同行同路證如坵，落台遺恨痛冥幽。

陸運濤（Loke Wan Tho，
1915年 - 1964年）
新加坡及東南亞的電影製片人
鳥類學家及攝影家

陸運濤從命書字面看直覺不吉利，曾請教董慕節，但是董慕節語焉不詳，不肯透露其中玄機。陸氏無法猜到會發生什麼事故，當時向親友們說笑，臆測大概未來的生意困難重重，走很多彎路，到最後可能會生意失敗而下台。董慕節的暗示在陸運濤空難後人們才知道解答。

批文解釋如下：

- 💡 不可隨波：「波」指朋友王植波
- 💡 灣路伏災：「灣」指台灣
- 💡 攀龍：指與台灣政府拉關係
- 💡 騰空：指坐飛機
- 💡 千分咎 的「咎」：指凶災
- 💡 求古的「古」：陸氏喜古董，該行程去台灣認識收藏家
- 💡 亦禍由：指生禍原因
- 💡 何必邀巨頭、同行同路：指機上同行的名流、同業均遇難
- 💡 證如坵的「坵」：指墜下屍堆如坵
- 💡 落台：暗指飛機在台灣墜落
- 💡 痛冥幽：暗指墜機往生

其九、我個人的董慕節批命

在大約三十三歲時，我的夫人帶我去見董慕節。董慕節在現場聽了我的生辰八字後，開始打算盤。每打出一個數字，他就叫我翻書，當我翻書看那些數字下斷語時，立時驚呆了，每一條斷語都精準記錄我的六親資訊（父親、母親、兄弟姐妹生肖）與生命中發生的重大事件。

那天我坐在椅子上時，突然對生命有了新的理解，知道生命不是獨立無常的，它背後隱藏著某個精密、至大能量智慧的掌控機制。對於此點，秘傳《皇極神數》中有明確解釋：「蓋聞人稟天地，命屬陰陽，即旦夕吉凶，終身禍福，各有定數。」

董慕節批命引導出的結論

董慕節的準確批命告訴我們什麼呢？

依憑董慕節批命精準的預知性，它否定了達爾文的見解。我們也許以為生命是隨機無常的，但顯然這個答案可能是錯的。我們的生命，極可能是被某個「神聖智慧能量意識」創生的。而生命背後，隱藏著一個掌控生命變動的機制。換句話來說，人生命中許多經歷的現象與際

遇，都是來人間前就決定好的定數，也是不得違抗的，佛家講的緣分並非空穴來風。

想像一下，如果生命一切內容都是天定的，那又何必來呢？創生我們的母親又何必創生我們呢？在這個論點下，我堅信生命中一切境遇，只有一部分是天定的，而剩餘的部分是自己決定的。難怪一些命相師會說：「生命中的一切，七成天定，三成我定。」

第五章　如何探索生命真相呢？

第六章　利用前世回溯探索生命真相

利用前世回溯探索生命真相

另有一個迂迴探索生命的終南捷徑，就是研究分析催眠下前世回溯的資訊。本書收集了許多前世回溯個案，並利用這些個案探索生命的真相。在分享前世回溯個案前，先簡略介紹前世回溯。

前世回溯歷史

近年來全世界經由催眠累積的前世回溯個案，已多到不可勝數。在已發表的前世回溯系統性報導中，迴響最大的，是耶魯大學醫學博士布萊恩·魏斯醫師（Dr. Brian Weiss）所著作的《前世今生》、《生命輪迴》等作品。魏斯醫師這些書激起大眾對前世回溯的注意力與共鳴。

不論魏斯醫師的回溯報告是否為真，他的著作在美國曾高居暢銷書排行榜，而且被譯成十多國文字。這個現象反映出世人對這個議題的高度興趣與好奇。

為什麼這類書籍如此暢銷？相信是魏斯醫師透過前世回溯，提示了輪迴存在的可能性。而輪迴觀能滿足現代人追求永生的渴望，可為人們空虛心靈帶來慰藉，並削減人們對死亡的恐懼。

前世回溯經驗

依我所經驗的許多「前世回溯」個案，多數個案會在回溯中覺知到一些共同的經驗，我將這些經驗列舉如下：

- 個案進入某個與個案本世無關的另一世。
- 在該世中，個案會經驗到某個年代、新角色、地點、不同語言、新版從小到老的生命故事與該世死亡。
- 個案會在往生前平靜智慧的檢視該世經驗。
- 多數個案在瀕死經驗的當下，會描述通過光或甬道，以非肉體形態到達某個靈性世界。
- 個案意識到該世界是他真正的家，他會見到他的靈性夥伴與指導靈。
- 個案意識到有些靈性夥伴是他累世中與他相關互動的角色。
- 個案意識到他在靈性世界的心緒是一元狀態的平靜、關懷、愛與慈悲。
- 個案意識到他在靈性世界以非實體的光存在。
- 個案意識到他在靈性世界以非言語的心念交談。
- 個案在靈界與指導靈的交談中瞭解生命是個學習「愛」、「勇氣」與「智慧」的教室。

💡 個案意識到他在靈性世界會與指導靈共同規劃下世的生命功課。

💡 個案在靈性世界會聯結到某種超智慧能量意識，這個超智慧能量意識會為他解惑與提示生命真相。

依蓋洛普民意調查，約有2/3的美國人相信有前世與來生。

前世回溯有什麼價值呢？

依我個人經驗，有頗多的人想嘗試「前世回溯」，到底「前世回溯」有什麼價值呢？

一、經驗「前世回溯」是個樂趣

依對個案做回溯的經驗，多數個案在回溯中呈現極度寧靜狀態，這個狀態令個案感覺安適。個案回溯中已經不存在時間觀念，不管催眠做了多久，他會靜靜呼應催眠師指令。此外，個案在回溯狀態意識仍然存在，會亦步亦趨地感受整個過程。

幾乎絕大多數個案在回醒後，都帶著平靜歡喜的情緒，表達對整個回溯過程感受是新奇有趣的。此外，他們回溯結束後經過一段時日，發現回溯對身心是有益的。如果考量將吃頓美食或到歐洲旅遊與前世回溯比較，相信多數個案會覺得前世回溯經驗有趣多了。

我認識一個杭州的女士，她邀請了一個催眠師幫她全家夫妻與三個孩子五人各做了三次前世回溯，他們在前世回溯中感覺意趣盎然。譬如

說，這個女士在她三世回溯中都落在清朝前世，角色不是做格格就是做皇后。在三世回溯結束後，她對她前世的角色與經驗自覺既滿意又驚奇。

二、想知道我是誰

多數的人會想透過前世回溯企圖了解「我是誰」。依回溯中取得的資訊，個案累世扮演的角色貌似完全獨立，但角色背後隱藏的生命規劃並非如此，個案在不同角色下面對的學習功課卻是相同的。

譬如說，觀察一些本世熱衷於提升心靈或宗教的人的做前世回溯，他們累世回溯中發現雖然扮演不同角色，但是都熱衷於禪修或宗教。所以，回溯中的角色不是重點，角色只是暫時幻相，重點是他透過該角色所面對的生命功課。

三、查證生命是否永恆

許多人想透過回溯查證生命是否永恆。

面對這個議題，多數人會透過宗教尋覓真相。 但不諱言，一部分的人對於宗教提示的永生觀是半信半疑的，這是大腦思想的特色。但經驗過前世回溯的人對永生或神的覺知是堅實的。如人飲水冷暖自知，多數個案催眠回醒後會自發的相信生命恆存。

如果宗教徒認定回溯並不抵觸宗教教義，大可嘗試經驗前世回溯。相信他經驗前世後，對宗教信仰將會更加堅定，而且對於死亡不再那麼恐懼。這個路徑比讀經或禱告快多了。

四、療癒生理疾病

已經有許多前世回溯報告證實：「前世回溯對一些在醫療上無法處理的生理疾病有效。」當個案在回溯中進入某個與疾病相關的前世，經驗到與疾病相關的源頭情境，並由催眠師下指令消除該疾病時，部分疾病會如奇蹟般豁然而癒。

某個個案長年患有嚴重的懼高症，坐飛機極度恐懼。他看了許多醫生但找不到原因，希望透過前世回溯探索原因。

在回溯中，他覺知自己是個在第二次世界大戰駕駛日本零式飛機的日本飛行員，正駕著零式飛機如炸彈般俯衝一艘美國軍艦。他在俯衝時遭到美艦炮彈擊中機翼，而最終沉沒海中身亡。個案經驗了這個情境回醒後，劇烈頭痛就不藥而癒了。

另有一個人長年背脊劇烈疼痛，醫師找不到原因，他想透過前世回溯探索疼痛原因是否在前世。他在回溯中被引導進入某個與背脊疼痛相關前世，發現自己是個在英法戰爭中的英國士兵。回溯中，他覺知在戰壕裡被一個法國士兵用刺刀刺入他的背脊身亡。當他催眠回醒後，背脊疼痛奇蹟似的豁然而癒。

我認識一個中年女士是個心理諮商師。她一直對她頸部、肩膀的僵硬感覺非常不舒服，困擾她許多年。

她曾在某個深夜在深山中駕車，當時正傾盆大雨。她因為視線不清，車墜落懸崖。車子墜落懸崖後倒翻，她被卡在車中求天無助，求地無門，在絕望下非常驚恐。在那個車禍後，她的肩頸就開始非常的不舒服。她認定這個生理障礙是車禍的驚恐心緒造成的，希望我幫她做催眠消解不適。

在催眠中，我引導她重新經驗七、八年前那場車禍。戲劇性效果發生了，當她在催眠中再度經驗該車禍，回醒後肩頸不適感立時消失了。

傳統醫學相信笛卡兒的「心物二元論」，認為人體與心靈是分開的。因此，當人的身體有了疾病，得到身體中探索那個部分壞了。透過催眠，發現笛卡兒的「心物二元論」有誤，心靈障礙可能是造成部分生理疾病的原因。

勒內·笛卡兒（1596年 - 1650年）
法國著名哲學家、數學家、物理學家

對這些有趣的回溯醫療奇蹟，顯然現代醫學沒有投注多少關注，沒有透過醫學研究，探索它背後隱藏的疾病線索。直觀下，我相信這些醫療線索對於未來醫療科學會有跳躍性的幫助。

五、提升或療癒心靈

多數的人面對生活，心中總是存在著一些情緒；例如說壓力、耽憂、痛苦、嫉妒、愛與人比較等等。這些情緒多數來自於潛意識內負面印記，這些印記有些源自於前世回憶。催眠師可在前世回溯中引導個案呈現與本世負面情緒相關的情境，當該情境出現時，催眠師即可藉由催眠指令協助個案消除負面印記。

六. 建立正向生命觀

雖然個案被催眠時間不長，但多數人在回溯中會經驗如南柯一夢般完整的一世。他們該世從幼兒直至年老及往生的生活點點滴滴，特別像是與不同關係間的恩怨情仇、執持的生命觀造成的結果，會令他們回醒後對生命有新的感受，這些感受會引導他們更正向的經營人生。此外，透過催眠回溯中的體驗，他們願意相信死亡後另一個美好世界的存在，而令他們減輕對死亡離世的痛苦。

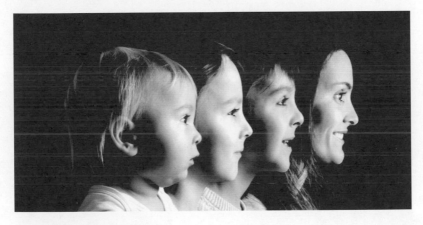

七、覺知生命功課

在多數回溯中，個案會被引導在往生後進入他來該世前的靈性世界。在指令下，多數人都會投入光或甬道，最終進入某個光的世界。在這個世界中，他會見到協導他學習的指導老師。他在引導下會與指導老師對談，藉由對談檢討他該世修習的功課與下一世規劃的功課。

第六章 利用前世回溯探索生命真相

透過這個靈界的經歷，他回醒後願意相信生命是個學習「愛」、「勇氣」與「智慧」的教室，也願意相信生命中諸般的苦是投胎前預設的規劃，目的為了尋求靈性的提昇。

一般這種非學習性的回溯覺知有個特色，它會自動或透過催眠指令深植於潛意識中。這些植入的印記會在心靈深處自動的發酵，也會在未來，反射性的促成生命根本性的改變。

八、探索生命真相

在一些回溯中，個案自動或在引導下，會與某個神聖智慧能量意識聯結，而在聯結中領受生命真相訊息。該訊息並非一般理性下的理解，它多數會直接深植於潛意識中形成恆存的印記，而該印記自動提升了離世智慧。

從上述內容來看，前世回溯不是既有趣又有益嗎？

第六章　利用前世回溯探索生命真相

第七章　前世回溯是真相嗎？

第七章　前世回溯是真相嗎？

前世回溯是真相嗎？

輪迴存在嗎？你相信自己曾經在這個世界出現過嗎？

許多人面對「前世回溯」，充滿了好奇，好奇到底回溯中呈現的前世是否為實相？有些人說「前世回溯」是實相，有些人說不清楚，也有些人說「前世回溯」根本是虛假的迷信。而現代科學界也傾向於認定輪迴是生物現象和心理現象結合下的虛擬情境，到底輪迴是怎麼回事呢？

前世回溯歷史

透過宗教史探索，自古以來，歷代許多人認定輪迴轉世存在，並把它當作生活常識。東方的佛教和道教把輪迴轉世當做必然現象，而西方古希臘大哲學家柏拉圖也同樣認定輪迴轉世為真，他終其一生都在講述輪迴。

108

西方基督教原本也相信輪迴；基督教歷史上著名《聖經》學者俄利根（Origenes Adamantius，185年－254年）就是輪迴現象的積極宣導者。但在公元553年一次教會會議上，拜占庭皇帝查士丁尼一世（Justinian，485年－565年）利用王權，撕毀與教會的協議。

在教宗拒絕出席情況下，查士丁尼一世發起對奧利金的指責，並排斥輪迴現象，點燃了千年來反輪迴轉世的野火，成為基督教否定輪迴轉世的始作俑者。在此之後，基督徒逐漸忘卻基督教原本支持輪迴的歷史。直到上一世紀六十年代以前，西方相信輪迴理論的人逐漸減少。

俄利根
（Origenes Adamantius，
185年－254年）

公元八世紀，蓮花生大師將印度佛教帶到西藏，並依憑《古印度度亡經》藍本為基礎，向藏地傳述了這部關於人類死亡與轉世的《中陰聞教得度經》。之後歷代高僧大德談到生死，沒有人能繞開這部經文。如今該經已是藏教重要的核心思想。

1927年，英國學者埃文斯·文茨藉由藏傳佛教經典《中陰聞教得度》，編著《西藏度亡經》（The Tibetan Book of the Dead）。該書把東方宗教轉世理論介紹到西方，重新激起西方對輪迴轉世的研究熱潮。

自上世紀六十年代以來，經由一些科學家、醫學家和心理學家對輪迴轉世的研究，在很大程度上校正了人們對輪迴轉世的認識，也使得相信輪迴轉世的人數激增。根據幾次蓋洛普民意調查的結果顯示，現代西方人中至少有四分之一的人相信輪迴轉世。

在這些研究輪迴轉世的科學家中，美國弗吉尼亞大學著名精神病學家伊安·史蒂文森教授（Ian Pretyman Stevenson，1918年 - 2007年）是一個公認的傑出代表。

史蒂文森教授於1945年移居美國，全力投注於輪迴轉世的研究。他耗用四十多年，不停奔波世界各地，收集、整理不同國家的催眠前世回溯案例，收集到的案例多達二千多個。他對輪迴轉世嚴肅的態度、嚴謹的作風和與突出的學術貢獻，贏得西方社會對他研究的尊重。

他曾在美國心靈研究協會的雜誌上發表「往世回憶的證據」，該文獻被譽為現代西方輪迴研究的序幕。從此以後，他發表了十本專著和幾十篇學術論文，其中許多資料被研究者引為經典。

1967年，著名的英國皇家醫學院治療學家凱爾塞（Denys Kelsey）和其妻格蘭特（Joan Grant）合著《多生多世》（Many Lifetimes）一書，該書奠定了使用催眠研究輪迴轉世的基礎。

史卡特·羅戈（D. Scott Rogo）對1985年以前的西方輪迴轉世研究，以嚴厲的客觀態度深入觀察，作了一個綜合性評論，評論中指出支持者和反對者之間爭論的本質。

Ian Pretyman Stevenson
（1918年10月31日 - 2007年2月8日）
加拿大出生的美國精神病學家

認定「前世回溯」可能是真相的研究

在催眠回溯中，被催眠者會提示他前世的資訊，包括時代背景、居住地域、文化、語言、被催眠者與親友身分描述、職業等等。從科學角度，驗證輪迴真偽的最佳模式，就是利用回溯中個案的前世回憶驗證輪迴存在的可性度。

伊安‧史提芬博士對存在前世記憶兒童的調查

美國維吉尼亞大學的精神病學教授伊安‧史蒂文森博士（Dr. Ian Pretyman Stevenson）曾經對近三千名有著前世記憶的兒童做過詳細記錄與調查，這些兒童大多數年紀為四到十歲。

史蒂文森並沒有對研究中孩子進行催眠，這些孩子們完全自發的記憶起過去的前世回憶。這些孩子前世回憶中能提示自己的名字、居住地點、相處的親友、生活軼事、死亡日期與如何往生。一些孩子能詳細說出自己的遺言，而遺言深度、入世智慧和所需知識，不像一個有限經歷的孩子能說出的。此外，他發現其中許多孩子都能用他們今生從未學過的語言說話。

經過嚴格檢視，史蒂文森發現約有三十個案例其內容可被證實為真。面對史提芬博士的研究，不要刻意關注沒有被證實為真的個案，而要聚焦在這三十個被證實為真的個案。為什麼呢？從科學角度，其實只要有一個個案證實為真，就可證明前世可能存在，不是嗎？

海倫‧瓦默巴赫博士（Dr. Helen Wambach，1932年-1985年）的人口數據研究

在1960年代晚期，心理學家海倫‧瓦默巴赫博士進行一系列的前世回憶與人口數據吻合度研究，她想探索被測試者回溯中所述是否是主觀臆想。

她藉由將回溯訊息對比既存的人類學、社會學研究資訊，來驗證這些個案前世內容和人口數據是否一致。理由簡單，如果研究對象前世回憶，例如性別、社會地位和經濟狀態，和人類學及社會學已知資訊相符，則可迂迴證明這些前世敘述的輪迴觀點有存在的可能性。

在十年內，海倫博士採集了一千名個案的前世訊息。海倫博士利用採集到的訊息對比古代已知資訊，答案非常吻合。

舉例來說，海倫博士訪查回溯中男人和女人比例；回溯受訪者中男人和女人的比例為1：3，然而回溯中男人和女人比例卻符合統計比率1：1。它迂迴暗示，海倫博士抽樣研究對象絕大部分前世回憶可能實存。

此外，出乎海倫博士意料，多數研究對象的前世，絕大部分是窮人階級。而實際上，僅不到10%受訪對象前世過著上層生活，約四分之一到三分之一的受訪者前世是中層階級，這個階層比率頗符合各歷史時期社會結構數據。此外，海倫博士研究對象描述的一些細節，例如建築、服裝、貨幣等等，都和考古學所知歷史訊息一致。

海倫博士做出結論：這些前世訊息要不就是眾人聯合編制的、精心設計的惡作劇，要不然就是真實前世輪迴證據。

前世回溯訊息正面印證

許多前世回溯案例顯示一些訊息，這些訊息印證了「前世回溯」訊息可能為真相，列舉於下。

一、回溯中講出完全不懂的陌生言語

在頗多前世回溯案例中，被催眠者能突然就講出完全不同於母語且毫無所知的陌生外國語言、詞彙或者短語，甚至能夠用該外語嫻熟地對話。此外，一些個案在催眠中可使用幾個世紀前流行的古語。

關於陌生語言最著名的回溯案例，是晚年時候的男演員格倫·福特的回溯。他在1960年被催眠時，回憶起自己是法國路易十四王時期騎士。令人驚奇的是，儘管福特對法文略知皮毛，但在催眠狀態下，他可熟練地說法語描述前世。福特不僅法語說的流暢，而且說的還是三個世紀前就已消逝的巴黎土話；福特案例是輪迴方面很好的證據。

1956年，美國出現了一本風靡全美暢銷書《尋找布萊娣·墨菲》（The

Search for Bridey Murphy）。該書描述催眠師伯恩斯坦
（M.Bernstein）利用催眠術，將當時科羅拉多州的露絲·西蒙
（Ruth Simmons）催眠，她在深度催眠狀態下，居然用愛爾蘭腔英
語述說她前世的故事。

像上述案例已有頗多記錄，它們不像似虛構的幻相、惡作劇或者是潛
在回憶病症。值得省思的是：「如果前世回溯是假相，那這些回溯中
展見的言語技巧從何而來呢？」

二、回溯中描述的前世地點實存

有些人在回溯中會經驗一些他們未知的地點或國家，而他們對這些地
點的描述經過查證後的確存在。值得提問的是，如果被催眠者從未去
過回溯中經驗的地點，他們這些地點訊息從何而來呢？

舉例來說，英國的布羅克罕醫師提出一個回溯案例。伊凡絲是威爾斯
城市的一個平凡家庭主婦。在催眠中，伊凡絲以蕾琵卡身份進入十二
世紀英格蘭的約克郡，先生是個有錢的猶太人。她覺知到大暴動，她
在暴動中躲進一所教堂中的黑暗地窖，最後暴徒殺死了她的先生與兒
子，並帶走女兒，而她則在地窖裡自殺身亡。她對當時細節描述得相
當細膩、清楚。

依據研究者調查，當時約克郡確實僅有一座聖瑪麗教堂。在一九七五年該教堂被拆除時，發現教堂地下隱藏著一個地窖，該地窖呼應了伊凡絲前世回憶中對教堂地窖的描述。

三、回溯中描述的經歷真實存在

有些人在前世回溯中描述一些經歷，而這些經歷經過歷史查證發現真實存在。

四、回溯中神聖智慧能量意識的回應

在多數個案的回溯中，我會在催眠結束前邀請「神聖能量意識」出現與個案對話。如果個案是基督徒，我會邀請天使與他對話；如果個案是佛教徒，我會邀請菩薩、佛陀與他對話；如果個案是無神論者，我會邀請他的指導靈與他對話。在聯結對話中，我會邀請個案詢問「神聖能量意識」對他個人生命的建言與生命真相。

探索聯結中的對話，其內容用的詞彙幾乎不是他們思想中既存詞彙，而且充滿跨世智慧。更值得一提的是，這些個案聯結中提示的離世內容，幾乎非常相似或雷同。

五、有特殊天賦神童

觀察既往的歷史，這個世界上有些人在沒有學習的情況下，天生具有在科學、藝術或其它方面特殊的天賦或才能。

例如十七世紀數學家布萊斯.帕斯卡（Blaise Pascal，1623年6月19日至1662年8月19日），他在只有十六歲時，就能夠創作新的幾何理論「射影幾何」。十八世紀歐洲作曲家莫扎特在年僅四歲時就能夠創造音樂，並在青少年就能創作完整的交響樂。

斯里尼瓦瑟·拉馬努金
（Srīnivāsa Rāmānujan Aiyankār，
1887年 - 1920年）
近代最著名的數學家之一

印度的斯里尼瓦瑟·拉馬努金（Srīnivāsa Rāmānujan Aiyankār，1887年 - 1920年）是近代最著名的數學家之一，有趣的是他沒有受過正規數學教育。依據他的解釋，他導出的創新公式並非透過長列數學公式逐步推衍而出，而是神在他冥想中告知的。所以，他從不對他創新的公式提示證明，而引發當時數學學者對他的評擊。但這些公式經推算驗證，往往被證明是對的。他的傳奇故事曾被拍成電影《天才無限家（The Man Who Knew Infinity）》。

這些天才具有的能力如果不是經過學習完成的，那從何來的呢？

前世回溯訊息反面印證

有些言論否定前世回溯的真實性，列舉說明。

一、主觀判定「前世回溯」是虛假的

一些人主觀否定前世回溯，他們認定：

- 💡　前世回溯內容多數未經過科學驗證，到底可信度有多高？
- 💡　前世回溯是否是催眠下自欺欺人的把戲？
- 💡　前世回溯會不會是意識或潛意識編織的夢幻故事？
- 💡　前世回溯會不會是人在永生意識下投射的幻想？

這些人負面評斷前世回溯所使用的工具是什麼呢？當然是思想。利用思想的入世經驗去評斷出世現象，怎麼可能恰當呢？

二、被催眠者為了滿足催眠師捏造故事

有些人說，一些前世回溯是被催眠者為了迎合催眠師或者自己的期望而作假。這個說法很難成立，為什麼呢？

在催眠狀態下，當事人的腦波會從清醒的貝塔腦波（Beta wave，13Hz 或以上）降頻為阿法腦波（Alpha wave，8至12Hz）或更低頻的希塔腦波（Theta wave，4至8Hz）。一旦當事人進入低頻腦波，他的思想會自動被擱置，所有的反應都會在潛意識的運作下進行。

潛意識有個特色，它無法作假。當個案在潛意識運作下回答問題時，他會非常真誠的描述內容。潛意識不但無法說謊，更不會捏造虛構故事取悅催眠師。有經驗的催眠師不難判定被催眠者言語是否作假。作假在催眠中是不易成立的。

三、某些個案「前世回溯」內容明顯是虛假的

在十九世紀初葉，英國有個研究超心理學的「英國靈學研究會」，該會在1906年提出一個認定前世存在的個案。該案女士在被催眠後，回憶自己是理查二世時代的一名叫布蘭奇·波林斯女子，她是當時女伯爵瑪烏德（Maud）的密友。在回溯中，她對瑪烏德伯爵的生活做了不少描述，而這些描述比對歷史也都正確。

該女士自稱從未讀過與女伯爵瑪烏德相關的歷史小說，然而追查結果證實她在小時候曾讀過這本小說，但後來卻忘了。這個發現影射該女士催眠中描述的內容其實是她的隱藏回憶，但被她誤認為是自己前世的經歷。

的確有些前世回溯個案可被客觀判定是虛假的，但憑藉某些虛假前世回溯能否定其它前世回溯嗎？這種論證缺乏邏輯根據。

大衛·休謨（David Hume，1711年 - 1776年）是蘇格蘭哲學家，他提倡懷疑主義，極力挑戰「歸納法」，認定人們侷限的知識與經驗無法推導出未知東西的屬性。舉例來說，你去某個城市旅行，剛下飛機進入機場大廳時，有人粗魯對你說髒話。基於這個經驗，你會認定這個城市所有其它人都說髒話嗎？

大衛·休謨，（David Hume，
1711年 - 1776年）蘇格蘭哲學家

四、懷疑前世回憶經由催眠師誘導引發

有些科學家懷疑回溯中呈現的前世經驗，根本是個計劃下的陷阱。被催眠者的潛意識在催眠師的誘導及暗示下，從催眠啟始，會自動迎合暗示，透過「創造力」、「投射」或「記憶」三個心靈元件中某個元件捏造回溯。

美國肯塔基大學的心理學家貝克（R.A.Baker） 曾作過一個相關實驗研究這個推論。該實驗研究者挑選出該校六十名有高度被催眠能力的學生，將學生分成三組，催眠前聽錄音帶：

- 💡 第一組學生催眠前聽的錄音帶，其內容告知輪迴轉世確有其事。
- 💡 第二組學生催眠前聽的錄音帶，其內容客觀描述前世經驗的未知性。
- 💡 第三組學生催眠前聽的錄音帶，其內容對輪迴轉世充滿懷疑與批判。

催眠結果如下：

- 💡 第一組85%的學生催眠中記憶起前世。
- 💡 第二組60%的學生催眠中記憶起前世。
- 💡 第三組僅10% 的人催眠中記憶起前世。

該研究實驗結果強烈批判催眠的暗示性，認定回溯內容的捏造性頗高。

這個推論正確嗎？該實驗研究者沒有留意到，這個實驗設計上就存在很大的破綻，它掉入自設的假說陷阱。當研究者在催眠前，對第三組被測試者下達回溯不存在的負面指令時，會發生什麼現象呢？由於被測試者潛意識不能判定該訊息真偽，會無條件呼應這個指令，令被測試者即使存在前世，仍被潛意識阻隔而無法經驗前世回憶。

五、認定「前世回溯」是潛意識編織的夢幻故事

在心理學的認知上，潛意識被認定是個會編織夢幻故事的夢想家。因此，有些心理學家認定前世回溯是潛意識編織的故事。這個假設並非沒有成立的可能，的確潛意識擁有這個屬性。但如果了解前世回溯的內容，會發現多數前世回溯內容與潛意識編織的幻想截然不同。

除了部分例外，多數人經歷前世回溯某一世時，他們該世所經驗的時空、場景、人物、文化、言語等等，是那麼的真實與符合邏輯，而且時序清楚，然而一般夢境顯現的情境卻沒有邏輯、理性與時序。因此很難想像「前世回溯」內容是夢境。

六、認定潛意識相信自己是不朽的

的確，人類的集體潛意識中似乎貯存著「永生印記」。在這個印記引導下，個案在催眠時其潛意識會有可能捏造永生故事欺騙自己。

沒錯，潛意識的確有這個屬性。但就算如此，這個論點仍可被質疑，因為質疑的前提認定潛意識中的「永生印記」是錯的，但如果「永生印記」是真相呢？

七、認定「前世回溯」是潛意識中虛假的記憶

有些科學論點認定：「前世回溯中的前世是潛意識中虛假的記憶，它並不存在。」的確，有時候人的潛意識是會莫名的隨機儲存虛假不實的記憶，但認定這個記憶是真實的。不存在的虛假記憶會在生活中誤導或玩弄我們。

多數催眠師否定這個看法；如果潛意識會自動編織虛假記憶，這個虛假記憶在屬性上必需由個案既往生命經驗混編而成。然而在許多個案回溯中經驗的前世，該世的時空、場景、內容或人物經常是在個案記憶庫中完全不熟悉或不存在的東西。

八、認定「前世回溯」只是另類的夢境而已

有人認為回溯內容並非真實，它們只是個如睡眠中的夢境而已。不諱言，依我的經驗，有些「前世回溯」內容的確像夢境般，它們既不真實，也不符合邏輯。

譬如說，我曾經幫一個十八歲的年輕女孩子做催眠，在催眠中她信誓旦旦的說她的前世是海綿寶寶。此外，我曾做過某個個案，她是個虔誠的佛教徒。進入前世後，她發現她漂浮在雲端，身著白衣，手持著甘露水，是個不折不扣的菩薩，而她腳下是一群痛苦眾生。然而在下一個場景，她竟然在果報下被懲罰，進入了畜生道變成一隻豬。

夢境在本質上一般是非理性的、隨機組合的、無特定方向或多方向的。然而回溯中的內容卻是理性的、有邏輯的且存在時序的。此外，很少不同的人所做的夢在屬性上是相似的。但許多前世回溯中呈現的內容是雷同的，譬如像是「因果業報」、「輪迴」、「生命學習」等等。如果回溯為偽，那為什麼不同個案的回溯提示同樣的內涵？

九、懷疑前世回憶訊息是遺傳基因貯存的記憶

有些科學家懷疑一些個案回溯中呈現的內容，是個案遺傳基因所貯存的遺傳性記憶。所謂遺傳性記憶，意指基因中存在祖先傳留下來的生命資訊。

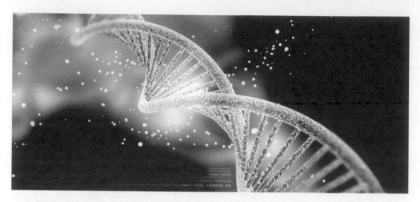

這個說法聽起來似乎頗有可能性，但卻只是一個假說。科學至今並未能夠證實遺傳基因中貯存任何祖先的遺傳性記憶。

此外，這個假設會遭遇兩個矛盾的挑戰：

💡 回溯經驗中最常見的情境便是死亡，但個案祖先誕生個案時，當然尚未死亡。既然如此，那祖先傳輸給個案的遺傳基因中又怎麼可能存在祖先死亡記憶呢？

💡 一些人前世生命根本沒有生育兒女，何言個案遺傳基因中存有祖先回憶呢？

十、懷疑前世回憶訊息是隱藏記憶

在心理學，有一種記憶欺騙叫作隱藏記憶（Cryptomnesia）。所謂隱藏記憶，意指：「一些存在譫妄症的人突然講出未曾學過的語言，但其實他講的這種語言在小時候聽過，而平時隱藏；譫妄症令他把兒時記憶的語言疏浚出來。」

這個論點在邏輯上不能成立，因為這個假設的前提，必須是所有經歷前世的人都有譫妄症，但顯然這是不可能的。

十一、懷疑前世回憶是異常記憶

在心理學的領域中，有種扭曲記憶叫作異常記憶（Permnesia）。所謂異常記憶，意指有時候我們會按照自己的慾望和性向做選擇性的記憶；我們只記住符合自己需求的東西，其它的一概忽視。這個自我選擇記憶現象可令客觀真相消失不見。一些存在「異常記憶」的人可能拼湊資訊，製造死後生命的故事，使他無法做正確的見證。

上述論點存在矛盾，因為它若要成立，必需所有經歷前世的人都有異常記憶症，但這當然不可能。

十二、懷疑前世回憶訊息是「子虛烏有的記憶」

有一種扭曲的記憶稱為「子虛烏有的記憶」。一些實驗顯示，有些人給予些許暗示，就會創造未曾發生過的記憶。人們心中愈想像一件事情，就愈相信該事情是真實，它模糊了想像和記憶之間的界線。

科學研究證實，大約有1/4的成年人誤信自己童年做過一些冒險事件。心理學家羅芙特絲（Elizabeth Loftus）提出：「只要稍加誘導，便能把未曾有過的事情植入兒童的記憶中。」

這個論點頗值得商榷；如果「子虛烏有的記憶」實存，他會依個人生命經驗不同創造不同的記憶，而其內容是隨機組合的且多變化的。但許多前世回溯呈現的內容是相似或雷同的，譬如說像「因果業報」、「生命學習」。基此，這個論點並不值得採信。

十三、截取到的外界殘留回憶訊息

有些人提出假設，認為回溯內容是當事人大腦在空間中截取到的他人腦波的「殘留回憶」，而讓個案誤以為他所截取到的他人腦波回憶是他的前世。

為什麼這個懷疑存在呢？有些催眠師做前世回溯，竟然發現有幾個人在回溯中同時意識到他們前世都是拿破崙。當然，怎麼可能有這麼多人前世同時是拿破崙呢？基於不同個案回溯中角色重複，令有些人認定前世回溯是虛假的。

這個說法聽起來似乎頗有道理，但卻似是而非。要知道若要反對一件事情，永遠可找出一些想法或者理論去反對。到現在為止，科學家沒有任何一個研究，證實空間中存在著他人記憶片段的電波信息。所以這個論點只是講講而已。

不諱言，當幾個人在回溯中同時意識他們都是拿破崙時，這些回溯內容值得商榷，但看到白天鵝就否定黑天鵝存在嗎？

十四、堅持對輪迴中「業」的否定

一些人從邏輯觀下提出質疑，他們懷疑催眠回溯實存是基於對輪迴中「業」的否定。他們認為某世一個人的人格，不需要為另一世的另一個人的人格所作所為負責。他們覺得，如果犯過者的懲罰有任何實質意義的話，則犯過者必須對既往過錯存在意識覺知。

123

這個對「業」的質疑是入世邏輯思想下的思維，它不具足判定出世真相的資格，魚缸中的金魚如何能透過魚缸理解人間呢？

十五、基於宗教教義否定前世回溯

許多基督徒基於教義否定輪迴。

我曾對一些基督徒談到前世回溯，當他們聽到前世回溯時，眼神立刻帶著抗拒與驚恐，好像聽到狼來了，或者好像眼前出現了聖經啓示錄提到的敵基督（Antichrist）。敵基督意指：「以假冒基督的身份來暗地裡敵對或意圖取代真基督的一個或一些人物。」

啓示錄第十三章、第十一節中提到「敵基督」：「我又看見另一個神獸從地中上來，有兩角如同羔羊，好像龍。」啓示錄提到在末世會有「敵基督」或「假先知」的出現。假先知的特色是以假亂真，表面上是溫順的羔羊，裡面卻是兇暴的豺狼。撒旦經常裝作光明的天使，以致許多人被迷惑了。因此，基督教要教徒慎思明辨，區分真假，而不致上當。

在我所做的前世回溯中，個案會透過指引與神聖智慧能量意識、天使或者指導靈聯結，並接受祂們的指導與建議。這些神聖能量幾乎千篇一律的都會教導個案在生命中要正向學習愛、仁慈與智慧。他們所提示的一切，不是與基督教教導世人的內容雷同嗎？在這種情況下，前世回溯會是末世亂象根源嗎？

基督教的基礎信念排斥「輪迴」觀念。然而值得提示的是，在舊約聖經中多處提到輪迴的存在，但在千年聖經教義演化中，輪迴在聖經中被摘除了。

面對回溯，我不禁好奇：「回溯中輪迴的腳本是偽裝光明天使的敵基督導演的末世亂象？還是真理？」

到底前世回溯是真相嗎？

面對前世回溯，許多迂迴資訊顯示它可能是真相，但也有一些科學假設或證據否定它為真相。

在科學領域中，經常發現科學結論呈現兩極對立的自我矛盾，這個現象充斥在各個領域，包括心靈領域。為何科學家用同樣的科學工具探索相同現象，卻得到180度兩極對立的答案呢？答案在於或者科學方法不足，或者操作者心意偏頗而導致錯誤結論。

統計資料顯示，超過七成的科學家不相信靈魂恆存。為什麼呢？喝著科學奶水長大的科學家們當然願意相信科學提示的生命訊息，譬如像是達爾文的進化論或天文物理學的機械宇宙觀。

當今科學家對形上學領域一直保持冷漠的態度。就算是少數科學家具有動機願意研究形上學，但會懼怕被主流典範團體冠加不務正業或是背叛惡名。在這顧慮下，他們會不敢冒然跳入不熟悉的形上學領域。

科學方法的侷限性促成它沒有能力驗證「前世回溯資訊」的真實性；基此，面對形上領域，如果希望利用科學見地加持信心，那麼你會失望。也因為如此，那又何必在科學驗證能力不足情況下，執意下兩分斷定「前世回溯資訊」是否真實呢？不妨暫時抱著「不知論」，以宏觀柔軟的中庸態度，慢慢透過本書揭露的「前世回溯資訊」，享受探索生命真相的樂趣吧。

此外，不妨考慮一個建言，如古人所說：「如人飲水冷暖自知」，何妨自己親身經驗一次前世回溯吧。前世回溯不但是個既安全、有趣的過程，而且有額外的獎勵，就是透過催眠師的引導、規劃增進身心健康與創造新穎的正向人生觀。

我為什麼做前世回溯呢？

身為心靈領域的耕耘者，我積極涉入前世回溯的探索。認真來說，我做催眠回溯的最大受益者非被催眠者，而是我自己。每當在回溯中分享被催眠者天馬行空的出世訊息，這些訊息令我感受到無限驚奇、感動與歡喜。

如同多數人存在對生命不朽的渴望，我也企盼永生，不喜歡接受死亡是生命終結的見地。我清楚地知道，如果回溯經驗能令我探索出生命實相，則我對本世生命的哲思、態度與行動將會改觀。

不管人們對前世回溯看法如何，有趣的是，多數經驗過回溯的人都願意相信回溯中覺知到的生命訊息為實相，自認對於生命有更透澈的瞭解，也自覺具備更多祝福與能量面對生命諸般挑戰。

面對生命實相的探索，請接受一個建言：「找不到證據證明神在論為真」與「找到證據證明神在論為偽」絕非同義詞。我建議在沒有紮實可靠的客觀證據顯現前，不要刻意對生命草率表態。希望你能夠透過這本書為楔子，一探前世回溯為真的可能性與人生的意義。

相信在可見的未來，人們對於瞭解生命實相的渴望會加溫，它會形成一股自然流動的趨勢。面對這個趨勢，科學仍將一如往常束手無策。但我不禁在想，透過本書回溯案例所提示的訊息，人們也許可以跳脫科學侷限的框架，一探生命真理。的確，在各種神祕的形上經驗中，回溯中與靈界接觸的經驗的確是頗具說服力的初步證據。

紅塵中墨守成規的日常生活與索求的人生觀，不禁令人們消磨在壓力與焦慮中，也令人們遺忘了真正的「我」與內在的能量。如果靈魂恆存，如果人們意識到人入人間，並非僅是無常機率下的偶然境遇，而是在高維智慧下被祝福的溫馨規劃，那麼這個覺知，可令人們更能在積極樂觀的人生觀下圓滿生命，也可平靜坦然地面對死亡。

在靈魂恆在的覺知下經營生命，你必定是贏家。

但如果你錯了，死亡後靈魂並非恆存，那你仍會是贏家，為什麼？因為既然死後意念已消逝，你根本不能後悔你錯了，但你已在生前享受過謊言帶給你平靜喜悅的生命。

反過來說，如果你自認聰明、博學，堅持否定靈魂恆存，那麼不管死後真相是什麼，不管猜對或猜錯，你必定難以面對死亡前面對生命不捨的痛苦。

試問這場賭局是誰贏了呢？是相信神在論的人？還是不相信神在論的人？是相信靈魂永在的人？還是相信靈魂死後消散的人？這個答案倒是不難想像。

面對生命真相探索，人在侷限的思想邏輯下，利用片面侷限資訊不斷的繡繹出無數的假設，並依憑假設去對抗假設。依憑假設進行的辯論很難令真相浮現，只會導出無休止的爭執。

面對本書回溯中提示的訊息
很難用科學分析、研判或判定真偽

衷心的建議是：
仰賴思想解析真相，不如仰賴直觀感受真相

感受真相要像感受愛
它來了就來了，你就是知道

第八章　介紹「由前世看今生」

第八章　介紹「由前世看今生」

第八章　介紹「由前世看今生」

介紹「由前世看今生」

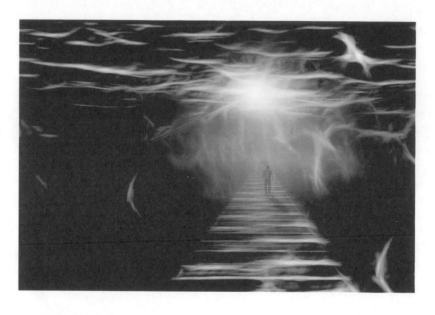

本書內容有個特色，它載錄一些個案在「前世回溯」與「神聖智慧能量意識聯結」下接收的訊息。

前世回溯

本書載錄的前世回溯內容，多數如萬花筒般千變萬化，道盡人間富貧貴賤、愛恨情仇，它頗可被當做睡前床邊陪伴入睡的人生趣味小品。

這些回溯值得一觀，是個案在該世往生前，被引導以更高智慧檢視他們一生境遇的感言與自省。個案在這個情境下，會跳脫當事者立場，以既客觀又具人生智慧的智者角色，俯視與檢討他們該世種種境遇。

這些自省與檢討頗具有大智慧的哲思，它可令個案藉用這些訊息，對應檢討個案本世處世哲學與生命行動。而同步的，我也會透過個案回溯的省思，規劃相應的催眠指令，將指令訊息植入個案潛意識中形成「印記」。該「印記」可有效觸動心靈提升與轉化，令生命走在正中大道上，且令生命過得既精彩又符合生命最大藍圖。

此外，多數個案在回溯結束前，會被引導進入該世前存在的靈界。多數個案進入靈界後的覺知，均是非人間經驗下可揣測的跨世覺知。它可引導個案提升離世智慧，而對生命有了新穎的覺知。

假設讀者有緣，能親身經驗催眠回溯，透過回溯與高維靈界訊息同頻共振，並自然的接納這些訊息引為實相，則自可依循這些訊息展開不一樣的人生。

神聖智慧能量意識聯結訊息

書中載錄一些個案在催眠中與某種「神聖智慧能量意識」聯結，而在聯結中提示了許多有關生命與這個大宇宙的訊息。這些訊息非常具有意義，也頗為有趣，它與人在人間思想下所感受的不同，而且與一些宗教的教義存有部分歧異。

訊息三個特色

書中所載錄的「回溯訊息」與「神聖智慧能量意識聯結訊息」擁有三個特色：

- 催眠個案非刻意揀選的，而是隨機取樣的。
- 載錄的個案回溯訊息盡量保持其原創性與完整性。訊息極小部分經過刪改，其目的是為了修正口語錯誤或簡化內容。
- 多數「回溯訊息」與「神聖智慧能量意識聯結訊息」存在高度的可重複性。依科學驗證角度，該特質影射了訊息接近實相的程度。

閱讀這本書建言

不同人基於不同生命經驗與信仰，閱讀這本書可能會有不同反應：

- 無神論者看了這本書，也許不知該如何評斷。
- 不知論者看了這本書，也許覺得好奇與有趣。
- 宗教徒看了這本書，也許會用信仰對比回溯內容。
- 神秘主義者看了這本書，也許鼓掌叫好。

目前坊間生命真相架上已經有無數版本的真相，人們幾千年來辯論真相，總是滔滔不絕、各說各話，形同雞同鴨講。對於這本藉由回溯提示生命訊息的小小書籍，多它一個，或少它一個，又有多大差別呢？對這本書，我未預設立場與企圖。

面對生命真相的歧見，老子不肯說，佛陀語焉不詳。如果連祂們都避開不談或談不清楚，那我又該說什麼呢？建議讀者閱讀此書時，容許做個建議，在分享本書時，何妨暫時放下信仰，以一個無關第三者角色，帶著柔軟開放的歡喜心，像看童趣書般欣賞它就好了。當分享時抱著成見，則杜絕了在自由心下客觀探索真相的可能性。

寫這本書雖是呼應心中指引寫的
但或多或少隱存著利他善意
衷心希藉著這本書
促成讀者心靈轉化
讓生命變得更好、更幸福、更精彩

第八章　介紹「由前世看今生」

第九章　前世回溯案例探索

第一篇　Claire 的三世回溯

Claire的三世回溯

社會學研究指出，大約近七成的人或多或少相信前世是存在的。為什麼呢？人們的潛意識有個特色，認定有個「我」恆在。在這個印記下人們會好奇，想探索「我」的生命故事。

Claire是個約三十多歲相貌清秀女孩，相信前世存在，對「我」充滿好奇。基於這些理由，她積極希望做前世回溯。

Claire前世回溯摘要

Claire聆聽指令的聚焦能力很強，在催眠引導下，很快就順利進入她某個前世（註一）。

註一：Claire很快進入某個前世。

許多人面對前世回溯，都頗有動機想要經驗，但一些人心中會有個疑問：「我能夠進入前世嗎？」

期望透過催眠成功進入前世存在四個關鍵因素：

💡　個案得相信前世存在，如果心存懷疑，那他的潛意識就不會為他打開前世回憶之門。

💡　個案對催眠師要有信賴感與安全感，願意在回溯中接受催眠師引導。

💡　個案對於催眠師要有親和感，缺乏親和感會令個案在他與催眠師間豎立一道無形的牆，阻隔催眠師的引導。

💡 個案必須對催眠引導擁有聚焦能力。個案如果催眠時胡思亂想，會無法追隨催眠引導。

上述條件並非絕對性的，原則上只要個案願意，幾乎每個人最終都可進入前世。

Claire第一世

Claire進入該世的初始情境，是時值十六世紀的西班牙。她自覺是個身著高貴衣服的十歲清雅男孩，一個人在溪邊玩。溪水對岸一些孩童望著她，羨慕她高貴的身份，階級。在催眠引導下，Claire回到她該世的家。家是個豪宅，Claire自覺生活優渥，一切有僕傭打點照顧。

該世的下個場景，Claire十年後在貴族學校上學。她雖身為學生，但已感受當時貧富不均的社會形態。她雖年輕，但心存救世善念，一心想在未來為窮人改善他們的生活。

再下一個場景，Claire時值三十五歲，自覺是個政府官員，正下鄉探視受災的貧苦居民。她對受災居民的苦感同身受，極想幫助他們，但困於資源不足無法達成心願，頗覺無奈。Claire為官時一直積極建議宮廷推動貧富均等法，但自覺能力不足，改善不見績效。最終她心灰意冷，辭官去了鄉下，與妻小度過餘生。

Claire 被引導在該世往生生前回顧一生（註二），妻小在旁。她懊惱無法改變社會，也後悔太快放棄對理想的堅持。她感受該世如能倒頭再來，應學習用更多的勇氣與智慧堅持夢想。

註二：往生前回顧一生

前世回溯有個頗有價值的特色，就是引導個案在回溯結束前，進入往生前情境。絕大多數個案在此刻，會在更高的靈性覺知下檢視他該世生命。多數個案在檢視時會給出客觀且智慧的回顧與自我建言。

Claire第二世

該世回溯結束後，Claire被引導進入另外一世。

在第二世，Claire意識到她是個歐洲男子，生活在某城堡中，在約二十七、八歲時繼承了家業。在該世下一景，她站在城堡陽臺往下俯視著，自覺對人生空洞、茫然，一直想探索生命真義但不得其門。

由於家道中落，Claire遣散堡中所有僕人。基於什麼技能都不會，且對外在複雜多變的世界心生排斥，就將自己孤單的鎖在城堡內，利用剩餘家產消極過著離世生活。她該世壽命不長，僅活到三十七、八歲，而在抑鬱心結下了結餘生。

最後，Claire被引導進入該世往生前五分鐘回顧一生。她感慨面對人生，不應將自己封閉在城堡裡，應走出城堡勇敢的經驗生命。

Claire第三世

在持續引導下，Claire進入了第三世。

在該世，Claire同樣是個年齡約十七、八歲的歐洲女孩子，穿著男性化、短髮，喜愛看哲學書籍。她在該世的個性不同於當代女性，非常

執著，一直想做大事，希望提倡男女平等。但她母親卻希望她如一般當時傳統女孩，嫁人、顧家與生子。

在該世下一景，Claire正在書店找尋書籍。找書時，她意識到書店中有個男生一直有意無意地觀察她，頗欣賞她，也上前表態希望與她交往。她雖心儀該男生，但執著於否定當世男女不平等，蓄意不跟他講話，奪門而出。Claire意識到該男生就是她本世既往情人。

再下一景，Claire約四十歲，獨自在城市租個小套房，平日寫些書、散文，並在社會上提倡男女平權。她自覺一生孤寂、缺愛，雖然心中渴求愛，但執著於男女平權，放棄了追尋愛情的機遇。當她在場景中看到該書店男生與其他女子結婚生子，心中頗為失落與懊惱。

在該世往生前，Claire被引導在更高的靈性覺知中回顧生命。她意識到她對男女平權的執著，制約了她經驗愛的動機，放棄了體驗愛的機緣。她感受如果該世生命重新來過，她願意放棄制約去體驗愛。

Claire三世回溯探索

第一世太快放棄對理想的堅持

Claire在第一世年輕時，即心存改善社會貧富不均的理想。但當她察覺到社會諸般阻力，即很快放棄理想而隱居山林，這個挫敗帶給她沮喪、抑鬱的晚年。她在往生前自評：「太快放棄對理想的堅持，應學習用更多的勇氣，激發內在潛能改善貧困社會。」

生命難得且短，當然切莫辜負了它，應竭盡所能令它精彩，精彩到像國慶天空燦爛的煙火，而非如同點燃的小火柴般螢火微暗，每天只是無趣的燃燒生命。

幾乎每個人心中或多或少都有個夢想，也會想在生命中去「追夢」。「追夢」過程也許有苦、有難，但「追夢」令生命過得精彩、歡喜，值得讚許。

從結論來說，論及令生命精彩，做心裡想去做的，很多人教了白卷。

有人在紐約街道上擺了一個黑板，邀請路人在黑板上寫下他們這輩子最大的遺憾。在眾多路人的參與下，黑板上琳瑯滿目的寫著一大堆人他們心中沒能追尋的夢想與遺憾。

許多人恐懼追夢，因為追夢需要勇氣。面對「追夢」，如果你介意無法掌控無常的外境，介意成敗榮辱，或介意失敗帶出沮喪與自卑，那會掉入自設的陷阱，令你在夢前怯步。

從智慧角度思考
生命一切經歷不管結果如何
成功或失敗，都是虛空的鏡花水月
最終都帶不走

既然如此
面對追夢
何不聚焦在經驗與享受過程
而非執著結果呢？

能夠擁有隨緣的追夢心嗎？

戈黛娃夫人（Lady Godiva）追夢

此處，分享一個英國古代勇敢的戈黛娃夫人（Lady Godiva）故事。

近代最當紅的伴手禮之一是Godiva巧克力，但很少人知道Godiva的來由。Godiva源自於十一世紀英國利奧夫里克伯爵的美麗妻子的名字戈黛娃夫人（Lady Godiva，990年-1067年）。

據傳說，當時英國「麥西亞城邦」的「利奧夫里克伯爵」對「考文垂市」的市民們強加重稅，令市民深感重稅的痛苦。戈黛娃夫人深感民

苦，屢向伯爵丈夫求情，希望他減稅但都被頑固拒絕。最後，伯爵不耐愛妻百般纏擾，給她一個難題，宣稱只要她願裸身騎馬繞行市街，便願意減稅。

出乎伯爵意料之外，心地善良的戈黛娃夫人真的照著他的話，裸身騎馬遊街；當時她唯一能遮掩身體的，只有她的金色長髮。當她勇敢無懼遊街後，戈黛娃的丈夫只好遵守諾言，免除了當地繁重稅賦。

現代沒有多少人記得當時英國國王是誰，但卻清楚知道有個優雅、勇敢而且仁厚的 Lady Godiva。十九世紀的約翰·柯里爾（John Collier）為 Lady Godiva畫了一幅裸身遊行的寫實畫像，令她勇敢地裸身遊街事蹟名留千古。

Claire在她第一個前世，因過度介意追求理想的結果而氣餒，放棄了夢想。她清醒後，透過回溯經驗，自覺面對生命有了另類覺知與更積極的企圖心。她放下了既往傳統的人生觀，辭去一直不喜歡的工作，放鬆的在家裡放空，希望透過靜心聆聽心靈訊息，告知她該如何去追夢。她這個回溯後的省思，相信對她未來營造生命的精彩度會是加分的。

第二世孤寂無趣的人生

比擬人生像是規劃歐洲旅行；當你擁有一個難得長假去歐洲旅行，你會隨意規劃，令這趟旅行單調無趣呢？還是會精彩規劃，讓這趟旅行殊勝有趣呢？

Claire在她的第二世，由於承襲了上代財富，令她終生斷手斷腳，阻斷了她經驗人生的動能。試想，一個人能夠出現在人間，是個多麼稀罕的機緣，既然人生難得，何不好好的珍惜人生，盡情的去經驗人生呢？

Claire第二世的頹癈人生並非罕見，近代許多年輕人面臨類似問題。我認識頗多家世良好的年輕人，生活資源豐足，在沒有任何努力下即擁有一切財富、地位與享受。就因為如此，他們忘了聆聽心中尋夢的叮嚀，心靈如孤寂、無趣的沙漠。

曾經有位印尼的富二代華僑，父親過逝後，他承襲了龐大家產。為了維護、壯大家產，他捐出了所有時間與精力，變成一個拼命賺錢的機器人，放棄了心中曾擁有的夢想。

人生難得，拿起你的畫筆去豐盛人生吧！

第三世預設的心靈制約創造恐懼

Claire在她第三世回溯，執著於男女平等的心念。該心念令她制約了她的生命，而不能自由的經驗人生，也令她放棄了追尋愛情的機緣。催眠後，Claire在自省中覺察到她面對本世生命，存在類似的心靈制約，缺乏真正的自由。

我們面對人生，想做什麼就做什麼，想要什麼就要什麼，但我們真的自由嗎？一些人在生命中，會不知覺被既往生命經驗、集體潛意識、哲學、信仰或教條制約了心靈自由，而令生命不能如蝴蝶般自在的在花叢中飛舞。

舉享受為例。

我曾在演講中公開調查，問觀眾最喜歡吃的三道菜中有沒有鮑魚與魚翅？全場絕大多人宣稱不愛吃鮑魚與魚翅。如果這個調查屬實，那為什麼高級喜宴中必須要有鮑魚與魚翅呢？答案無它，集體潛意識綁票了我們。

再舉投資談綁票。

絕大多數人投資會聽從投資專家建言；但依據歷年統計，金融投資專家對金融投資的預測，平均準確率連50%都沒有，專家與一般民眾相同，存在著投資盲點。有人戲稱：「與其聽信金融專家投資建議，不如乾脆擲飛鏢。」明知如此，為什麼很多人仍願聽信專家呢？因為投資者的潛意識存有「專家萬能印記」，這個印記會令他們盲目的依賴專家。

前世回溯只是一場自拍的過氣電影？

許多人經驗前世回溯，以為像是欣賞一場自拍的前世電影，存在高娛樂性，答案不盡然如此。

經驗前世回溯有個優點，就是個案會透過前世經驗，覺知曾錯誤處理一些情境。這個覺知，不單只是理性下的覺知，它同時會自動植入潛意識中形成恆在「印記」。透過這「印記」，令個案能夠在「印記」運作下更成熟、智慧的面對人生類似情境。

此外，許多個案經驗前世發現，他們在前世中所經驗的情境，特別是負面情境，會以相似形態在他們本世重現。Claire透過三世回溯，就察覺這個現象。透過這個現象，值得探索的是：「累世人生只是獨立的單純經驗呢？或其背後存在著學習的規劃呢？」這是個頗值得探索的議題。

如果生命不獨僅僅是經驗，其背後隱藏著規劃，那負面情境的累世重現，暗指人來人間面對的各類無常情境背後，存在著學習的課業。當課業沒完成時，會在下一世繼續學習，直到課業完成為止。

我曾幫一個女孩子做過幾次回溯，她在那幾世回溯中，都在討愛下經驗失敗的男女情愛，且都以悲劇收場。透過回溯，她意識到學習真愛是她累世的課業。

如果人來人間存在著學習課題
那麼面對人生情境或挑戰

你會選擇消極的面對修習功課？
或是選擇積極的完成功課？

第九章　第一篇　Claire 的三世回溯

第九章 前世回溯案例探索

第二篇 Naomi 擦肩而過的愛

Naomi擦肩而過的愛

幾乎沒有一個個案不滿意回溯的經驗

許多人當聽到前世回溯時，會有三種不同的反應；第一種反應是懷疑前世回溯，對它興趣不大；第二種反應是感覺前世回溯可能是真實存在的，但恐懼面對既往前世；第三種反應是對前世回溯非常歡喜與好奇，想要透過前世回溯瞭解自己的既往生命。面對前世回溯，Naomi就是第三種人。

的確有些個案在回溯前，會擔心看到自己不堪、痛苦、低下或罪惡的前世。但依既往所做的回溯，幾乎沒有個案不滿意回溯的經驗，為什麼呢？

個案在回溯中面對的生命內容如果是高貴的、溫馨有愛的、叱吒風雲的或者精彩的，當回溯結束後他會感受歡喜。但反過來說，就算是個案前世呈現不堪、痛苦、低下或罪惡的情境，在理性下，個案深知這一切前世情境不過是早已消散的歷史，他不需為既往歷史負責。實際來說，我沒見過任何個案回溯後介意他前世歷史而存在負面情緒。

反之，絕大部分個案透過回溯，意識到他在該世犯的錯誤。而因此，他更懂得如何在本世避免犯同樣的錯誤。他更能夠理解到，生命的延續經常只是學習不同的功課。在這樣的覺知下，他更能夠放下執著、無明，以更智慧的態度面對人生。此外，絕大部分的人透過回溯中的投胎轉世，意識到生命結束並非終結。這個覺知，令他更能夠無懼的

面對死亡。

Naomi的前世回溯

Naomi是一個三十歲出頭的年輕女孩，面貌姣好，未婚，一直企盼能找到心怡的白馬王子。 她既往的愛情經驗多是崎嶇坎坷的，這些坎坷愛情都帶給她痛苦。有趣的是，她每次跳入情海前，在理性下都知道結局不佳，但她每次卻如飛蛾撲火，無厘頭的跳進去。

Naomi在這個回溯中的愛情經歷很精彩，精彩到可編寫為電影劇本。

Naomi第一世

回溯中，Naomi進入的初始場景是十五世紀的日本，她覺知自己是個十八歲少女，她所在處為群山環繞的草原。她由草原返家後，覺知家不是一般的家，而是個神社，她的外婆是神社主持。

在該世，Naomi被外婆預定為神社接班人。對於這個規劃，Naomi心中百般不願，但不能不從。外婆幾年後就往生了，她極年輕時即順從外婆心願，接掌了神社主持職責。

在回溯下個場景，Naomi時值三十多歲，神社內出現了一位三十多歲身著青袍的高雅男士。她心儀於該男士，但基於職責制約，無法如願成婚。這位男士爾後戰死於戰場，令她在該世唯一戀情告終。在回溯中，她意識到該男士就是本世戀人Jerry（註）。

註：Naomi意識到該男士就是本世戀人Jerry。
在多數個案回溯中，會發現到他們某世與他們相關的角色，經常會在個案本世或其它世重複出現，並與個案間存在某種相似或相異關係。

在該世尾聲，Naomi被引導進入她往生前的五分鐘，她平靜、智慧的俯視一生。她覺知該世生命一直存在著對愛的匱乏、渴求和依賴。而她愛過的人的往生，包括外婆與該男士，令她生命覺得孤單、苦悶與痛苦。

但在清淨智慧的覺知下
她對該世感受的愛的匱乏與遺憾有了新的覺知
她體悟到
「雖然愛的人死亡了，但愛會延續」
她也體悟到，恐懼與慾望會阻斷愛
只有擁有真正的愛，才會讓世界豐盛

第九章 第二篇 Naomi 擦肩而過的愛

Naomi在該世往生後，進入了她所歸屬的一個充滿著光的靈性世界。在這個光的世界，她看到許多呈現光球狀的靈修伙伴，其中不乏本世朋友；例如像呈現粉紅色光球的小碧、呈現黃色光球的Elaine。

在靈性世界中，Naomi覺知到她該世未完成的功課是要「學習勇敢」與「給出真愛」，也覺知到這些功課也是她進入下一世預設的功課。此外，在她與靈界指導老師的對話中，她意識到入世學習並非是被強迫，而是自己自由意願下的決定。

Naomi第二世

在引導下，Naomi從靈性世界投胎轉世。 她進入的年代是1756年，時值十七歲。她在該世覺知的第一景是在學校念書。她在學校有個知心的男朋友，她意識到該男友就是上一世未盡戀情的男友Jerry。Jerry樣子瀟灑迷人，個性博愛，在校中女朋友很多，令她心生嫉妒、不滿，促成與Jerry分手。在與Jerry分手的情傷下，她該世一直為情所困。

她畢業後專研天文星相，想藉此瞭解生命的真相。十年後Naomi結了婚，家很大，家境好，生了兩個孩子。在回溯一景中，Naomi看著窗外街景，心煩意亂。她婚前認定的婚姻雖非正選，但仍會帶出幸福人生，但婚後卻惆悵、沮喪，對先生無感、無愛。

回溯再往後十年，Naomi再次見到Jerry，當時Jerry已婚。見面後，她與Jerry重續前緣，展開自覺罪惡感的婚外情，這個婚外情一直延續到Jerry往生才停止。

在該世最後一景，Naomi被引導進入她往生前的五分鐘，她覺知到先生守在床側。她對先生坦承婚外情，但她先生說他都知道，但並不介意。Naomi對他說：「對不起，我婚後活在夢幻裡，沒有把情感放在你身上，沒有真正好好的去愛你，沒有看到表相後的真相。其實我周圍充滿愛，但我心中沒有愛，所以沒有感受得到。」

在往生前，Naomi被問及對於該世學習的功課是否覺得圓滿，她說：「我沒有學到；我該學習要在每一個當下感受愛，這個愛是顧及到所有人的，是無條件、無方向的。」她持續被問及為什麼與Jerry累世見面？她回答：「我覺知自己與Jerry都需要學習放下狹窄的愛，學習大愛。」

該世往生後，Naomi又回到與前世往生後回歸的同樣的靈界，她的心靈夥伴們迎上前來歡迎她的回歸。在與夥伴們的例行檢討中，夥伴們笑她沒學好功課。夥伴們給她下一世學習的建言是：「要學習放下期待、慾望，只要單純的給予自由的愛就好了。」

Naomi前世回溯探索

雖然愛的人都死亡了，但愛會延續

Naomi在她第一世回溯往生前，體悟到「愛的真諦」。 她說：「雖然愛的人都死亡了，但愛會延續。」這句話暗藏玄機，它指的是什麼呢？

Naomi在她第一個前世對外婆的愛是依賴的，外婆的早逝帶給她孤寂的感受。Naomi該世的愛情也是淒美無奈的，基於她是個奉獻給神社的神職人員，不能夠如常人般擁有愛情、婚姻。她愛上一個男人，但該男人也不幸很早就因戰爭往生了。這兩個她愛的人過早離世，令她該世感覺孤寂悲苦。

回顧Naomi兩世回溯中為情所困的愛，不禁想起佛史中佛祖弟子阿難淒美的單相思戀情。

佛祖與阿難有一段阿難單相思的對話：

阿難對佛祖說：「我喜歡上了一女子。」
佛祖問阿難：「你有多喜歡這女子？」
阿難回應：「我願化身石橋，受那五百年風吹、五百年日曬、五百年
　　　　　雨淋，只求她從橋上經過與她相遇。」

佛祖說：「 阿難你一見鍾情便傾心一世，不問回報而付出多年等待。
　　　　想像就算是某日那女子從橋上經過，那也只是經過，而你已
　　　　化身石橋，註定只能與風雨廝守。這一切你都明白，但你仍
　　　　舊只為那場相遇而甘受造化之苦嗎？」

阿難回應：「我無怨無悔。」

阿難單相思的愛好苦，Naomi制約、無奈的愛也好苦。但愛的對象往
生後，愛就結束了嗎？愛會終止嗎？

依曾經做過的許多回溯
個案在回溯中所經驗的愛
包括伴侶愛、父母愛、兒女愛等等
會在不同世延續出現
為什麼愛會在不同世延續出現呢？
為了促使個案透過關係學習「愛」
學習「愛」
是人在輪迴中反覆入世的重要功課

恐懼與慾望會阻斷愛

Naomi在往生前體悟到愛的真義，她說：「恐懼與慾望會阻斷愛，只有擁有真正的愛，才會讓世界豐盛。」Naomi此處談到的「真正的愛」是什麼屬性的愛？

人與人相處時愛會衍生，但愛有兩種屬性；第一種屬性的愛叫做「私慾的愛」。所謂「私慾的愛」，就是愛的背後存在著企圖、目的或慾望。

一個男士感覺深愛一個女子，所以決定娶她。兩人在教堂牧師的見證下，互立誓言；不管對方生病了或變老醜了，都會無條件的接納、呵護對方直到終老。婚禮誓言好美，這個男士深信對他的妻子有真愛，但真的是如此嗎？

如果深入這個男士的心靈深處，會發現不盡然如此，這個男士心裡在意的是他妻子的條件。譬如說，他喜歡他妻子的氣質、長相。好的氣質、外貌讓他能夠每天賞心悅目。他喜歡妻子的好家世，好家世可在未來給予他經濟支援。他喜歡妻子相陪消解寂寞，也期待妻子幫他傳宗接代。

當然，不能說他對妻子沒有愛，但也就是這麼多心靈深層的慾望與索求，讓婚姻變成了企業投資。既然婚姻是投資，當然得時時檢視婚姻的投資報酬率。經過一些時日，當他發現妻子條件變差時，婚姻就有了裂痕。

思想下衍生的愛幾乎多數是條件的愛。當愛存在期望，就有怕期望落空的恐懼，恐懼會令愛變了質。

第二種屬性的愛是無條件的真愛；真愛與條件愛大不同，它不存在任何慾望或企圖。

真愛又叫做「自由愛」。為什麼呢？當人心中有了慾望、恐懼時，愛就不再是自由的。不自由的愛會是狹義的、有傷害的。唯有放下心中慾望跟恐懼，擁有真自由，真愛才會萌現。

有愛並不難，門檻不高，但真愛不易。愛一個人，能夠放棄索求、企圖，給出無條件的大愛嗎？對於Naomi來說，學習真愛顯然是她累世功課，也是多數人轉世必修課。

光的靈性世界

依曾經做的許多回溯，超過90%的個案在往生後，會回到一個高靈性層次的界域，我稱它為「靈性世界」，或簡稱為「靈界」。極有趣的是，不同個案描述的「靈性世界」呈現高度相似性。

綜合眾多個案描述的靈界，將其特色列舉如下：

- 「靈界」是個高維的非物質界域，無時、無空，充滿著光。
- 「靈界」中的靈不具形體，以光呈現。光呈現不同色彩，例如白色、黃色、藍色、粉紅色、紫色等等。
- 「靈界」中的靈存在著許多相互熟稔且圓融相處的靈性夥伴。
- 「靈界」中靈相互間的溝通不用言語，而是透過量子意識能量波（心念）溝通。
- 「靈界」不像人間，靈與靈間沒有二元世界中的鬥爭、評比或嫉妒，只有平靜、關懷、祝福與愛。
- 「靈界」的靈與靈間會相互協導提升心靈。
- 「靈界」存在指導老師，靈界指導老師會為每個靈規劃下一世學習功課，每個靈對於規劃的功課會欣然領受。
- 靈界指導老師會協導回歸靈界的靈檢討他該世的學習成果。
- 多數靈由於靈性層次較低，入世的功課內容由指導老師設定；少部分靈由於靈性層次較高，入世的功課由該靈自行設定。
- 靈入世修習的功課一般是勇氣、自由、放下執著、智慧、愛、仁慈等等。
- 當靈的下一世功課規劃出爐後，會在投胎入世前邀請他親近的靈修夥伴，在下一世扮演與他相關的不同角色，協助他完成功課。

- 基於這個原因，每個靈與他相熟的靈修夥伴會在不同世重複的出現，且扮演不同角色。

- 靈在靈性世界中規劃好下一世時，清楚知道下一世將扮演的角色與將經驗的情境。但投胎後為了學習，靈會在生命各種情境中浮浮沉沉，忘記這一切。

- 每個靈在人間感覺時間存在，但回到光的世界中則時間不存在。

許多個案在回溯中感受的靈界呈高度的相似性；從科學角度觀察，它迂迴證實個案經驗的靈界可能並非潛意識編織的隨機夢幻故事。為什麼呢？任何潛意識編織的故事是凌亂無方向的、缺乏邏輯的且不可重覆的。基於這一點，可以否定個案對「靈性世界」的覺知是潛意識編織的幻覺。

多數個案在回溯前並沒有閱讀過有關靈界的書籍，所以其思想中並無任何既存的靈界訊息。此外，就算有些個案曾閱讀過靈界書籍，但綜觀坊間諸多靈界書籍對靈界的描述，許多描述相異或甚至於矛盾。另則，個案回溯前也沒有被催眠師明示或暗示靈界的存在。基此，多數個案在回溯中呈現的靈界訊息，應不是個案潛意識編造的無稽幻想。

第九章 第二篇 Naomi 擦肩而過的愛

人是獨立的嗎？

人活在的世界是二元屬性，二元世界有個特色，就是人們心中認定有一個「我」存在。在「我」的覺知下，會自覺與他人是分離的獨立個體。依回溯資訊，這個見地不見得真實。

在Naomi二世回溯中，Jerry均以不同角色與Naomi共同經驗生命。他們的互動，是在高維規劃下共同學習放下狹窄的愛，學習大愛。如果這是真相，一群相熟的靈累世以不同角色互動，它暗指「我」與他人並非獨立的，而在高維規劃下與他人綁在一起。

人生情境是業報還是學習？

每一個靈與固定夥伴累世以不同的角色互動，共同經驗愛、恨、情、仇。到底這種現象是佛教認定的因果業報呢？還是神祕主義認定的提升心靈的學習呢？根本來說，業報與學習的屬性不同；業報是懲罰，而學習是祝福，到底哪個答案是真相？

其實這兩種詮釋並沒有衝突
表相上人們在累世關係互動下引發的衝突與痛苦
似乎影射「因果業報律」下的報應

但進一步探索
它也可被解讀為：
「因為功課做得不好，而要在業報的刺激下持續完成功課」
這兩種現象不是同一種現象嗎？

生命中情境，特別是負面情境
既是業報，也是學習
端看由什麼角度去看

當然
如果靈界的確存在
認定關係間的衝突或傷害是學習而非業報的懲罰
不是更令人釋懷嗎？

第三篇 能放下心靈鋼板嗎？

第九章 前世回溯案例探索

第九章　第三篇　能放下心靈鋼板嗎？

能放下心靈鋼板嗎？

Jane是個三十歲不到的女孩，長相姣好，但個性執著，容易焦躁，經常與週邊親友失和。她最近要結婚了，找我做心理諮商，她知道面對婚姻如果缺乏成熟的心靈狀態，易令婚姻觸礁。

下方為我與她的對話。

我問Jane：「為什麼現代離婚率高達六成？」

Jane回答：「不清楚，有這麼高嗎？」。

我回應：「現代多數婚姻伴侶面對婚姻，無法給出真愛，而是企圖藉由婚姻想得些什麼，將婚姻視同企業投資，這是現代離婚率高到六成的原因。」

我繼續問Jane：「不妨冷靜探索你面對婚姻的心靈狀況，感覺是給出真愛呢？還是有所索求呢？」

Jane遲疑了一下回答：「不清楚，也許有點索求吧。」

我問Jane：「想不想針對這個議題，利用催眠做個心靈探索？」

Jane爽快的回答：「好！」

Jane前世回溯摘要

我引導Jane在深層放鬆狀態的希塔波（θ wave）下進入了她某個前世（註）。

註：Jane在深層放鬆狀態的希塔波（θ wave）下進入了她某個前世。人如何進入催眠狀態呢？一般人清醒時，腦波存在於12到14赫茲的貝它波。在催眠引導下，當個案進入深層放鬆時，腦波會轉入低頻阿法波（8～12赫茲）或更低頻希塔波（4～8赫茲）。當腦波進入希塔波時，即可進入她的潛意識為她規劃的某個前世。

在該世回溯中，Jane意識到的啟始場景是個小康家庭。在該家庭中，她是個被父母寵愛的驕縱女孩，脾氣壞，連父母都怕她。出嫁後，先生也因為她的脾氣與執著，不敢靠近她。她先生也許基於對婚姻的匱乏感與不滿，有了外遇，這個外遇帶給Jane傷痛。Jane意識到她該世先生就是本世將嫁的未婚夫。Jane在該世有兩個孩子，一男一女，兩個孩子也因為Jane的壞脾氣不敢靠近她。

Jane進入中年後對生命沮喪，就進入了空門。她入空門並非看破紅塵，真心想修習佛法，而只是藉入空門脫離塵世。Jane在空門中雖日日誦經、禮佛，但清風古剎並未帶給她平靜與智慧。往生時，Jane僅孤身一人，床畔無人相送，走時帶著哀傷。

該世往生後，Jane被引導進入了她來該世前存在的靈界，她進入的靈界與Claire和Naomi進入的靈界相似。在靈界中，她覺知是平靜歡喜的。透過心靈導師的引導，她知道她入該世有個目的，就是學習放下鋼鐵般的執著心念，也理解到該念杜絕了她探索生命正道的機緣。

結束回溯後，我問Jane：「感覺到心中執著的鋼板了嗎？」

Jane回應：「我承認，我父母也這麼說。」

我問Jane：「踢到你的鋼板會疼痛的，不是嗎？」

Jane回應：「是的。」

我問Jane：「想移除掉鋼板嗎？」

Jane回應：「想。」

我問Jane：「妳這個企圖會成功嗎？」

Jane回應：「我會努力。」

我問Jane：「光靠努力能移除掉執著嗎？」

Jane回應：「我不知道，但我會努力。」

Jane回溯探討

心中執著的鋼板

英國倫敦有個頗負盛名的威斯敏斯特天主大教堂 (Westminster Abbey)，它的地下室有個墓碑林，墓碑林中有塊名揚世界的墓碑。這個墓碑造型普通，質地粗糙，且沒有姓名、生卒年月。與周遭上乘質地、做工精良的一些名人墓碑相比較，它顯得毫不出色。

但這塊無名墓碑卻名揚全球，每個到該教堂的人也許不去拜謁那些曾顯赫一世的墓碑，但卻沒有人不拜謁這塊普通墓碑，他們被墓碑上碑文深深地感動著。

這塊墓碑刻著這樣一段話：

「當我年輕時，我的想像力從沒有受到過限制，夢想改變這個世界。當我成熟以後，我發現我不能改變這個世界，我將目光縮短了些，決定只改變我的國家。當我進入暮年，我發現我不能改變我的國家，我的最後願望僅僅是改變一下我的家庭。但是這也不可能。」

「當我躺在床上，行將就木時，我突然意識到：如果一開始我僅僅去改變我自己，然後作為一個榜樣，我可能改變我的家庭；在家人的幫助和鼓勵下，我可能為國家做一些事情。然後誰知道呢？我甚至可能改變這個世界。」

許多的人看到碑文都感慨不已，且頗有所悟，它提示了指引人生的智慧。

南非總統曼德拉年輕時看到這篇碑文時，頓時醍醐灌頂，感受從碑文找到改變南非的金鑰匙。回到南非後，這個原本贊同以暴治暴對抗種族歧視的黑人青年改變了處世風格。在自省下，他柔軟的由改變自己著手，再經歷幾十年，終於改變了南非。

放下執著是入世功課

你放鬆手掌，然後滑落，進入偉大傑作之中。

加拿大詩人李歐納‧柯恩
（Leonard Cohen，1934年－2016年）

每個人都願意讓生命過得好，過的平靜喜悅，但經常事與願違。多數人面對生命存在著執著。執著什麼？執著著對善惡、是非、對錯、好壞、成敗、得失或人我有別的評斷。當執著下評斷引動了「喜歡跟不

喜歡」與「要跟不要」的強烈情緒時，執著就令心中豎立著一塊僵硬的鋼板。

執著也許是對的，也許是錯的，但不管對錯，過度執著容易造成關係對立、衝突，容易創造分裂的人生，以至於反撲，引發自己的壓力與痛苦。就如同金庸小說倚天屠龍記中金毛獅王謝遜的七傷拳，一拳出手，傷人傷己。

人無法控制外境，當喜歡卻得不到，或不喜歡卻避不開，就構成了煩惱的根源；深的執著就是大煩惱，淺的執著就是小煩惱。

透過回溯，Jane自覺該世與本世面對著同樣的生命試煉，她能夠如願用柔軟心放下心靈鋼板嗎？

放下執著也是離世功課

佛教不獨是一個宗教，深入探索，其教義隱藏著離世的智慧。佛教提示：「執著不僅是入世的煩惱，也同時是出世的無明」，怎麼說呢？

談一個《六祖壇經》中記載的有關執著的野史。

惠能六祖是唐朝湖北省黃梅縣東山寺五祖弘忍大師（601年－675年）的弟子，惠能從禪宗五祖弘忍大師得到衣缽傳承後，離開東山寺，南下到了廣州法性寺。一日，法性寺主持印宗法師對寺內僧眾講述涅槃經。當時有一陣風吹過來，寺院屋簷掛的風幡開始飄動，印宗法師即與問僧眾：「到底是風動？還是幡動？」有些僧眾說是風動，有些僧眾說是幡動，而六祖惠能卻說：「既不是風動，也不是幡動，是心在動。」

佛教禪門南宗六祖惠能大師
（638年-713年）

再談一個南唐法眼宗法眼禪師悟道野史。

南唐法眼宗法眼禪師未悟道前，曾到處參學。有一次因雪困阻，與另一法眼宗羅漢琛禪師談肇論。

第二天雪停了，羅漢琛禪師送法眼祖師到門外。

羅漢琛禪師說：「佛法說三界唯心，萬法唯識，對嗎？」

法眼禪師說：「對！」

琛禪師指著門外一塊大石說：「那一塊石，究竟是在你心內，抑或是在你心外？」

法眼禪師說：「在我心內。」

琛禪師說：「行者，何苦把石頭放在心內！」法眼啞口無言。

回溯中呈現的一些人生哲理與佛教哲理是雷同的

人們面對紅塵諸境，會依持心念解讀
心念若認定外境為實相，就對外境有了執著
會認定外境存在是非、好壞、優劣、善惡、成敗得失等心緒
當存在執著，則生起愛、憎與煩惱

佛教教義否定紅塵諸境
佛陀在金剛經中告訴須菩提
「凡所有相，皆是虛妄。若見諸相非相，即見如來」

這段話說什麼？
它意指凡所見到的一切生命情境，都是虛幻的假象
既然人生一切境遇均如鏡花水月
放下執著則是離世的大智慧

如何放下心靈鋼板呢？

Jane回溯結束後對生命有了新的見地，她領悟到放下心靈鋼板不獨令關係融洽，更能成就本世功課。她打算本世不再重蹈前世覆轍，期望驅除心靈鋼板，Jane能有效移除心靈鋼板嗎？

不妨回想既往人生經驗，當覺察到心靈中負面情緒，希望在思想下用意志力驅除時，效果如何呢？譬如說，你知道恨人不如愛人，但能夠控制自己不恨人嗎？再譬如說，你知道面臨衝突憤怒不如平靜，但能夠平靜嗎？思想下的意志力並非轉化心緒的好方法，為什麼呢？

當面對生命狀況，人的大腦存在二種意識指令提示行動訊息；一種是最表層「思考邏輯意識」提示的理性指令，一種是「潛意識」以反射形態提示的非理性指令。

前者指令多數是理性的、有益的，而後者指令多數是非理性、有害的，而這二種指令經常相互矛盾。當大腦中這二種指令呈現矛盾的時候，多數是「潛意識指令」勝出，令你經常產生負面情緒與錯誤行動。

所以追根究底，理性下的意志力不易改善心靈狀態，它是治標的，效果不佳。而有趣的是，雖然意志力改善情緒效果不佳，但人們仍依賴意志力處理生命情境。

希望有效地轉化心靈狀態嗎？不妨放棄理性下的自我說服，改為轉化潛意識。轉化潛意識的效果會是治本的、快速有效的且持久的。

考量轉化潛意識，「禪定」是幫助放下妄念、執著的好方法。隨著「禪定」，慈悲心會增長，臣服會愈來愈容易。在慈悲的臣服下，你會更溫和的看待自己的生命旅程，對他人歧見會更柔軟，對他人錯誤也更寬容。

「禪定」是幫助放下妄念、執著的好方法

第四篇　能學習失憶嗎？

第九章　前世回溯案例探索

第九章　第四篇　能學習失憶嗎？

能學習失憶嗎？

Maggie是個不到三十歲的年輕女孩，對生活敏感，不易承壓。此外，她一直困擾對爸爸感情淡薄，與爸爸間存在一堵無形的牆。她討厭對爸爸的疏離感，希望藉由催眠拆除與爸爸間的牆。

在年齡回溯啟始，Maggie被引導升起面對生活壓力的情緒，再被引導進入既往引發該壓力的生命經驗。

她進入引發生命壓力的第一個情境是在小學四、五年級。她在朝會被抽背英文，由於不會很慌張。她被引導進入的第二個壓力情境是在小學二年級。她回家時發現家裡沒有人，覺得恐懼。她被引導進入的第三個壓力情境時值四歲，覺知某晚睡眠時爸爸喝了酒，在昏亂下侵犯了她。

年齡回溯結束後，Maggie繼續被引導進入引發壓力的某個前世。

Maggie進入該世後，驚奇的發現她與爸爸在該世角色對調，她在該世是爸爸，而她爸爸在該世是女兒。與本世如出一轍，僅角色對調，在爸爸三歲時，她因喝酒亂性侵犯了她爸爸。

在回溯結束後，Maggie透過催眠引導釋懷了幼年她父親對她的酒後失節。此外，她也意識到佛家的因果業報實存，前世種的因得在下一世承受後果。自經驗該次催眠後，Maggie面對生活，自覺壓力減弱了不少，也釋懷了認定是被傷害的既往回憶。

Maggie催眠探索

回憶與壓力

當人們面對外境承壓能力不足時,易促成消極與心靈痛苦,Maggie就是面臨這個議題。

每個人承壓能力不足的原因不盡相同;對Maggie而言,引發她承壓能力不足的原因有二個;一個是潛藏在Maggie潛意識中的童年創傷記憶,一個是潛藏在Maggie心靈深處的前世回憶。要想幫助Maggie移除掉面對生活的壓力,就得同時移除掉這兩個壓力根源。

Maggie潛意識中的童年創傷記憶

先談Maggie潛意識中的童年創傷記憶。

二十世紀初,奧地利精神病學家西格蒙德·佛洛伊德創立精神分析學,其核心理論提示:「個案心靈障礙源於其潛意識內負面印記,而潛意識負面印記多數源於童年創傷。」

佛洛伊德認定:「只要找出個案潛意識中引發該創傷印記的回憶,並重演該回憶,就可轉化該印記。」

西格蒙德·佛洛伊德·
(Sigmund Freud·
1856年5月6日 - 1939年9月23日)·
奧地利心理學家、精神分析學家、哲學家

不妨在權衡得失下回答一個問題：「回憶好嗎？」

人的潛意識如同大海，海中充滿了既往的回憶或印記。很多人認定回憶對生活有益，而失憶是缺點，因為失憶經常令生活亂序。所以你會聽到有人批評別人說：「你怎麼老是記不住呢？」

好的記憶對生活的確有益，但換個角度看，回憶的壞處多於好處。回想一下，你的大腦中經常莫名的回憶重演，而勾起的回憶多數是負面回憶。每當負面回憶啟動，就令一個早已消散的歷史重新勾起你不愉快的情緒。

譬如說，你幼年曾經上臺演講失敗，這個演講失敗印記一直烙印在你的潛意識中，令你從此膽怯上臺演講。再譬如說，你曾有過出車禍的恐懼經驗，這個回憶令你坐車莫名的恐懼。同樣的，Maggie在幼年時對她父親失控行為的回憶，令她多年無法接納她的父親。

沒有錯，Maggie父親的失控行為值得檢討，但事隔已幾十年。這麼多年來，她父親對該事件非常的後悔。此外，她父親對她的失控行為只是單一事件，而且是父親酒後失控才發生的。不管Maggie心念如何，她不能否定她與父親的血緣是永存的。

談一個理想：「能夠讓大腦放下不開心的回憶嗎？」「失憶」是美化人生的大祕密，如何學「失憶」呢？

在理性下強制抹除回憶，是傻子學習失憶的死胡同，它效果不彰。面對這個議題，你可以嘗試催眠，它被證實是個有效方法。個案的負面回憶可在催眠中經由催眠師的引導，而被快速、有效地移除。此外，靜心也是個好方法。當心寧靜了，水潭自然水波不興。

Maggie心靈深處的前世回憶

再談潛藏在Maggie心靈深處的前世回憶。

在心理學領域中，前世回憶經常沒有被給予足夠的關注。不管前世回憶是否實存，它解讀了為什麼很多心理諮商師面對諮商，卯盡一切努力，但不得其門而入。為什麼呢？因為很多個案心靈創傷來自於前世回憶。

依據我主導的許多前世回溯，佛教提示的「輪迴」與「因果業報」在回溯中比比皆是。

回溯顯示：

個案在某世造的業，不管是善業或惡業，都要在後世承受獎勵或懲罰的果報。

個案前世在關係互動中造成的恩怨，經常會在後世重現，但傷害者與被傷害者的角色會互換；前世的傷害者在後世變成被傷害者，而前世的被傷害者在後世變成傷害者。

這個在「因果業報」下角色互換現象就出現在Maggie身上。

如果Maggie回溯中的前世覺知是實相，那麼面對幼年父親對她的不當行為，她可以擁有兩個選擇；選擇一，堅持回憶引發的創傷情緒，仍然在她與父親之間樹立一堵牆；選擇二，柔軟她的心，放下人間慣常的道德批判，學習在本世釋放掉對父親錯誤行為的責難。

「寬恕」對每個人來說都很難，但這是Maggie必須面對的功課。

第五篇　平靜、滿足的前世功課

第九章　前世回溯案例探索

平靜、滿足的前世功課

Sammice是個相貌端莊的三十多歲女孩，能力強且心地好，在牙科診所工作。她做回溯並非有特定理由，而只是好奇。由於她思想單純，聚焦力強，在催眠引導下很快進入了前世。我選擇她回溯中一些重要片段分享。

與Sammice的催眠對話

Sammice：「我是黃種人，14、15歲，穿著紅色裙子，腳上穿拖鞋，在田埂上散步，兩邊是金黃色的稻穗。」

劉醫師：「妳將進入這一世你認為最開心的時刻，看到什麼？」

Sammice：「跟姐姐聊天，很開心，我跟姐姐相處的很好。」

劉醫師：「我要你進入你生命中覺得最有意義時刻，三、二、一，看到什麼？」

Sammice：「我二十五、六歲，生病躺在床上，很不舒服，姐姐在照顧我，對於她的照顧感覺很溫馨。」

劉醫師：「姐姐？非常好，可以說說姐姐是你所認識的人嗎？」

Sammice：「嗯！（註）」

註：催眠中不回答提問。

被催眠者在回溯中思想仍存在，但不運作，只是在旁邊靜觀。個案面

對回溯中任何問題，可選擇回答或不回答。譬如說，催眠師問保險箱號碼或者銀行密碼，被催眠者可選擇拒絕回答。

Sammice面對這個提問選擇不回答。她結束後告訴我，覺知該世姐姐就是她本世某個要好同事。

劉醫師：「妳將進入這一世死亡前最後的五分鐘，描述妳的感覺。」

Sammice：「我很平靜，很老了，頭髮白了，皮膚都皺皺的，好瘦，看著窗外，聽到小朋友玩耍聲，我在等待。」

劉醫師：「說說你對此世生命的看法？」

Sammice：「我感覺這一世過的很平靜，很滿足。」

劉醫師：「此刻，你就要經歷肉體死亡，回到你來的地方，三、二、一，感覺到什麼？」

Sammice：「嗯！我正往上飄，遠處有光。感覺自己沒有形體，沒有衣服，透明的，發著金黃色的光。」

劉醫師：「告訴我你將去哪裡？」

Sammice：「回家。」

劉醫師：「家像什麼？」

Sammice：「四周有很多雲，都是光，有許多同伴。他們都是同我一樣的光，有些藍色，有些黃色，有些淡粉紅色。嗯，有些夥伴還沒回來。他們都很開心，在跟老師講他們這一世有收穫，老師說我們這一世都做得很好。」

劉醫師：「妳如何告訴大家妳這一世內容呢？」

Sammice：「我告訴他們我學習了平靜與滿足。」

劉醫師：「往後在靈界妳將做什麼呢？」

Sammice：「我們都在學習，在等待下一次的學習安排。」

劉醫師：「面對下一世學習，你會自動安排，還是被某種更高能量協導安排呢？」

Sammice：「老師會給功課。」

〜〜〜〜

Sammice對她回溯中的前世感受很真實
在回溯後，她自覺對生命有了新的視野與生命觀

〜〜〜〜

Sammice回溯探索

平淡的前世

依據許多個案在回溯中經驗的前世，不同的人經驗的前世經常大不相同；有些人過得轟轟烈烈的，經驗了非常精彩的愛恨情仇；但有些人卻過得平平淡淡的，沒有多少可談論的。依Sammice的這一世來說，平淡到幾句話就寫完了她的回溯經驗。

平淡無奇的日子真的沒有價值嗎？不盡然如此。其實Sammice這一世所選擇的功課是平靜與滿足，而她平淡的生命，就是為了這個功課而量身訂作的。

談Sammice入該世學習的功課「平靜」

Sammice在該世往生後進入靈界，她在靈界自評她在該世學習到了平靜與滿足。

依據所做的前世回溯，頗有一些個案在回溯中提示他們該世的功課是學習平靜。其實平靜是心靈中最重要的基礎屬性，而學習平靜不獨是人間的入世課題，也是離世的出世課題。

第九章　第五篇　平靜、滿足的前世功課

為什麼說學習平靜是生活中的入世課題呢？

現代的人活在聳立的水泥城市中，每天面對高壓、競爭的工作，要想讓心平靜真的很難，而煩躁的心帶出不愉快的人生。如何讓心平靜，是每個人面對生活重要的功課。當心平靜了，就會過的喜悅、豐足，對生理健康也很有助益。

為什麼說學習平靜是離世的出世課題呢？

平靜帶出的好處不獨是入世的，也同時是離世提升心靈層次的重要素質。佛教提示的基礎核心理念，就是要透過禪定令心寂靜。佛教的心經啟始就提示心的寂靜：「行深般若波羅蜜多時，照見五蘊皆空」，「五蘊皆空」即是寂靜心。

為什麼要修寂靜心呢？
當心寂靜了，則自可覺知「諸法空相」
所謂「諸法空相」
意指覺知紅塵世界一切情境均屬幻相

當能覺知「諸法空相」
則會自動放下煩惱、執著與無明
湧現離世的般若智慧

而般若智慧是走向合一的不二途徑

如果人們入世攜帶功課是實相，那令心寂靜是高階必修課。也因此，靜心在生命中不是選項，而是每個人都應該學習的。

Sammice入該世學習的另一個功課「滿足」

近百年來物質主義當道，許多人在物性世界中汲汲營營的打拼追求。它令人不禁省思：「過多的物質、錢財真的這麼重要嗎？能帶出人生的喜悅嗎？此外，紅塵中賺得的一切帶得走嗎？」

一個將軍百戰沙場，戰無不勝，為國家創造了輝煌的豐功偉業；然而往生後，什麼都帶不走，唯一剩下的就是一堆黃土和一個墓碑而已。他的結論，跟一個默默無聞的平民百姓往生後相比，都是一堆黃土和一個墓碑而已，又有什麼差別呢？不是嗎？

一個企業家企業經營得非常成功，變成一個億萬富豪，也獲得社會的崇拜與敬重，然而他往生後，這一切財富、地位他都帶不走，唯一剩下的就是一堆黃土和一個墓碑而已。他的結論跟一個貧窮乞丐往生後相比，又有什麼差別呢？不是嗎？

一個無惡不作的強盜，生命中傷天害理，幹盡了許多壞事，然而他往生後他也沒有任何處罰，他唯一剩下的，仍也是一堆黃土和一個墓碑而已。這個結論跟一個廣施善行的慈善家往生後相比，又有什麼差別呢？

第九章　第五篇　平靜、滿足的前世功課

不要有錯覺
我不是在隱喻人生做什麼都是對的
我要解釋的是
當我們在經驗人生時，心中不索求一個必然結果
而只是在自由心下經驗生命的過程

生命不過是一場當下的歡喜經驗
除此之外，一無所得

過分計較結果既創造了壓力與痛苦
又缺乏智慧

人生苦短又極其的珍貴，到底是追求帶不走的物質重要？還是學習滿足重要呢？如何學習「滿足」？要學習「滿足」，就得看穿紅塵境遇皆是虛幻泡沫，放下要什麼的執著。

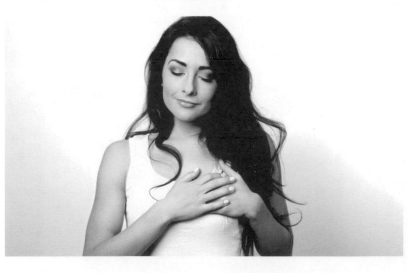

Sammice回到的靈界

依Sammice所描述，她回到的靈界與多數其他回溯中個案經驗的靈界大同小異。她意識到靈界是個溫馨的大家庭，家庭裡有指導老師，也有相熟的靈修夥伴。她回靈界後，在這個大家庭中分享她該世的學習，並與她的指導老師規劃下一世該去完成的功課。

有趣嗎？人在人間有個學校學習，在天上也有個靈界學習，但學的內容不同。

此刻值得提問的是：「到底靈界存在嗎？」這是一個不容易回答的問題。

在本書前面部分已提示，科學由於方法原始，無法擔綱探索任何有關靈界的現象。然而我的個案回溯中多數會進入靈界，他們所描述的靈界幾乎是相同或者相似的，這種相似性暗指靈界存在的可能性極高。

回溯中靈界的覺知與生死觀

人呱呱落地後面對人生有三個難關，就是老、病、死。而其中最難面對的，就是死亡。因為人在死亡後，所擁有的一切，包括了財產、權力、地位、愛等等，都必須放棄，而這個「我」在人間會徹底消失。

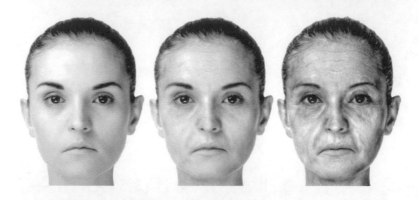

呼應這個面對死亡的難關，有一種學科叫做「臨終學」。然而人們不管如何透過「臨終學」的教導面對死亡，仍然很難有效紓解心中對死亡的恐懼。

也因此，許多案例在臨終前，會要求見牧師或者僧侶，希望透過宗教的提示，相信靈魂永在與往生後進入一個美好的世界，並藉此消除面對死亡的恐懼。但這種模式多數效果不佳，終究臨終者無法如實的透過宗教，感覺靈魂永生。

臨終者面對死亡，有一個有效模式削減恐懼，就是透過回溯去感受前世的存在；當臨終者能夠如實的感受前世存在的話，就會相信生命恆存，這種覺知就自動消滅了面對死亡的恐懼。

Sammice透過她三次前世回溯，在直觀下改變了她的生死觀，她願意相信生命恆存，也願意相信在高維擁有一個美好的家。

第九章 第五篇 平靜、滿足的前世功課

第九章　前世回溯案例探索

第六篇　順遂、無趣的生命值得嗎？

第九章　第六篇　順遂、無趣的生命值得嗎？

順遂、無趣的生命值得嗎？

這是Sammice第二次回溯。我選擇回溯中一些重要片段分享。

劉醫師：「感覺到什麼？」

Sammice：「我感覺是蘇格蘭人，講蘇格蘭語，手有點粗糙，穿藍白條紋衣服與古典紅色外套，腳上穿黑色鞋子，身上有配劍。」

劉醫師：「你在那？」

Sammice：「在屋頂很高的書房，很多書，有木梯可以爬上去。」

劉醫師：「在書房做什麼？」

Sammice：「嗯，在找書，看書是我的興趣。」

劉醫師：「找什麼書？」

Sammice：「有關鳥類的圖鑑。」

劉醫師：「周邊有人嗎？」

Sammice：「有一個捲紅頭髮的女生在跟我講話，她戴個帽子，穿著禮服，是我老婆。」

劉醫師：「她講什麼話？」

Sammice：「她問我找到要的東西了嗎？」

劉醫師：「看看窗外，看到什麼？」

Sammice：「是白天。窗外有草坪、水池、天使石雕、一台黑色古董汽車，見到一些人在草坪聊天。」

劉醫師：「你平常做什麼？」

Sammice：「我是一個音樂作曲家，創作抒情方面的鋼琴歌曲，正在幫劇團排練大型舞台劇。」

劉醫師：「談談你生命中煩惱的事情。」

Sammice：「我在跟我兒子對話，他是個十六、七歲的年輕小夥子。我們在爭執一件事情，我會干涉他的事，他一直認為我不信任他。」

劉醫師：「我想妳進入死亡前的五分鐘，感覺到什麼？」

Sammice：「我躺在床上，女兒帶著她的小孩來看我。我兒子跟我道歉，我跟他說沒關係，不要難過，爸爸沒有在意。老婆也在身邊，她非常傷心我的離去。我很欣慰，大家都陪在我身邊。」

劉醫師：「對這一世想做個檢討嗎？」

Sammice：「覺得這一世過的很豐盛，有名，有錢，好像什麼都不缺，沒有覺得遺憾。」

劉醫師：「我想請妳進入來本世之前的地方，三、二、一，感覺到什麼呢？」

Sammice：「我到了同樣的有光地方。」

劉醫師：「妳在做什麼？」

Sammice：「我與導師跟夥伴分享這一世生命。」

劉醫師：「分享了什麼？」

Sammice：「我說我覺得這一世太平淡了，什麼都很順遂。」

劉醫師：「夥伴反應怎麼樣？」

Sammice：「他們都在笑。」

劉醫師：「都在笑，那妳的反應呢？」

Sammice：「我也這樣覺得。」

劉醫師：「然後呢？」

Sammice：「我跟老師要求下一世的安排不要再這麼無趣。」

劉醫師：「可以解釋什麼叫做無趣跟有趣嗎？什麼樣子的生命你的感覺比較有趣？」

Sammice：「嗯...，想要有點痛苦。」

劉醫師：「很好，這是妳的想法？還是妳的老師給的建言？」

Sammice：「我自己的想法。」

劉醫師：「好，痛苦有什麼意義？」

Sammice：「痛苦才會學到、感受到更多。」

劉醫師：「痛苦才可學到、感受到更多。很好，還有呢？」

Sammice：「嗯，我比之前更成長了，老師說我再經過幾次歷練，就可以參加考試了。」

劉醫師：「嗯，講講考試吧！」

Sammice：「考試是為了成為老師，考試要經過許多的評分，不是只考一次。」

劉醫師：「不是一次，嗯，知道考試的內容嗎？」

Sammice：「老師會出不同的考題，由老師指派。」

劉醫師：「Ok！是筆試嗎？還是其他不同的考試？」

Sammice：「一樣是下人間去。」

劉醫師：「一樣是下人間去，所以是從生命的歷練中考試。」

Sammice：「嗯！」

劉醫師：「你已經接近完成，準備可以參加考試了？」

Sammice：「嗯！快要接近可以考試的時候。」

劉醫師：「可不可以描述一下導師的感覺？祂像光嗎？還是是什麼樣子？」

Sammice：「嗯，祂沒有具體的形態。」

劉醫師：「好的，什麼顏色的光？」

Sammice：「粉紫色。」

Sammice回溯探索

多數經驗過回溯的人感受回溯像看一場人生劇，頗為有趣。此外，可直接透過催眠指令調整身心靈，又可藉由前世回憶提升生命智慧。Sammice對她二次回溯的感受就是如此。

這一世太平淡了，什麼都很順遂

Sammice本次回溯在指引下回靈界後，對靈修夥伴們說了一句話頗值得省思，她說：「我覺得這一世太平淡了，什麼都很順遂。」

如果前世的確存在，而人進入人間是為了經驗與學習，在這個角度之下，平淡順遂的生命當然不容易帶出精彩的生命，也無法學習。沒有錯，痛苦固然痛苦，但痛苦情境卻可帶出最大的學習。基於這理由，Sammice在靈界與夥伴分享時很懊惱，覺得應該要讓她該世的生命規劃更痛苦一些。

佛教教義提示「人生本苦」，其核心教法都是教導怎麼脫苦。如果Sammice靈界覺知屬實，那苦則並非根源母體創生的詛咒而是刺激學習的祝福，基於這個覺知，面對生命壓力與痛苦能夠見苦非苦嗎？

再經過幾次歷練就可參加考試了

人在人間從小就進入學校學習，每完成一段學習就可升級。最終，到了大學畢業就結束了學習。在回溯中，Sammice在靈界說：「我比之前更成長了，老師說我再經過幾次歷練，就可以參加考試了。」透過Sammice的覺知，似乎靈界存在著一個學習的規劃，而學習完成後就可靈性升級。

Sammice回溯中覺知的家

依Sammice自覺，認定第二個回溯像是第一個回溯的續集。她的二個回溯有個有趣的巧合，就是她在二世往生後都回歸到同一個靈界，她稱這個靈界為「家」，而且她見到的夥伴與導師也是相同的。

Sammice描述「家」是一個充滿著寧靜、歡喜、有愛的界域，這個界域中的靈修夥伴會相互分享、檢討人間學習成果。這個界域中只有祝福、教導，沒有責罰。

往生後世界的探索

值得探索的是，Sammice所覺知道的往生後世界與多數宗教提示的世界頗有不同。

此刻談談基督教往生後的世界。

聖經提示人往生後會接受神的審判，而依神的審判，會有兩種可能的去處，一個是天堂，一個是地獄。基督教提示的二極化的天堂與地獄實存嗎？

先談天堂。

我詢問過一些基督教徒對天堂的認知，多數的人並不清楚它像什麼。如果研讀聖經，會發現聖經中談及天堂的內容如鳳毛麟角，且語焉不詳，難怪教徒無法清楚的描述天堂。

依據聖經記載，天堂像什麼呢？

- 《詩篇》11: 4：天堂是神的居處，是聖父、聖子和聖靈的領域。
- 《羅馬書》7:18-20：天堂裡人可與神、天使和千千萬萬被救贖的人同在。
- 《希伯來書》：天堂裡有王國、城市、好的社區、市民、好的鄰居、國家、律法與常規。
- 《歌羅西書》1:12：天堂是一個充滿喜悅的家庭，我們將在天堂見到我們所愛的人以及許多其他人。
- 《聖經》記載：基督徒的靈魂在天堂是完美的。
- 《約翰一書》3:2：在天堂裡，基督徒內心將不會再有屬靈的掙扎，沒有罪惡與善良本性間的爭戰。
- 在天堂，天使奉差遣為將要受恩的人效力，也幫助抵擋撒旦攻擊。
- 在天堂裡沒有醫院或是候診室，因為在天堂裡沒有病痛，沒有瘸子或是需要用拐杖的人。

聖經對天堂的描述極為貧乏零碎，頗像一群善良的人活在一個美好的社區，譬如說像瑞士。

天堂只是像人間美好的社區嗎？如果遙不可及的天堂僅像個美好的人間社區，那大愛的神可否用祂的大能直接改造人間，而令人間如天堂呢？上帝的大能改造人間變成天堂很難嗎？還是神仍然介意人的先祖亞當、夏娃所犯的原罪，堅持對先祖的處罰得延及他們的子孫？請瞭解，我沒有否定天堂的存在，也堅信耶和華是仁慈的，我只是談論聖經中記載的天堂而已。

再談基督教的地獄。

依基督教教義提示，人往生後會面臨神的審判，在審判下的罪人往生後可能被判入地獄。

不妨看看聖經中多處描述的「地獄」：

💡 《啟示錄》：拘留在陰間中受苦的人，將經過終極的審判。

💡 《新約》：審判判定有罪後，會被扔到地獄的不滅火湖（Lake of fire）裡。墮入地獄是不能獲得救贖，將受永刑。

💡 《啟示錄》：惟有膽怯的、不信的、可憎的、殺人的、淫亂的、行邪術的、拜偶像的和一切說謊話的，他們的身就在燒著硫磺的火湖裡。

💡 《路加福音》第十六章 19-31 節：最悽慘，最痛苦，是世上的言語無法形容的可怕地方。

基督教經書中描述的地獄聽起來蠻恐怖的，人入地獄火刑裡將永遠受刑且不得超生。難怪在十六世紀，羅馬教廷會販賣贖罪券，宣稱購買此券的人會令其死去的家人從煉獄中轉入天堂。

基督教地獄是否存在？這個議題千年來一直爭辯無解。此處並非想提示結論，僅對基督教地獄存在與否提出幾個疑點。

其一：大愛的神會創造地獄嗎？

依聖經教義，神對於祂創生的兒女是有大愛的。如果這是事實，那有愛的神會創造地獄嗎？也許神的確創造了地獄，而祂的心意是愚痴的兒女不能理解的，但我不禁在想：「如果人間父母面對兒女犯錯，都會給予兒女機會與教導，那充滿大愛的神面對兒女犯錯，難道不如人間的父母嗎？」

其二：耶和華如何判定人往生去處呢？

如果基督教提示的天堂與地獄實存，而死後審判也存在，那我不禁好奇：「耶和華如何判定往生者該去天堂或者地獄？」

此處做個假設，不妨一起用邏輯思考這個假設。

由於耶和華的判決必須是雙分屬性的，它不是去天堂，就是去地獄，因此，祂得在二者之一選擇。既然在二者之一選擇，那耶和華審判為了判決，打分數必定有一個中間分數，例如說60分。當耶和華判定某人分數在60分之上，就會去天堂，當判定某人分數在60分之下，就會去地獄。

當耶和華面對極度邪惡且不信服祂的人，例如秦始皇或希特勒，耶和華判定不難，當然給他們的分數接近鴨蛋，肯定送他們入地獄。當耶和華面對一些極度善良，對社會有貢獻的人，且信服祂，例如修女特蕾莎或林肯等等，神當然給他們的分數接近滿分，也肯定會將他們送入天堂。這兩種判決黑白分明，毫無問題。

但如果某人被耶和華判定的分數，恰好遊走於善惡之間的60分，耶和華會如何判決呢？

舉個例子說明，它只是個模擬假設，當聽故事吧(一笑)。

有對雙胞胎同時往生了，他們往生前生活內容相近，一輩子都缺乏信仰，不去教堂，不聽牧師佈道，且生命中沒做好事，反而有時做些壞事。面對這對往生的雙胞胎，公平且大智慧的耶和華該如判決呢？

耶和華智慧的判決了，雙胞胎中老大得了及格的60分，而老二得了不及格的 59.999999分。為什麼老二不及格，少得了0.000001分呢？

某天這對雙胞胎爬山，在山路上老大走在前面，看到一隻小毛毛蟲在他腳前慢慢爬著。老大一念之仁，順勢提腳跨過毛毛蟲沒踩它。而後面跟上來的老二看著毛毛蟲心生惡念，把它踩成肉泥。毛毛蟲往生後就在天國如實的把它的枉死告知了耶和華。

基於老大一次稀有的善念，智慧的耶和華給老大六十分，淨化他的靈魂，送他入了天堂，令他永恆快樂，並被天使保護。而老二呢？因為殘酷的踩死了毛毛蟲，祂給了老二59.999999分。就因為分數差了0.000001分，祂把老二送入烈火湖，令他與其他低分的惡靈，例如像僅得8分的希特勒與得鴨蛋的秦始皇，同處烈火湖極刑，永不得超生。只差了0.000001分，差的這麼少，但判決結果卻差距如此大。

❧⚜❧

試想，統計學中「雙分法」判決模式是神採用的模式嗎？
這個評分模式恰當嗎？
如果神不採用「雙分法」模式，會採用什麼模式呢？
對這一點，我百思不得其解
我不禁在想：
聖經中描述的地獄存在嗎？
還是它只是人們在罪惡下集體潛意識創造的幻相呢？

❧⚜❧

佛教的地獄存在嗎？

佛教提示的欲界有六種不同界域，佛教稱這六種界域為「六道」。「六道」包括天、人、阿修羅、畜生、餓鬼和地獄。佛教認定人往生後會在因果業報律下，依生命所作所為，被該機制判決轉投六道中的某一道。

六道中最惡的道是「地獄道」，佛教經典對於地獄道描述非常清楚。凡眾生生命中曾做過符合入地獄惡業，投生時將會入地獄受苦。

佛教不同經書對地獄描述不盡相同，不同版本說法迥異。粗覽約載有「八大地獄」、「一百三十六地獄」、「六萬四千地獄」、「八寒地獄」等等說法。 佛家描述的地獄極為恐怖，重覆受刑，且刑期極長。

舉八寒地獄為例描述如下：

1. 具皰地獄：

此層溫度為零下2萬度，罪人皮膚會因凍傷而產生許多皰。刑期以古印度200升置米斗為準，置米斗中放滿芝麻，每100年拿出一顆，全部取出時為具皰地獄刑罰期滿，刑期為2兆年。

2. 皰裂地獄：

此層溫度為零下40萬度，罪人身上生起的皰裂開形成瘡傷，刑期為具皰地獄刑期20倍，為40兆年。

3. 緊牙地獄：

此層溫度為零下800萬度，罪人須咬緊牙關才能使牙齒停止打顫，刑期為皰裂地獄刑期20倍，為800兆年。

4. 阿啾啾地獄：

此層溫度為零下1億6000萬度，罪人無法正常發聲，僅只能不停發出「阿啾啾」聲音。刑期為緊牙地獄刑期20倍，為1京6000兆年。

5. 阿呼呼地獄：

此層溫度為零下32億度，罪人無法閉口，僅能不停發出「阿呼呼」嘆氣音，刑期為阿啾啾地獄刑期20倍，為32京年(京：10^{16}，即萬兆)

6. 青蓮地獄：

此層溫度為零下640億度，罪人皮膚凍為青色，裂成四瓣，刑期為阿呼呼地獄刑期20倍，為640京年。

7. 紅蓮地獄：

此層溫度為零下1兆2800億度，罪人的肉凍為紅色，而且裂成八瓣，刑期為青蓮地獄刑期的20倍，為1垓2800京年。

8. 大紅蓮地獄：

此層溫度為零下25兆6000億度，罪人身體凍為黑紅色，裂開後裡面的血因凍結而無法噴出，裂成十六瓣、三十二瓣或無數瓣。刑期為紅蓮地獄刑期20倍，為25垓6000京年。

看了佛家所描述的地獄極為恐怖，眾生陷入不但極度痛苦，重複的受苦，且刑期極長。

什麼惡業會入地獄呢？依《佛為首迦長者說業報差別經》卷一，眾生犯十業得地獄報。這十業包括了身行重惡業、口行重惡業、意行重惡業、起於斷見、起於常見、起無因見、起無作見、起於無見、起於邊見、不知恩報。

淺談部分十業。

- 💡 斷見：意指相信五官覺知下的世界為實相，不認知現世生命有果報。此外，認定死亡即滅，既無前世也無後世。
- 💡 邊見：意指存有不合中道、偏執一邊的錯誤見解。
- 💡 不知恩報：指不知報父母恩。

如果佛教地獄實存，人們還敢輕犯十業嗎？但僅細觀斷見與邊見，避開造十業容易嗎？有多少人能免於斷見、邊見呢？

佛家描述的地獄存在嗎？這個問題不易回答，我利用佛教理念做邏輯推繹，而將問題答案交給你研判。

《佛教華嚴經》中「覺林菩薩偈」最後一段四句偈如下：「若人欲了知，三世一切佛，應觀法界性，一切唯心造。」

如果四句偈中「一切唯心造」是實相，它意指：「眾生的妄想心為自己創造了自己想經驗的現象世界」。換句話說：「眾生所經驗的世界就是眾生創造的。」再進一步說：「眾生面對所經驗的世界，既是創造者，又是經驗者。」

依佛理，唯有擁有般若智慧，才可觀知大千世界法體本空，一切存有均是眾生心識運作創造的幻相：

- 💡 眾生思念六道，就創生了六道。
- 💡 眾生思念地獄，就創生了地獄。
- 💡 當心淨空了，自性升起，則空性中地獄根本不存在。

這個解讀可被接受嗎？

依Sammice在回溯中接收的訊息
並沒有地獄的存在
人在生命中做得不好
就再回人間補課就好了

對這個議題，那個見解是真相呢？
本書只提示現象
而將結論交給讀者

第九章　前世回溯案例探索

第七篇　累世的宿怨是宿怨嗎？

第九章　第七篇　累世的宿怨是宿怨嗎？

累世的宿怨是宿怨嗎？

二十多歲的Jenny最近正沉醉於一個溫馨的愛情，希望透過催眠理解她的男朋友跟她前世關係是什麼，也希望透過催眠了解她從小與母親不融洽的關係是怎麼造成的。

Jenny第一世

催眠進行得很順利，在大約二十分鐘左右的放鬆引導下，Jenny進入了某個與她男朋友有關的前世。

當Jenny剛進入這個前世，覺知是個大約十八歲的蒙古姑娘，聲音有點慌張。問她怎麼了，她說她正站在大沙漠中，眼前正兩軍交戰、廝

殺，血流成河。她非常恐懼，但忽然間不慌張了。問她為什麼？她說有個騎士騎著馬把她救離了戰場。問她這人是誰，她說這人就是她本世追求她的男朋友。她在該世與這個男生結為連理，過了幸福一生，也覺知本世男友要與她續前緣。

Jenny第二世

在催眠引導下，Jenny結束該世後轉入另一世。

在另一世初景，Jenny在一個古代宮殿中身著宮女裝。她覺知正與某個宮女捲入宮庭鬥爭之中，而與這個宮女用刀對陣廝殺。廝殺中，Jenny被該宮女刺倒在地死亡，她意識到這個刺死她的宮女就是她本世母親。

該世往生後，Jenny被引導進入了她來該世前的靈性世界。Jenny進入靈性世界中覺知的一切都是光，她的指導老師與一些與她相熟的靈修夥伴前來相迎，前來迎接Jenny的夥伴中不乏她本世的親友。

Jenny與指導老師、靈修夥伴們檢討她該世的學習。在光界，Jenny覺知到刺殺她的宮女與本世的母親，其實並非累世宿怨，而是她在靈界的靈修夥伴，她們兩個經常同袂入不同世修習功課。

Jenny覺知她在該世修行的功課是「寬恕」與「愛」，也在與夥伴們的檢討中，自評該世功課做的不盡如意，必須在下一世持續入人世修習相同功課。

Jenny 回醒後
覺知面對仇恨最好的態度
不是豎起一堵牆，不是以牙還牙
而是以寬恕心化解仇恨

在這個覺知下
她對本世母親幼年對她的欺凌
開始有了柔軟的態度與接納

Jenny回溯探討

累世宿怨是宿怨嗎？

誠摯地寬恕，再把它忘記。

西德尼‧史密斯（Sidney Smith，1764-1840）

在回溯中，Jenny覺知到她累世的宿怨（本世母親）其實是她靈界的靈修夥伴。這個靈修夥伴為了成全她的學習，暫時陪她入世扮演加害者的角色。

如果Jenny回溯覺知屬實，那意指：「生命中傷害我們的傷害者，並非真正的傷害者，他可能是協導我們學習的觸媒。」

那麼，面對生命中對我們施加災難的週邊關係，在更高維的離世智慧下，我們得懂得「放下」與「寬恕」，免得這一世功課又交了白卷，不是嗎？

如果這個訊息並非真相，就算是如此，面對生命中橫加來的災難，用「放下」與「寬恕」的心念不是活得更快樂嗎？可曾經聽說過「以牙還牙」、「以眼還眼」的人生觀會過得更幸福嗎？無怨的人生是平靜喜悅的，而寬恕，則是走向幸福的祕密。

在第二次世界大戰，德國納粹基於優生學對猶太人存在岐視，殘殺了幾百萬個猶太人。很多當時年輕納粹親手殘酷的挖坑埋葬猶太人，打開瓦斯毒殺猶太人。二戰後，當時倖存的猶太人親見親友被殘殺，心中帶著對生命的恐懼與痛苦。而另一方當時殘殺猶太人的年輕納粹也未能倖免。他們多數在戰後天良發現，心中帶著悔恨與自責；直到老年，他們背脊上仍背負著悔恨的十字架。

二戰促成的二個傷痛族群引發紅十字會的關切。為了協助他們放下傷痛，紅十字會就刻意安排這二個族群見面的機會。兩方見面啟始時，一個年老的納粹站了起來，細訴在年輕無知下犯下的滔天罪行，他一邊訴說，一邊哭泣。當他哭泣不能自己時，猶太族群中一個年邁的白髮老婦走過去，輕拍著這個老納粹的背，對他說：「沒關係，我原諒你。」當這一幕出現時，瞬間，整場瀰漫著感動、寬恕與愛，兩個族群同時間釋放了傷痛。

人活在世間，總希望這個世界不再分裂，圓融有愛。然而幾千年來，人總是不斷地創造各種分裂，經驗著痛苦。人們懂得放下仇恨嗎？放下仇恨當然有方法，但不是透過制度、教條、道德規範或嚴刑律法，它唯一的方法就是升起心靈深處的寬恕、愛與慈悲，慈悲是宇宙根源最大的祕密。

然而人們懂得學習寬恕與愛嗎？面對生命橫逆，要怨恨好容易，它如呼吸般如此自然，但寬恕多麼難，我們如何寬恕呢？

學習寬恕，不是透過意志力強迫自己。強迫下的寬恕是偽裝的慈悲。如何能真正寬恕呢？你必須先懂得放下是非、善惡的執著與批判。當是非、善惡的執著放下了，則真正的寬恕會如呼吸般，由心底自然湧現。

試試看靜心吧，它會是有效的方法。

談人生的蝴蝶效應

時間長流上沒有盡頭，只有十字路口。

佛心佛語

人們面對生命的負面情境，永遠擁有選擇；或怨恨以對，或放下與寬恕。而不同的選擇會在蝴蝶效應（The Butterfly Effect）下創造不同的生命。

什麼是蝴蝶效應？蝴蝶效應是美國氣象學家洛羅茲提出的氣候理論，它是怎麼發現的呢？

1963年，美國氣象學家愛德華·諾頓·羅倫茲（Edward Norton Lorenz，1917年－2008年）利用電腦來預測氣候。在一次氣候推算中，他在電腦程式中輸入二組氣象數據；一組是原始數據，另一組是該原始數據小數點後第四位進行四捨五入。例如，原始數據是0.506127，則經過四捨五入簡化後數據是0.506。

根據常識，在同樣程式運作下，相似的數據會導致相似的結果。但結果令人跌破眼鏡，這兩組數據經由電腦公式推算導出的結論竟然差距十萬八千里，全無任何相似性。

在1963年，羅倫茲提出著名的蝴蝶效應，他說：「在動態系統中，事物發展的結果對初始條件極具有敏感的依賴性。初始條件微小的變化，能帶動整個系統長期巨大的連鎖反應。」

羅倫茲舉例描述蝴蝶效應，他說：「一隻南美洲亞馬遜河流域熱帶雨林中的蝴蝶，偶爾扇動幾下翅膀，可以在兩週以後引起美國德克薩斯州的一場龍捲風。」

提示一個生命的秘密
如果佛家講的「一切唯心造」屬實
它意指：
我們的心念創造了我們想經驗的世界
願意試試看利用慈悲心念展開人生的蝴蝶效應嗎？

第九章　前世回溯案例探索

第八篇　愛情遊戲好玩嗎？

第九章　第八篇　愛情遊戲好玩嗎？

愛情遊戲好玩嗎？

每一個人的生命像電影般，內容不同，也都有它的特色。Grace多世回溯顯現一個特色，就是多數都跟愛情有關。不獨如此，她累世愛情均是她與相同的靈界靈性夥伴不斷的扮演不同角色，在不同世經驗慾望與愛情下的恩怨情仇。

催眠中與Grace的對話

Grace這一次回溯也是與愛情有關，下面是部分催眠內容記錄。

劉醫師：「每個平靜的呼吸都會擴大妳的覺知，讓妳清楚的感覺到妳所在處，感覺到了嗎？」

Grace：「黑黑的，是個隧道。」

劉醫師：「我從三數到一，數到一的時候，妳會穿過這個隧道，進入某個前世，三、二、一，告訴我感覺什麼？」

Grace：「在放煙火。」

劉醫師：「好，右方有個寧靜的水潭，走到水潭邊俯身看水潭中的妳，看到什麼？」

Grace：「我是一個女生。」

劉醫師：「大概幾歲？」

Grace：「二十幾歲，穿中國古代的衣服。」

劉醫師：「感覺現在心情怎麼樣？」

Grace：「有點惆悵。」

劉醫師：「我要妳翻日曆翻到三歲時，妳在家裡，三、二、一，感覺到了嗎？」

Grace：「很普通的家，不太大。」

劉醫師：「好，現在心裡的感覺是什麼？」

Grace：「媽媽很兇。」

劉醫師：「她在唸妳，妳不高興嗎？」

Grace：「嗯，她跟爸爸不合，所以脾氣不好。」

劉醫師：「現在要邀請妳父親出現，他是不是也有點情緒？」

Grace：「嗯，他工作很累。」

劉醫師：「妳在家裡感覺像受氣包，爸媽都對妳不好，是嗎？」

Grace：「嗯。」

劉醫師：「很好，爸媽是妳這一世認識的人嗎？」

Grace：「媽媽是本世媽媽。」

劉醫師：「很好，我要妳進入到十五歲，妳第一次見到心儀的異性朋友，三、二、一，感覺到了嗎？」

Grace：「是鄰居。」

劉醫師：「感覺滿投緣的，是嗎？」

Grace：「嗯。」

劉醫師：「我要妳進入十八歲結婚的那一天，三、二、一，感覺到了嗎？嫁的是誰？」

Grace：「不是那個鄰居。」

劉醫師：「妳不是很喜歡這個嫁的男生，是嗎？」

Grace：「不很喜歡。」

劉醫師：「為什麼妳嫁給他？」

Grace：「他有錢，爸媽對他很欣賞。」

Grace：「嗯。」

劉醫師：「爸媽這樣做，妳感覺是感激還是抱怨？」

Grace：「委屈。」

劉醫師：「如果妳是自由的，擁有選擇，妳會嫁一個窮的但妳愛的人呢？還是會嫁給一個有錢的但妳不愛的人呢？」

Grace：「窮的。」

劉醫師：「好，但父母之命難違，所以妳就嫁了？」

Grace：「嗯。」

劉醫師：「我要妳進入二十四歲，你因為極度悲傷跟憤怒離開了家，感受妳到了那裡？」

Grace：「尼姑庵。」

劉醫師：「妳敲了門進去了，妳跟師父怎麼說？」

Grace：「我要解脫。」

劉醫師：「師父接納了妳嗎？」

Grace：「嗯。」

劉醫師：「很好，妳因為紅塵中的不幸，選擇入空門解脫。我要妳來到進入空門三年後，感覺一下妳的狀況。空門帶給妳平靜跟智慧了嗎？」

Grace：「沒有，我還在想那個鄰居。」

劉醫師：「我現在要安排妳們見面；兩年後妳見到這個鄰居，感覺到了嗎？」

Grace：「嗯。」

劉醫師：「描述一下當時情境。」

Grace：「他很難過。」

劉醫師：「因為看到妳這個狀態，是嗎？」

Grace：「嗯。」

劉醫師：「妳呢？」

Grace：「我也很難過。」

劉醫師：「他對妳還有感情嗎？」

Grace：「有。」

劉醫師：「他結婚了嗎？」

Grace：「沒有。」

劉醫師：「妳入空門婚姻還在嗎？」

Grace：「不在了。」

劉醫師：「妳剃度了嗎？」

Grace：「嗯。」

劉醫師：「在某個機緣下，妳們在一個房間裡發生了行動。我從三數到一，感受那個行動，三、二、一，感覺到什麼？」

Grace：「我不顧一切的發生了關係。」

劉醫師：「因為妳心中缺愛，順從了心裡的衝動，違反了妳出世的誓言，是嗎？」

Grace：「是。」

劉醫師：「這個行為結束後，妳的感受是什麼？是歡喜的多？還是悲傷的多？」

Grace：「煩惱。」

劉醫師：「這是可以理解的。好，我要妳進到下一幕，妳們覺知到這種關係必須斷滅比較好，我要妳進入到他離開妳的那一天，三、二、一，感覺到了嗎？」

Grace：「我很傷心。」

劉醫師：「他呢？」

Grace：「他也不情願分手。」

劉醫師：「是誰提出要分手的？」

Grace：「我。」

劉醫師：「很好，在心靈衝突下，最終妳選擇認為對生命有幫助的分手，是嗎？」

Grace：「嗯。」

劉醫師：「好，時機到了，妳老了，躺在床上，我要妳轉進到往生前的五分鐘，三、二、一，告訴我，這時候心情怎麼樣？」

Grace：「平靜。」

劉醫師：「妳跟妳的老師說什麼？」

Grace：「謝謝他收容我。」

劉醫師：「很好，對於這一世妳在空門修行，怎麼下註解？」

Grace：「我找到平靜，但還是有不捨的地方。」

劉醫師：「雖然還有沒法放下的東西，但是妳在靜修中找到了平靜，是嗎？」

Grace：「嗯。」

劉醫師：「就在此刻，以平靜的智慧心回顧妳的人生，對父母妳會怎麼看待？」

Grace：「我希望他們尊重我的意見。」

劉醫師：「好，面對空門，對於自己的修行感覺到滿意嗎？」

Grace：「不滿意。」

劉醫師：「好，我現在要帶妳進入往生，回到妳當初來的地方，三、二、一，感覺到了嗎？」

Grace：「嗯。」

劉醫師：「描述一下那是什麼樣的場景？」

Grace：「都是光，有很多靈性夥伴。」

劉醫師：「很好，描述妳此刻心情。」

Grace：「平靜，歡喜。」

劉醫師：「跟妳在人間感受大大不同，是嗎？」

Grace：「嗯。」

劉醫師：「在那個世界中，是不是每一個靈都呈現這樣子的心靈狀態呢？」

Grace：「嗯。」

劉醫師：「所以，這是一個圓滿的世界，心靈狀態是一元的，只有平靜跟喜悅，不像人間存在勾心鬥角、忌妒跟比較，是嗎？」

Grace：「是。」

劉醫師：「很好，探索一下，有那些靈性夥伴跟妳這一世認識？」

Grace：「湘湘。」

劉醫師：「很好，她呈現什麼樣子？」

Grace：「大家都一樣，是光。」

劉醫師：「交談是用言語？還是能量的傳遞？」

Grace：「沒有言語。」

劉醫師：「我從三數到一，數到一的時候，妳跟湘湘聊天，我想知道妳們聊什麼？」

Grace：「她說：『妳每一次愛玩愛情遊戲。』」

劉醫師：「她的意思是妳這一世是來經驗愛情，是嗎？」

Grace：「嗯。」

劉醫師：「妳愛玩遊戲，妳期待的愛情不見得是人間幸福的愛，而是衝突折磨的愛，是嗎？」

Grace：「嗯。」

劉醫師：「妳在靈性世界中對於愛的覺知是調皮的；對於愛的兩邊，一邊是愛衍生的恨、煩惱跟痛苦，一邊是愛帶來的幸福，妳兩邊都想經驗，是不是？」

Grace：「是。」

劉醫師：「很好，所以回顧妳這一生，透過湘湘與妳的對談，妳是不是當初設定要從愛中經驗痛苦？」

Grace：「是。」

劉醫師：「當初妳為什麼不選擇幸福的愛呢？」

Grace：「我每一項都想嘗試。」

劉醫師：「妳是個既調皮又自由的靈，每一項都想嘗試。妳要去嘗試愛是自己決定的？還是指導老師或夥伴幫妳決定的？」

Grace：「自己決定的。」

劉醫師：「好，妳往前推，推到做決定的那一天，妳跟誰對話？」

Grace：「跟很多人。」

劉醫師：「妳們一起在商討，是嗎？」

Grace：「對。」

劉醫師：「妳很調皮的說妳想經歷痛苦的愛情，是嗎？」

Grace：「對，我叫他們要陪我扮演好他們的角色。」

劉醫師：「很好，說說看誰扮演了妳的先生呢？」

Grace：「Perry。」

劉醫師：「Perry跟妳在靈界的關係是什麼？」

Grace：「是夥伴。」

劉醫師：「妳們有性別差別嗎？」

Grace：「沒有。」

劉醫師：「他扮演妳的先生，是妳要求他的？還是他自願的？」

Grace：「我要求的。」

劉醫師：「Perry聽到妳的要求，他完全接受？還是他曾經考慮？」

Grace：「我們討論的。」

劉醫師：「所以他也是自願的嗎？」

Grace：「嗯。」

劉醫師：「那妳在尼姑庵裡的上師是誰扮演的？」

Grace：「湘湘。」

劉醫師：「湘湘是扮演上師，很有趣。所以前世這些情節是妳一手導演的嗎？」

Grace：「嗯。」

劉醫師：「所以有趣的是，妳在靈界是個一元的平靜喜悅的天使，有點無聊，就決定下凡經驗人生的痛苦，是這個意思嗎？」

Grace：「嗯。」

劉醫師：「妳這個版本當提示給夥伴們聽，他們認同？還是告訴妳這不是一個好選擇？」

Grace：「他們說『妳確定要這樣規劃嗎？』他們有警告我。」

劉醫師：「他們警告妳，這樣子的生命劇本其實挺苦的，是嗎？讓妳進入了空門，讓妳不能擁有一個幸福的愛情，是嗎？」

Grace：「是。」

劉醫師：「但是妳就是調皮，在一元世界太單調、太無趣了，所以妳想經驗紅塵的負面感受，是嗎？」

Grace：「嗯。」

劉醫師：「所以妳入人間，從父母對妳的壓迫，強迫妳嫁給一個妳不
想嫁的人，而妳逃離家遁入空門，然後妳跟第一個男友發生
無解的戀情。這一切，都是妳想享受悲苦的感受，是嗎？」

Grace：「嗯。」

劉醫師：「那妳進入靈界，取回既往的記憶，妳覺得妳這一世的安排
夠精彩嗎？」

Grace：「夠了。」

劉醫師：「有沒有感覺再悲傷一點更好呢？」

Grace：「不要。」

劉醫師：「好，如果下一世妳要再經驗感情，妳想怎麼樣玩？」

Grace：「我要玩開心的。」

劉醫師：「很好，在這個靈性覺知下，我要妳進入這一世。這一世妳
有過一個婚姻，但婚姻斷了；妳有個男朋友，但也斷了。告
訴我，妳這一世的規劃是什麼？是調皮地想經驗負面的？還
是經驗正面的？」

Grace：「最後想經驗正面的。」

劉醫師：「所以目前妳只是前半場，經驗負面的，是嗎？」

Grace：「嗯。」

劉醫師：「然後不久的未來，妳會經驗正面的，是嗎？」

Grace：「嗯。」

劉醫師：「上一世都是苦，而這一世妳前半段是苦，後半段是甘，它
是混合型的愛情經驗，是嗎？」

Grace：「嗯。」

劉醫師：「告訴我，面對這種愛情，妳是想經驗？還是在學習？」

Grace：「我想經驗，也想學習。」

劉醫師：「很好，因為妳是一個調皮的靈，想經驗二元世界愛情的顛簸，上上下下、快樂跟痛苦，有愛有恨，是嗎？」

Grace：「嗯。」

劉醫師：「但是妳又想學習。」

Grace：「嗯。」

劉醫師：「告訴我妳想學什麼？」

Grace：「學怎麼愛別人。」

劉醫師：「妳說的這個愛是天使的愛？ 還是私慾的愛？」

Grace：「我要從私慾的愛提升成天使的愛。」

劉醫師：「很好，所以妳是來經驗愛的，從負面的愛情感受，轉向正面、陽光的愛情感受。除了經驗外妳也在學習，想去感受人間慾望的愛，然後轉進到天使的愛，是嗎？」

Grace：「嗯。」

劉醫師：「如何能夠從慾望的愛轉進到天使的愛呢？」

Grace：「要先經歷痛苦。」

劉醫師：「必須通過痛苦的洗鍊，妳才可以理解私慾的愛帶給妳所有負面的災難，是嗎？」

Grace：「對。」

劉醫師：「也惟有無私天使的愛，才能夠昇華，讓所有的關係都昇華成為美好的經驗，是嗎？」

Grace：「是。」

劉醫師：「所以在此刻，妳察覺到人生一個大秘密，如果妳期待一個圓滿的愛，妳就必須先給出真愛，是這個樣子嗎？」

Grace：「是。」

劉醫師：「所以Grace在未來她有兩個選擇，一，等到別人給出她真愛，她才給；二，她不等別人給，直接給出真愛，不計較結果，不計較任何的企圖；她會怎麼選呢？」

Grace：「我會先給真愛。」

劉醫師：「是的，妳不計較這個世界怎麼面對妳，但是面對這個世界，妳會無條件地給出真愛，是這個意思嗎？」

Grace：「是。」

Grace回溯探索

雙向的愛情經驗

Grace在回溯中察覺到她是個既調皮又自由的靈，累世入人間玩愛情遊戲。她期待經驗的愛情竟然是雙向的，既是幸福的愛，又是折磨的愛；既是慾望的愛，又是天使的愛。

有趣嗎？靈在靈界安排的人生規劃，不一定都是正向的，也可能是負向的，它抵觸人們大腦的思考邏輯，因為思想下的邏輯永遠是正向選擇的。Grace提示的訊息如果是真相，那意指：「生命不只是學習，它背後也隱藏了單純想經驗的好奇。」

既然如此，能夠練習將自己放在更高維的覺知下，令你面對生命逆境與衝突時，抱著一個放下的柔軟心嗎？

妳確定要這樣規劃嗎？

Grace在該世結束回到靈界後，覺知到她該世悲苦境遇並非無常，而是她在靈界自主的規劃與選擇。當她的靈性夥伴知道她悲苦的生命劇本，警告她：「妳確定要這樣規劃嗎？」

有許多的靈在靈界規劃的入世功課並非是被強迫的，而是他自主決定的。有一些靈感覺自己的韌性很強，學習能力高，促使他規劃時會為自己設下很重的功課。這有點像是唸大學要四年，而他希望三年內唸完。這種規劃在動機上很積極，值得激賞。但人入人間，孟婆湯喝多了，在受了千般苦後開始怨天尤人，忘了他入人間面對的苦，是他當初來該世前自己規劃與導演的。

如果Grace的回溯內容是真相，而你此刻面對本世生命覺得辛苦，那你在下一世規劃時，希望規劃的生命災難少一點、順遂多一點、幸福多一點嗎？我不知道你的決定是什麼，但請瞭解，苦一點學得多，順遂一點學得少，不是嗎？

期待圓融的愛得先給出真愛

許多人面對生命，總期望與週邊關係間的愛是圓融的，圓融的愛會帶出生命幸福感。但許多人傾向於對週邊關係乞討愛，討愛討不到圓融的愛，反而會創造衝突與分裂。

如何成就圓融的愛呢？
圓融的愛不來自於乞討
而來自於主動先給出真愛

無條件的真愛是圓融人生的大祕密
「真愛」給出後會如空谷回音
令雙方進入圓融的氛圍

學習「愛」一直是生命中的主修課
你能夠在本世修成嗎？

第九篇　心想事成定律存在嗎？

第九章　前世回溯案例探索

第九章　第九篇　心想事成定律存在嗎？

心想事成定律存在嗎？

選一個想法，讓它成為你的生命；想它、
夢見它、使它成為生活；讓你的大腦、肌
肉、神經、身體的每個部分，充斥著那個
想法，然後不要有其它想法，這是成功的
方式。

斯瓦米·維韋卡南達
(Shami Bibek nondo；
1863年－1902年)

Kitty是一個家境良好的中年女士，由於無物質匱乏之慮，所以不必工
作。她由於自由時間頗多，希望透過經驗前世回溯打發時間，且令生
活精彩一點。

在催眠引導下，Kitty剛進入前世時感覺在一個晦暗的情境，是個五、
六歲的小女孩，家境清貧，衣服舊破，心情低落，正踏黑在海邊小徑
往回家路上走著。她被引導回家後，覺知母親生病在床，哥哥在外面
劈柴，而爸爸在辛苦的工作，但貧窮的家境並沒有變成Kitty生命的絆
腳石。

在回溯下一景，她覺知正值四十幾歲，在一個慶功宴中。宴會中客人
盛裝，先生在側，該慶功宴是慶祝她得了學術獎。再下一景，她約值
六十多歲，在某大學禮堂中頭戴博士帽，接受頒發榮譽博士的學位。

Kitty在被引導下進入往生前五分鐘時，她自覺在該世滿足、有愛，對社會有貢獻。

Kitty被引導進入來該世前的靈界時，她覺得開心、平靜。週邊很多心靈夥伴，夥伴們有著白色翅膀，大家聚合討論入世學到什麼，也相互討論他們下一世規劃的功課是什麼。

Kitty對夥伴們分享該世，她自評：「我這一世雖然貧窮，但是面對人生，我一直堅信心想事成。我自覺只要勇敢的克服困境，好好念書、努力，終將有成，並行有餘力幫助他人。」

此外，Kitty覺知：「每一世都要認真的活著，要堅持該世的功課。」她決定下一世要持續學習有勇氣面對生命困境，不要輕言放棄，也要學習懂得給愛，幫助他人。

Kitty回溯探討

心想事成定律存在嗎?

人可把思維轉化為實際的形體,自己能想像並讓夢想成真。

拿破崙·希爾(Napoleon Hill,1883年－1970年)

Kitty回溯中在靈界與夥伴分享「心想事成」的生命祕密。她說:「我雖然貧窮,但面對人生,我一直堅信心想事成。」數年前有本暢銷書《祕密》,談的就是這個觀念。

如果「心想事成定律」實存,那麼下面敘述就是真相:

💡　處理外境產生的結果並非混沌無常的,它是信念創造的。

💡　當面對外境樂觀,認定該事件會有好結果,最終該事件就成功了。

💡　當面對外境悲觀,認為該事件會有壞結果,最終該事件就失敗了。

試問,《祕密》所提示的「心想事成定律」是宇宙實相嗎?還是它只是一個自我激勵的人生哲學?我們的心念可決定外境的變動嗎?依我觀察,如同《祕密》這本書所言,「心想事成定律」存在的可能性極高。

天生成功的人擁有一個共同特質，他們處理工作與挑戰在還沒有開始前，已經樂觀的意識到他們會成功，心裡瀰漫著成功的快樂氛圍。而最終，他們幾乎都會成功。

一些天生失敗的人也擁有一個共同特質，他們處理工作與挑戰在還沒有開始前，心裡已經瀰漫著悲觀的失敗意識。而最終，他們幾乎都會失敗。

我們有個錯覺，以為內在心念波動就只是波動而已，當心念結束後就結束了，這個觀念不對。心念不僅只是個念頭，當起心動念後，這個念頭對於外境變動是有影響的。

每個人內在的潛意識（或無意識）是個心想事成的魔術師，當你把成功信念傳給他時，他會為你創造出成功的結果；當你把失敗信念傳給他時，他就會為你創造失敗的結果。

此外，每一個人的信念都存在著某一種震動頻率的量子態能量。而這個能量是無遠弗屆的，它可以穿透進入宇宙存在的量子能量網，而透過這個能量網對信念的呼應，令他心想事成。

舉例提示心念影響外境變動。

江本勝博士水結晶研究

近年有些科學實驗已證實：「人類的心念不僅能夠影響生物，而且可以影響無機物。」舉日本江本勝博士主持的水結晶研究為例。

日本江本勝博士研究水結晶多年，他將水安置在不同狀態後放置於零下五度的冷凍室中，然後拍攝水結晶照片。他發現水在不同條件下呈現不同的結晶樣態。

舉例來說，研究員讓水聽音樂。當研究員放貝多芬《田園交響曲》或莫扎特《第40號交響曲》時，水呈現工整、美麗、優雅的結晶。但當研究員對水放搖滾樂時，水的結晶變得凌亂、不對稱且醜陋。

此外，研究員在裝水瓶壁上貼上不同文字。水瓶壁貼上「謝謝」時，瓶內水呈現清晰美麗的六角形結晶。水瓶壁貼上「殺死你」或「煩死了」時，瓶內水呈現破碎且不規則的醜陋結晶。

對這個實驗結果，江本勝博士認定：

促成水在不同狀況下產生不同結晶變化的原因，並非文字或音樂對水有直接影響，而是來自於水感應到研究者的情緒。當實驗者的情緒傳到水時，水能呼應人的情緒，同步令水晶形態產生變化。

如果該實驗屬實，那影射：「我們的心念對外在世界極可能是有影響力的。」值得提問的是：「這個影響力來自何處？」來自我們本身嗎？這個機率不高。如果不是的話，它來自於什麼地方呢？它暗示來自於接收我們心念的「宇宙量子能量網」，該網接收、呼應心念而讓令心想事成。

「心念」對身體的影響

如果上述假設為真，那它可延用於生理健康：「如果你相信你的身體健康，身體會如你所願，呈現健康狀態。如果你相信你的身體有病，身體也會如你所願，呈現疾病狀態。」

舉一些案例談「心念」對身體的影響。

美國有個空手道教練山姆‧布羅斯基。他在一場表演中打算用拳頭一舉擊破九塊一吋厚的磚頭。布羅斯基採取半跪姿勢，對著疊在地板的九塊磚頭奮力一擊，結果九塊磚僅碎了七塊，他臉變的蒼白，右手關節骨頭多處碎裂。

醫生幫布羅斯基手腕開刀且上了石膏，並告訴他必須約一年的時間才會康復。他不相信醫師的話，出院後，他晚上躺在床上時開始自我催

眠。他冥想他的手就是個建築工地，他吹了一聲口哨，一群小精靈穿著不同顏色衣服，戴著頭盔、水泥和焊接槍爬進手腕石膏，把手上碎骨頭都接好了。他持續冥想十個星期後手竟然超快速痊癒了，醫生說這是奇蹟。

另舉個奇蹟似的例子。

美國有個年輕人，他在一場車禍中受到嚴重創傷，癱瘓躺在床上。醫生診斷他一輩子只能躺在床上。

年輕人有個堅強正念，相信心念可改變身體的狀況。他開始不斷地冥想，冥想一個荒蕪、寸草不生的沙漠，沙漠上下了一場傾盆大雨。在大雨滋潤下，貧瘠土壤中長出青草、樹木，樹木越長越大。最終，貧瘠的沙漠變成了茂密的森林。這個年輕人不斷的冥想一段時間後，奇蹟發生了。原本醫生說他將終身殘廢，但他竟然奇蹟似的痊癒了。

像這些「心想事成」的例子到底是真相呢？還是是巧合呢？

有些人會懷疑「心想事成定律」，他會說：「為什麼我心裡也想著成功，但卻不能夠成功呢？」答案在於你心念背後隱藏著懷疑。你可曾經驗過：「當你面對生命情境，在悲觀下勉強用意志力嘶喊成功，你心靈深處隱約有個聲音告訴你，你不會成功？」

擁有心想事成心念的成功者不同，他們在還沒有真正開始進行某個計劃前，心裡已經感受成功了，也感受到成功的喜悅。而最終，他會如願享受成功的果實。

如何建立心想事成心念？

此刻你也許會問：「如何建立如呼吸般自然的心想事成心念呢？」它
的祕密在於你得先放下面對生命挑戰的恐懼。如何放下恐懼呢？把心
靜下來。當心靜了，心想事成的能量會自動萌現。

每一世都要堅持該世的功課

Kitty在回溯中覺知到另一個訊息：「每一世要堅持該世的功課。」這
個哲理只是面對人生的一個態度呢？還是它是影射生命的真理？

許多回溯呈現到一個集合現象，就是當一個人在某世學習不成功時，
就必須不斷的在輪迴中累世持續學習，直到學成為止。

基此，面對生命功課，到底該盡心去完成？還是懶散的交白卷呢？但
如你是後者，也不必過度掛心，因為在根源母體關愛下，世世輪轉是
免費的，學不成下一世再來就好了(一笑)。

第九章　前世回溯案例探索

第十篇　自由聆聽並追隨妳的心

第九章　第十篇　自由聆聽並追隨妳的心

自由聆聽並追隨妳的心

Anna是個曾長住法國的臺灣女孩，近年嫁給一個法國人搬到深圳，生了二個孩子。她個性上直爽、執著，在家裡脾氣頗大，她的先生與孩子們都有點怕她。她雖擁有一切豐足的生命資源，但對生命卻莫名的焦慮、不滿，且面對未來生命缺乏方向感與熱情。她想做前世回溯是基於她對前世的好奇，想知道她是誰。

Anna在催眠引導下進入她某個前世，年代為西元後約數百年。她覺知她身處南美亞馬遜流域某地，週邊有茂密叢林，居住在木屋。她意識到她年約三十，外型優雅，有漂亮捲髮，腳赤裸無鞋，沒結婚，是英勇善戰的女戰士，也是該部落的領導者。她個性強硬，不計較後果，喜愛權勢。由於個人私怨，她發動與鄰國的戰爭。

在該世第二個情境，她年入中年，正站在山頂上心緒紛亂，她覺知到許多忠誠跟隨她的人在與鄰國戰爭中戰死了。再下一個場景，她已進入老年，頭髮銀白，正孤身在木屋中回顧一生，她後悔年輕時為了權勢發動戰爭。

在該世往生前，她帶微笑坐著，心靈平靜。愛戴她的子民服侍在側，她覺知到人民對她的愛。雖然在她那個年代追求權勢是常態，但她後悔將子民送入戰場。她覺知做個領導者，追求權勢不重要，重要的是對人民的仁慈與照護。但在往生前，她放下了自責，找到了內在的和平。

她往生後進入了充滿著光的靈性世界，感受到平靜、溫暖與有愛，她知道她回家了。在靈界她回顧一生，覺知權勢不會帶給她任何東西，她該多為人民著想，學習更多的仁慈。

在光的世界，她見到了她的指導靈，指導靈微笑對她說：「妳做的很好，錯誤也是學習，你可以釋放自責。此刻，你正走在正確的路上。妳要自由的聆聽並追隨妳的心，做自己。」

Anna前世回溯探索

權勢、地位不會帶給妳任何東西

絕大多數的人面對生命，總是會努力去追求權勢、地位與榮耀，喜歡站在舞台的中央，享受燈光，享受群眾對他的注目。 人們喜歡權勢、地位，認定擁有它們就擁有尊重、關注與掌聲。試問，權勢、地位在生命中到底有多少價值呢？

如果靈性世界實存，則從高維層次觀察，人間權勢、地位並不存在價值。權勢、地位並非不好，但前提是如何善用它們。如果權勢、地位令你感覺榮耀，能讓你站在舞台上發光，就不存在價值。如果利用權勢、地位服務人群與給出愛，它就有價值。權勢、地位只是個工具，不是成果，因為它是你生命帶不走的。而能帶走的，是權勢、地位衍生的愛。

舉個例子說明。

有一個村莊正面臨嚴酷旱災，整個村莊民不聊生，饑荒沒有食物。在此刻，一個村莊內的富豪當察覺到村民需要幫助，就帶領家僕，浩浩蕩蕩背著米到村中散發。散發時，他心中並非擁有慈悲，只是想藉由布施賺取福德，提升形象。這種慈悲只是低階的慾望愛，富豪著了布施相，佛教稱慾望布施為「住相布施」。

村中另有一個老婦人，她家徒四壁、生活清苦。當她看到村民饑荒、三餐不濟而心生慈悲。但她什麼都沒有，只有廚房中微少的茶油。她把茶油燈點燃後，跪在地上向菩薩禱告，希望菩薩能夠拯救飢苦村民。

這兩個人，一個是擁有著高權勢、地位的富人，一個是家徒四壁的窮人，但在心靈學習上，老婦人學習的多，而富人反而學習的少，不是嗎？

錯誤也是學習

依許多回溯中個案靈界接收的訊息，人來人間是為了學習一些心靈的正向素質，譬如，平靜、勇氣、寬容、智慧、自由、愛與慈悲等等。

人間是個二元世界，當你學習這些正向心靈元素時，如果沒有同步擁有二元另一端的經驗，學習會是跛腳不完整的。譬如說，當你想要學習勇氣，必須先體會什麼是懦弱；當你想要學習自由，必須先體會什麼是不自由；當你要學習愛，就必須先體會什麼是恨。唯有完整的體驗二元兩邊的經驗，才能夠真正完整的學習。

進一步探索，由於人生苦短，面對二元兩邊的經驗，並不見得要在同一世內完成。譬如說，如果你的功課是學習愛，那麼可能先要在某一世先學習恨。懂得恨以後，才會在下一世學習從恨中走出來，了解什麼是愛。

如果上述內容是真相，那意指從學習角度，一個人面對人生，就算犯了錯誤也是學習，負面經驗仍存在價值。如果接受這個見解，那麼面對生命中所犯的錯誤，別太自責，學習放下吧。

要自由的聆聽並追隨妳的心，做自己

Anna在她經驗的這一世，在身為領導者角色下不斷地追求權勢。值得探索的是，Anna該世追求權勢，真的是追隨她心靈深處的指示嗎？還是只是無厘頭的追隨當代文化價值觀呢？如果後者為真，那她並沒有在自由心下聆聽心靈深處真正要她去經驗的。

這個議題值得每個人省思：「我們在生命中做的一切，是追隨心中自由指引呢？還是臣服在社會價值觀下被催眠了呢？前者的生命是自由的，而後者的生命卻是被綁架的；你的生命是那一種呢？」

舉例說明。

在中國南京市有位名叫陳思的男士，十五年來，他在正職外幾乎每天在南京長江大橋守望，勸導要輕生的人放下輕生念頭。這些年來，他往返家裡與長江大橋，騎壞了九輛電動車，協助了351位想要輕生的人。

陳思說：「救人救多了，看到背影就知道他是否想要自殺。」他如何看出走路的人想輕生呢？他描述：「有心事的人背影沉重，走路像是行屍走肉。」

十五年來，相信陳思在聆聽中接收了心中的仁慈訊息，並追隨這個訊息，將他生命中多餘的時間做自己認定有價值的事情。

人生不過就是一場短暫的經驗
既然生命難得
如何能夠善用時間呢？

每個人都有權利與義務去仔細的聆聽
心中的引導訊息
去做他自己
去做他真正想做的事情

如此的人生，才算精彩

第九章　前世回溯案例探索

第十一篇　越上層的人越不能被影響

越上層的人越不能被影響

Y. Lan是中年女士，年輕時經營房屋仲介頗為成功，當累積到足夠財富，在五十多歲就退休了。她精力充沛，退休後生活聚焦在靜心，感受靜心帶給她心靈的提升。近年她去克羅埃西亞住過一段時間，喜歡那邊出世的寧靜與美麗。她有個願望，就是在那裡開辦一個靜心村。

在深層放鬆中，Y. Lan被引導進入了她某個前世。在該世，她意識到是個古歐洲某國家的宗教領導者，身處華麗皇宮中，穿著高貴。她站在宮殿高處陽臺下望，宮外人民正暴動抗爭，死了很多人。面對該情境，她很傷心，但不能阻止這一切。回溯中她描述：「我是一個身不由己的人，只是一個讓別人歌頌的標誌。」她意識到她的權位無法帶出心中對民眾的照顧與愛。

催眠中，Y. Lan被引導以第三者觀察她那一世。她自評：「生命真正有價值的不是金錢，金錢不能帶給人們快樂，而是平靜與愛。」她懊惱的又說：「我用愛跟靜心影響周遭的人，可惜越上層的人越不能被影響，而能夠用愛轉化的人只是下層的人。」最終她自省：「生命可以有不同的過法，不一定要捲入滾滾紅塵。」

在該世往生後，Y. Lan被引導見她的心靈智者(註)。她詢問智者本世生命該何去何從，智者提示：「我一直都在保護你。妳在滾滾紅塵中很努力，但追求柴米油鹽花太多時間，不需要做這麼多。你沒有追求想追求的，要盡心去做你想做的。」

註：心靈智者

在幾乎每個回溯中，當個案經驗過前世後，我都會在指令下引導他們去見引導他的心靈指導老師。其目的是讓他們能夠透過與智慧能量意識的聯結，令他們覺知人在靈性長河的流動中並非孤獨的，其背後隱藏著智慧的訊息與協助。

依個案的生命經驗與宗教屬性，我給予這個「智慧能量意識」不同名稱。有時我稱祂為天使，有時稱祂為指導靈，有時稱祂為心靈智者。如果是基督徒，就稱祂耶和華；如果是佛教徒，就稱祂為菩薩或者佛陀。如果他天性是個極其陽光樂觀的人，就稱祂為彌勒佛。

人間給予「智慧能量意識」不同的名稱，只是由於人們在不同文化、宗教下的給予擬人化的代稱而已。事實上，靈界的「智慧能量意識」合一同源。如果生命的背後隱藏著更高維的「神聖智慧能量意識」，那名稱並不是重點，它只是人在思想下辨識的一個標誌而已。所以，用什麼名稱依個案屬性決定就好了。

人在生命背後，隱藏著一個引導生命的高維智慧嗎？對於這個問題，不妨執持客觀、中性的態度，因為它不是科學能夠辨識的。但許多人透過回溯，都強烈的經驗與感受這個智慧能量意識的存在。

透過與心靈智者聯結，Y. Lan察覺到本世為自己設定的目標，是要分享愛與要開辦一個靈修場所，藉由靈修村協導人們回到生命起點。

Y. Lan前世回溯探索

再談金錢不能帶給人們快樂

現代多數人崇尚物質，相信物質可帶出生命幸福。有些富人錢早賺夠了，但仍耗盡時間、精力拼命賺錢。物質幸福論存在嗎？一項美國社會心理學研究指出：「個人年收入超過八萬元美金後，增加的收入並不能提升幸福。」

但反向來看，拼命追求過多財富的代價是什麼？身體變差了，睡眠不足，頭痛、肩膀酸痛、失眠、便秘等等。不止此，追求物質經常感覺壓力大、情緒緊張、擔憂、易怒等等。

此外，追求物質潛在存在四種辛苦：

- 💡 當在追求物質，必須要耗費很多的精力打拼，它不辛苦嗎？
- 💡 當追求物質追得不夠，不會覺得懊惱嗎？
- 💡 當追求到物質想保護時，不覺得辛苦嗎？
- 💡 當追求到物質但不幸失去了，這種痛苦可以忍受嗎？

許多人為了拼命賺錢，耗用了許多生命時間與精力，扭曲了他們想過的生活，放棄了夢想，無法做心裡真正想做的。

物質追求並沒有錯，人活著當然要有充分物質來過日子，但過度的追求，不但無益，且衍生各種辛苦。追求哲學觀真的存在人生智慧嗎？人們要的物質是真的需要呢？還是不過是比較心下的虛榮呢？

舉個例子說明。

有一個村莊住了一對夫妻，先生叫阿牛，太太叫阿花。有一天村莊路上塵土飛揚，阿牛買了部新車開回家。當阿花看到阿牛新車時，心中一陣歡喜，覺得既幸福也驕傲，因為村莊裡沒人有車。

當阿花正滿心歡喜時，村莊路上又塵土飛揚了，發生了什麼呢？原來隔壁家的阿狗也買了部新車開到門口。阿花開始不滿與頹喪，原來阿牛買的車子是普通國產車，而阿狗買的車子卻是高級的奔馳。阿花有了新車應該快樂，但一比較後就變得痛苦了。

現代許多人覺得生命過得苦，總認為吃得不夠好，穿得不夠好，住得不夠好。但其實從生活品質來說，現代人過的生活跟百年前的古人相比，簡直過的是富人生活。但當面對物質有了比較後，會在比較的不滿中產生不幸福的感覺。

面對物質追求有個兩全之策，就是追求時不要過分介意成果，而要聚焦在經驗追求的過程。在這種情況下，既可追求，但卻不必承受追求時的苦了。別忘記了，終究追求到的一切都帶不走，不是嗎？

再從離世智慧角度來看物質追求，頗多回溯中揭露：「慾望是心的運作，也是煩惱的肇因。而放下慾望是每個靈提升心靈震動頻率的必修課。」

人祈求透過慾望尋找幸福，有的人為之奮鬥一生，但卻從未享受過幸福。原因何在？答案在於幸福感並非來自於外在世界，而來自於內在世界對外在世界的詮釋。因此，與其汲汲營營的對外找幸福，不如對內探索慾望的根源，在寧靜心下，放下慾望。

如何學習「愛」？

Y. Lan催眠回溯中有段話頗值得借鏡，她說：「生命真正的價值是學習愛。」依據許多回溯中的訊息，學習「愛」同時是入世與出世的功課；它不獨是人間潤滑一切週邊關係的良藥，而且是每個靈轉化心靈震動頻率的必修課程。

如何學習愛？一個人學習愛，如果心中存有企圖、目的或慾望，就非真愛。真愛就如同呼吸，它是一個自然的狀態，其背後不存在著任何的企圖。愛不是單純外展的關懷，而是內顯的自然狀態。

如何擁有真愛呢？真愛無法在思想中被說服與找尋，因為思想中所有一切的運作都存在著慾望。你得修習放下思想，當思想放下了，內在深層既存的真愛會自動升起。

如何學習「平靜」？

Y. Lan回溯中說：「生命真正的價值是學習平靜。」依據許多回溯中訊息，「平靜」不獨是人間美質，也是靈界提升心靈的必修課程。

想要達到心靈平靜，靜心是不二途徑。其實靜心並不是近年發展的新法，幾千年前我們的老祖宗已經在靜心了。如何靜心呢？

靜心者在靜心中會透過一些方法促使身體放鬆、心靈寧靜。當靜心者身體放鬆、心靈寧靜時，則思想就會停止運作。這個就是佛家所謂的「止」。當心「止」時，靜心者開始在無念下觀照身體內外一切的現象。這就是佛家所謂的「觀」。

當然，靜心者所觀照的現象必須包括思想。當觀照思想時，到底是誰在「觀」呢？當然不是「思想」本身，思想不能觀照思想自己。此刻觀照思想的意識，是心靈更深層非思想形態的「無意識」（註）或是佛家的「真我」，佛家所謂的「真我」意指「真正的我」。

註：無意識（Nil consciousness）

在心理學領域中，不同學派對「無意識」的定義不同。精神分析學家西格蒙德・佛洛伊德（Sigmund Freud，1856－1939）將意識劃分為意識與潛意識二個層次，潛意識意指心理活動中無法認知的部分，它又分為「前意識」和「無意識（Unconsciousness）」兩部分。另一些心理學學家否定佛洛伊德的「無意識」概念，認為是錯的，易引起誤解。我所定義的無意識（Nil consciousness），非心理學認定的無意識，它意指人類總體意識中某種深層的非思想形態意識。無意識中的「無」，意指「虛無」。無意識不包含任何東西，但它是個聯結宇宙量子能量網中訊息、能量與智慧的天線。

從入世學習來說，「無意識」可引導出「三的修行」；什麼是「三的修行」呢？

一般人面對生命情境，運用的工具是思想。思想運作存在二個變數；第一個變數是「外在情境」，第二個變數是「思想呼應情境所起的心與動的念」。執持這二個變數的思想運作所經營的人生，稱為「二的人生」。

舉例說明這個現象。

譬如說有人對你講了一句粗魯的話，粗魯的話是「變數一」；當你的思想聽到無禮的話開始憤怒，憤怒是「變數二」。多數人活在「二的人生」。

然而靜心者面對生命情境，其「無意識」的運作存在三個變數：

💡　第一個變數是外在情境。

💡　第二個變數是思想呼應這個狀況所起的心與動的念。

💡　第三個變數是「無意識」觀照思想的起心動念。

這種利用「無意識」呼應生命情境的模式，稱之為「三的人生」。

舉例說明。

如果有人對你講粗魯的話，粗魯的話是變數一；當你的思想聽到無禮的話語，開始憤怒了，憤怒是變數二；當你的無意識升起，而靜觀憤怒情緒時，無意識靜觀憤怒是變數三。當你能夠在寂靜心下用無意識靜觀憤怒時，你就不再是憤怒者，而憤怒會自動消散。

此外，從離世學習來說，當心寂靜時，靜心者的「無意識」會升起，開始與一個充滿著訊息、生命指引、能量與智慧的「宇宙量子能量網」連接。神祕主義者稱「宇宙量子能量網」為阿卡西記錄（Akashic records）（註）。

註：阿卡西記錄（Akashic Field）

阿卡西記錄又稱宇宙本源，它由梵語Akasha音譯而來的，意譯為「天空覆蓋之下」或是「乙太」。它是一種非物理層次的訊息集合體，被編碼儲存在乙太之中。

目前科學由於方法原始，尚無法證實這個宇宙的「量子能量網」的存在。但一些禪修者均經驗過在寂靜心的無意識下，可透過該網截取訊息、生命指引、能量與離世智慧。

如果上述內容屬實，那對任何人來說，「靜心」就不再是選項，而是每個人的必修課程。

日本古代有個舉世公認的智者，他有個特色就是「少言」，有時他會持續好長時間不說話，因為心不動則無語。

有一次，日本皇帝邀請這位智者入皇宮講道。皇帝、皇后、首相、高階官員與將軍們聚集在殿中，尊敬地準備聆聽。智者在殿中靜靜的站著，一言不發，然後就離開了大殿。皇帝感到困惑，他問首相：「這個人怎麼回事？我們是來聽他講道的。」首相說：「這是我聽過最偉大的教導，他來教導寧靜，而他也已經教了，他在殿中心是全然寧靜的。」關於寧靜，不是用言論教導，言論會扭曲寧靜，你得用心自己去體驗它。

越上層的人越不能被影響

對於心靈提升，Y Lan在回溯中談的一段話值得省思，她說：「越上層的人越不能被影響。」依個人經驗，這句話言之有物。

當人在財富、事業、地位、或哲學上有成就時
會自詡眼界與智慧高人一等
會對群眾說：「聽我說」

當他們自認高人一等，要求別人聽他說時
就關閉了智慧之窗，聆聽不到生命的訊息

也因此
他們的心靈執著
會否定提升心靈課題的存在與必要性

藉由建立靈修村協導人們回到生命起點

Y Lan在回溯中覺知她本世功課是創設靈修村，藉由靈修村協導人們回到生命起點，大哉心願。

什麼是協導人們回到生命起點呢？
依回溯訊息，每個靈在靈性長河中
擁有著選擇，他可以選擇在有情世
界去經驗生命，也可當覺得厭煩經
驗生命時，選擇回歸到根源母體身
邊。

Y Lan本世功課就是協助期待歸鄉
的靈回歸到根源母體。如何回歸到
根源母體呢？禪定是個好方法。

第九章　前世回溯案例探索

第十一篇　有勇敢地做自己嗎？

有勇敢地做自己嗎?

Austin是個近三十歲的年輕人,一切客觀條件都好,長相清雅,工作能力夠,找工作一點都不困難。然而他對於工作缺乏企圖心,而且面對生命不知道該做什麼才能夠激起火花。他來找我做回溯,希望能夠透過對他既往生命的認知,而對他本世生命有所指引。

催眠中與Austin的對話

下面是與Austin在催眠中對話。

劉醫師:「聽到一的時候,你會清楚感受到眼前出現一扇門,三、二、一,感覺到前面的門嗎?」

Austin:「嗯,有扇木門,很大。」

劉醫師:「很好,這扇門後是你潛意識為你準備的某個前世,聽到一的時候,你會穿過這個門,進入你的某個前世。三、二、一,感覺到什麼?」

Austin：「都是稻田，我在田埂小路上。」

劉醫師：「非常好，稻田旁有個水潭，仔細俯視這個水潭，感覺到你是誰？」

Austin：「一個小男孩，有雀斑，八、九歲，黃種人。」

劉醫師：「衣服穿著什麼樣子？」

Austin：「藍色的，鞋子是草鞋。」

劉醫師：「此刻天候怎麼樣？」

Austin：「黃昏。」

劉醫師：「心情怎麼樣？」

Austin：「有點心不甘情不願。」

劉醫師：「不想回家，對不對？」

Austin：「是。」

劉醫師：「有情緒嗎？」

Austin：「嗯。」

劉醫師：「天色暗了，回家好不好？」

Austin：「嗯。」

劉醫師：「我從三數到一，數到一時，你就回家了，三、二、一，回去了嗎？」

Austin：「嗯。」

劉醫師：「進入家的心情呢？」

Austin：「有點無奈。」

劉醫師：「看到家人了嗎？」

Austin：「看到爸爸、媽媽、妹妹。」

劉醫師：「仔細看，爸爸、媽媽跟這一世有關係嗎？」

Austin：「爸爸是這一世的爸爸。」

劉醫師：「媽媽呢？」

Austin：「不確定。」

劉醫師：「非常好，爸爸好像對你有批評，是不是？」

Austin：「是。」

劉醫師：「很好，感受爸爸對你有什麼批評？」

Austin：「認為我不夠認真、努力。」

劉醫師：「你不喜歡，對不對？」

Austin：「覺得有點無奈。」

劉醫師：「爸爸說你不夠專心、努力，你自己覺得呢？」

Austin：「有，但不想做。」

劉醫師：「現在，我要你去學校，三、二、一，到了學校了嗎？」

Austin：「嗯。」

劉醫師：「說說看心情？」

Austin：「覺得無聊。」

劉醫師：「看到老師心情怎麼樣？」

Austin：「覺得很囉唆。」

劉醫師：「好，暫時放棄你的角色，進入老師心靈，老師怎麼看你？」

Austin：「很聰明的孩子，為什麼不好好學？」

劉醫師：「好，我們回到Austin，為什麼Austin對學校沒有興趣？」

Austin：「提不起勁，學校教的東西不是我想要的。」

劉醫師：「非常好，我要你進到十五歲，第一次見到一個異性伴侶，
　　　　三、二、一，感覺到了嗎？」

Austin：「嗯。」

劉醫師：「有看清楚她嗎？告訴我感覺是什麼？」

Austin：「覺得很好玩。」

劉醫師：「告訴我她長的怎麼樣？」

Austin：「滿清秀的。」

劉醫師：「心情歡喜嗎？」

Austin：「嗯。」

劉醫師：「很好，我要你眼前出現跟你結婚的伴侶，第一次見面，見到了嗎？你幾歲？」

Austin：「二十三左右。」

劉醫師：「這個女孩不是你第一個認識的嗎？」

Austin：「不是。」

劉醫師：「感覺什麼，說說看？」

Austin：「不很喜歡。」

劉醫師：「進入跟這個女孩子結婚的當天，感覺到了嗎？」

Austin：「很熱鬧。」

劉醫師：「很好，你的妻子這一世是誰？」

Austin：「感覺是媽媽。」

劉醫師：「告訴我你此刻心情？」

Austin：「大家很喜歡，我好像應該要很喜歡，但不想要。」

劉醫師：「很好，進入更深層的心，告訴我為什麼不喜歡？」

Austin：「就不是我要的。」

劉醫師：「好，那為什麼你娶她？」

Austin：「被迫。」

劉醫師：「你的父母要她，對不對？」

Austin：「嗯。」

劉醫師：「為什麼你的父母要她？」

Austin：「父母覺得她各種條件都很好。」

劉醫師：「來，回到以前的家，家裡貧窮嗎？」

Austin：「嗯，很窮。」

劉醫師：「你的父母面對貧窮，希望兒子未來在物質世界有更多的保障，不希望你去娶心中愛的女人，要求你娶個有條件的女孩子。父母這個堅持，在父母愛的詮釋下是有必要的，對不對呢？你不同意，但你不能夠不接受，對不對？」

Austin：「嗯。」

劉醫師：「來，再次進入這個情境，你可以擁有其他選擇嗎？」

Austin：「不敢。」

劉醫師：「這個不敢，是因為你對父母的孝順而不敢，還是你心中也一樣擁有恐懼呢？」

Austin：「恐懼。」

劉醫師：「你也恐懼，想像當你生命匱乏，貧窮交加，沒有好的房子，沒有好的生命，是很悲苦的，是恐懼的，對嗎？」

Austin：「嗯。」

劉醫師：「很好，我將從三數到一，數到一的時候，我要你進入你在婚姻外另外一個女人，感覺到了嗎？這一世她是誰？」

Austin：「好像是姊姊。」

劉醫師：「很好，看著這個婚外異性朋友，告訴我你的情緒是什麼？」

Austin：「很自在、舒服。」

劉醫師：「很好，當你感覺婚姻不幸福，沒有愛這個婚姻制度下的女人，順從心念，自由探索真愛，你是歡喜的，對不對？」

Austin：「很開心。」

劉醫師：「現在我要你進入心靈更深層，如果生命再來過，你願意放棄掉物質上的享受，等待時機去選個你愛的人嗎？」

Austin：「嗯。」

劉醫師：「如果你願意順從你心中的愛，選擇一個你真正愛的人，而代價是你必須接受物質匱乏。當愛跟物質交戰中，你願意選擇愛情嗎？」

Austin：「……（不回答）。」

劉醫師：「你可以不必回答，把答案放在心裡。好，現在你面對婚外情，我要你進入這個女孩的心，去感覺她在想什麼，她快樂嗎？」

Austin：「不快樂。」

劉醫師：「你有給她安全嗎？」

Austin：「沒有。」

劉醫師：「所以，你為了滿足你的快樂，卻帶給她不安的感覺，對不對？」

Austin：「嗯。」

第九章　第十二篇　有勇敢地做自己嗎？

劉醫師：「很好，那如果生命再來一次，你願意讓她安全而放棄這個愛，你可以嗎？」

Austin：「可以。」

劉醫師：「我們往前走，這個愛情你結束了嗎？」

Austin：「結束了。」

劉醫師：「你結束它，因為你感念到你需要釋放她，讓她變成自由的白鴿，所以你放棄掉你心中的私慾，是這個樣子嗎？」

Austin：「嗯。」

劉醫師：「非常好，我現在要引導你進入老年，很老了、皮膚皺了，你躺在床上，眼看著五分鐘後你就要離開這個世界，我要你進入這個情境。感覺到了嗎？」

Austin：「嗯。」

劉醫師：「說說看什麼狀況？」

Austin：「很悲傷。」

劉醫師：「幾歲？」

Austin：「七十多歲。」

劉醫師：「週邊有人嗎？」

Austin：「沒有。」

劉醫師：「你離開了你的夫人嗎？」

Austin：「嗯。」

劉醫師：「孩子在嗎？」

Austin：「不在我身邊。」

劉醫師：「孩子是因為不能來而不在你身邊，還是他不來了？」

Austin：「關係不好。」

劉醫師：「很好，此刻在這一世只剩下五分鐘了，我要你進到心靈深處，談談這一世的生命你怎麼想？」

Austin：「我沒有勇敢地做自己。」

劉醫師：「很好，你躺在病床上，心緒平靜、有智慧，你感覺到這一世，你多麼希望你能夠勇敢地做自己，是嗎？」

Austin：「嗯。」

劉醫師：「換句話說，如果生命再來過，當你面對婚姻的時候，你不再選擇一個讓你生命安適的伴侶，你會選擇一個相愛的心靈伴侶，是嗎？」

Austin：「嗯。」

劉醫師：「很好，還有什麼想說的嗎？」

Austin：「該發揮的沒有發揮。」

劉醫師：「很好，其實你是有夢想的，然而你在滾滾紅塵中的各種情緒與面對感情的不順遂，讓你忘記了心中的夢沒去執行，是嗎？」

Austin：「嗯。」

劉醫師：「所以生命再來過，你會順隨著你心中的夢想，勇敢努力的去尋夢，是這樣子嗎？」

Austin：「嗯。」

劉醫師：「很好，你快要往生了，面對這一世妻子對她說幾句話吧，你會怎麼說？」

Austin：「妳也必須勇敢的要自己想要的。」

劉醫師：「很好，對於你一直都不合的孩子，你有什麼話要說？」

Austin：「很抱歉，我一直困在我自己的情緒裡面。」

劉醫師：「你一直困在你的情緒之中，而眼中看不見孩子，沒辦法扮演一個恰當的父親，沒有能夠與孩子一起成長，一起走過人生，是這樣嗎？」

Austin：「嗯。」

劉醫師：「很好，你這一世應該可以圓滿的結束了，等一下，我要你回到你這一世來的源頭。三、二、一，感覺到了嗎？」

Austin：「嗯。」

劉醫師：「很好，說說看你此刻的心情。」

Austin：「很平靜、歡喜。」

劉醫師：「你現在在哪裡？」

Austin：「一個光的世界。」

劉醫師：「很好，週遭有其他任何夥伴嗎？」

Austin：「看到Naomi。」

劉醫師：「很好，她是誰？」

Austin：「沒有形體，像光一般的感受。」

劉醫師：「很好，有顏色嗎？」

Austin：「粉粉的。」

劉醫師：「還看到誰？」

Austin：「湘湘，藍紫色的光。」

劉醫師：「很好，還有誰？」

Austin：「蘭妍、Claire，Claire的光是粉紫色。」

劉醫師：「很好，在來這一世之前，你有預設想做什麼功課嗎？」

Austin：「要給愛。」

劉醫師：「要給愛，很好。然後你自己評斷一下，做了多少？」

Austin：「沒有。」

劉醫師：「你在匱乏跟恐懼下沒有給出愛，你討愛，是這個意思嗎？」

Austin：「嗯。」

劉醫師：「如果可以再來一次，你願意給愛嗎？」

Austin：「願意。」

劉醫師：「如果你感覺到匱乏跟恐懼，你怎麼給？你有什麼方法可以激發你給出愛？」

Austin：「平靜中自然就會給出愛。」

劉醫師：「當你在心靈寂靜中，發現原來你就是個天使嗎？

Austin：「是的。」

劉醫師：「你的愛原來就是具足的？」

Austin：「沒錯。」

劉醫師：「你有沒有覺察到累世中你曾經用愛幫助好多痛苦的人？」

Austin：「沒錯。」

劉醫師：「你有沒有覺察到在這一世，你希望在滾滾紅塵中，利用你經驗私慾的愛去理解眾生的愛是什麼，是嗎？」

Austin：「嗯。」

劉醫師：「所以你失敗了嗎？」

Austin：「不算是。」

劉醫師：「你在規劃下，是要去覺知、理解眾生的愛是什麼，覺知它跟天使的愛不一樣，是嗎？」

Austin：「是的。」

劉醫師：「回想一下，面對你的指導老師，當初你們一起研討對這一世的規劃，是不是你的指導老師要你去覺知私慾的愛？」

Austin：「是。」

劉醫師：「祂為什麼要引導你覺知私慾的愛呢？」

Austin：「這樣才可以幫助人們給予更大無私的愛。」

劉醫師：「唯有真正去瞭解私慾的愛，才能夠以一個更大的智慧去幫助好多的眾生。當你的心只是一元的，只有天使愛，你根本就不知道眾生的苦，也不知道眾生愛的匱乏，你又有什麼資格瞭解並且幫助眾生，是嗎？」

Austin：「是。」

劉醫師：「所以你這一世的失敗算失敗嗎？」

Austin：「不是。」

劉醫師：「你有把這個現象告訴你的夥伴，叫他們不要瞎猜疑，去曲解了你這一世的努力，是嗎？」

第九章　第十二篇　有勇敢地做自己嗎？

Austin：「嗯。」

劉醫師：「所以你打分數，你認為你這一世真的不好嗎？」

Austin：「不會不好。」

劉醫師：「好，現在你的心靈導師站在你的面前，你問心靈導師你這一世做得好不好？祂怎麼說？」

Austin：「這一世你苦受盡了，知道所有人間的苦，你在下一世就能夠無私地去奉獻，去幫助眾生。」

劉醫師：「好的，Austin這一世進入人間，長得非常有條件，有好多的智慧，心中充滿了好多的愛。然而有趣的是，在這一世他竟然面對生命沒有方向、迷惘，好像一隻無頭蒼蠅，不知道人間未來他該做什麼。去問一下指導靈，這一切的安排為的是什麼？」

Austin：「要先懂得人間的迷惘，才有智慧去引導迷惘的眾生。」

劉醫師：「一個純淨的天使，祂的靈永遠是平靜的、空無的，祂不太能夠理解眾生的心念中充滿著對生命的慾望、恐懼、擔憂、迷惘。一個沒有瞭解眾生的天使，如何能夠幫忙呢？所以Austin這一世在此刻之前所經驗的種種一切，都是既定的，它要讓Austin忘掉他曾經是天使，要Austin在生命中間去經驗人間私慾的愛、恐懼、無奈與迷惘。而這一切，如果Austin沒有辦法領受跟理解，他沒有資格幫助眾生，是這樣嗎？」

Austin：「是。」

劉醫師：「這是你的指導靈對你的回答嗎？」

Austin：「是。」

劉醫師：「Austin此刻寧靜的躺在舒服的椅子上，聆聽這段話時，完整地接收了這些內容嗎？」

Austin：「嗯。」

劉醫師：「Austin有沒有開始找回他既往在靈性長河中的覺知，知道
　　　　這一世起步時，是要覺知眾生的迷惘跟苦。而有一天他會覺
　　　　知到他不是一般眾生，覺知他是個要把光跟愛帶給世界的天
　　　　使。此刻他正在經驗中，是嗎？（註）」

註：回溯中植入催眠指令

前世回溯最有價值的地方，不是單純覺知另一世，而是將個案在回溯
中的正向訊息，透過指令，植入個案的潛意識，形成潛意識中的印
記。而這個印記會長久存在個案的潛意識中，隨時日發酵，而能夠有
效地改善個案的心靈與生命態度。

Austin：「是。」

劉醫師：「Austin未來會很快的覺知他不是一般的痛苦眾生，是嗎？」

Austin：「快了。」

劉醫師：「Austin有智慧知道嗎？」

Austin：「可以。」

劉醫師：「這個心靈能量與覺知的門，將來是誰開啟呢？」

Austin：「自己。」

劉醫師：「這一切都是你自己的選擇，是嗎？」

Austin：「是。」

劉醫師：「Austin擁有兩個選擇，選擇一，他持續的在滾滾紅塵中迷
惘、消極，每天在昏昏沉沉的心念下打轉；選擇二，他開始
有個覺知，覺知他曾經是誰，覺知這一世他將帶著光跟愛散
播在世界需要的地方，幫助痛苦的眾生，你認為Austin擁有
選擇嗎？（註）」

註：再次下相同的催眠指令

這段話是再次下相同的催眠指令，只是內容略調整，其目的是強化
Austin潛意識中的印記。

Austin：「他心裡知道要怎麼選。」

劉醫師：「所以，此刻當Austin他聆聽我的聲音，舒服地坐在沙發上，
他已經擁有了一個選擇了，是嗎？（註）」

註：催眠指令植入技巧

潛意識有個有趣的特質，就是不喜歡被說教。因此，對潛意識下指令
一般不用強制指令，而是提示個案擁有選擇。當個案潛意識面對選擇
時，多數會選取正向訊息。

Austin：「嗯。」

第九章 第十二篇 有勇敢地做自己嗎？

Austin回溯探索

再談物質可令生命幸福？

Austin在他該世面對選擇，一邊是耽憂物質匱乏，放棄探索真愛的機會，一邊是放下耽憂物質匱乏的恐懼，探索真愛。他為了安全，選擇了前者。從入世與出世智慧來看，顯然Austin 選錯了邊，物質真的那麼有價值嗎？

由Austin回溯探索人類的愛

Austin這個前世回溯內容頗為精彩，它圍繞著他對於愛的心靈體驗。不妨藉著Austin這一世愛的體會再次探索人類的愛。

面對婚姻，相信多數人堅信他選擇的婚姻必定將幸福美滿。然而結論卻非如此，現代普世離婚率幾乎高達六成。人們面對婚姻自以為是理性的，但為什麼老是做出錯誤決定呢？答案是人的思想中存在著匱乏與恐懼，而在這種心念下面對婚姻，他的愛都會是有慾望的，而慾望無法成就愛。

Austin曾是個純淨的天使

Austin該世婚姻的失敗真正是失敗嗎？ 從人間角度，Austin婚姻是失敗的，但從靈界角度，他該世失敗的婚姻卻並非如此。

Austin在該世回到靈界，在與導師對話中，意識到他曾經是個純淨的天使，也覺知到他在該世選擇私慾的愛並非失敗，而是既定的規劃。規劃中，Austin得經驗眾生的私慾愛，而令他能透過這個經驗，促使他擁有更大智慧，協導眾生走出對私慾愛的迷惘與執著，學習更大無私的愛。

Austin是個天使，什麼是天使呢？所謂天使，是指存在著光與愛能量的靈，他們帶著光與愛進入人間，協導人們走出困境。

天使的靈性與多數二元人間人們的靈性不同。天使的靈性是一元寂靜的，而二元人間人們的心念充滿著慾望、恐懼、擔憂與迷惘。天使在寂靜的靈性下面對存著二元心念的人們，在不了解的情況下又如何能夠幫忙呢？天使若要幫助人們走出困苦、提升心靈，得先忘掉他曾經是天使，再以人的心念去經驗人間的迷惘、恐懼與慾望。有了這些經驗，天使才可以同理心協導人們。從這個角度來說，Austin該世的功課做得還不錯。

依據回溯中的觀察，如果天使角色實存，那麼天使並不見得如鳳毛麟角般稀有。透過回溯，我觀察到一些個案在心靈深處都擁有著天使的利他愛。他們若否定擁有這個愛，是因為他們暫時忘記了。我也觀察到，只要能夠透過靜心讓心存在寂靜狀態，這個天使愛會自動升起。

自省是謙卑的，苛責自己是愚痴的

在回溯中，Austin意識到他因該世恐懼物質匱乏而接納了一個無愛的失敗婚姻；對此，他深深後悔與自責。但是他在回到靈界與導師對話後，領悟到在該世選擇私慾的愛並非失敗，而是既定的規劃。因此，他對該世功課自己給了一個九十分。

多數的人在思想運作下，會自責所犯的錯誤，自責經常引發自卑、沮喪的情緒。如果Austin回溯中的訊息屬實，他因恐懼而選擇的失敗婚姻是既定的規劃，那人們面對生命挫折、失敗或錯誤，也許不應過度的苛責自己。苛責可能令他削減再出發的勇氣與動能，但適當的自省令未來能做的更好，卻是有益的智慧。

生命舞台上靈性夥伴角色互換

Austin在回溯中意識到，他該世婚姻對象竟然是他本世的母親，而他該世婚外情的對象，也意外的是他本世的姊姊。有趣嗎？這種累世靈性夥伴角色互換現象在許多回溯中比比皆是。

如果回溯中「角色互換現象」是實相，那它顯示人生只是個暫時的舞台，而我們與週邊的人，也都只是暫時扮演著一個短暫的互動角色。如此，金剛經中的一段話「凡所有相，皆是虛妄」就並非難解，它呼應了角色互換現象。

既然每世短暫人生並非恆在，而我既非我，他人也非他人，那對生命泡沫般的種種境遇，又何必太執著呢？古人說過：「人生如戲」，這句話可充滿了人生智慧。

沒有勇敢地做自己

Austin該世在懼怕物質匱乏的恐懼下，在婚姻前軟了腿，沒有勇敢地做自己，選擇了一個無愛婚姻。不妨此刻順便檢視我們的人生：「我們曾因為恐懼而扭曲了真正想經驗的生命嗎？」

在七十年代，名歌星法蘭西斯·艾伯特·辛納屈（Francis Albert Sinatra，1915年 - 1998年）唱紅一首歌「My way（我的路）」。這首歌描述一個人在年老遲暮時，對他的老朋友訴說他一輩子都勇敢無悔的用他自由選擇的方式經驗他的生命。

將My way第一段歌詞分享如下：

「現在，我的末日將近，面臨人生的最後落幕。我的朋友，我要說個清楚，向你講述我的人生之路。我活過一個充實的人生，我經歷過每一段路途，而更重要的是我用自己的方式。」

對這首歌的歌詞有感嗎？學習勇敢的做自己，不獨是面對生命的積極人生觀，而且是值得學習的出世智慧。

命運天定的部分佔多少呢？

很多人面對的生命，似乎其背後隱藏著某個高維「命運規劃局」的既定規劃，這個規劃的幅度有多廣泛？它涵蓋了所有的生命？還是部分的生命？

想像一下：「如果生命所有的內容都是天定好了，那又何必來呢？」換句話說，我們的母親又何必創生我們呢？」在這個理由下，值得相信生命一部分是天定，一部分是自己決定的。所以一些命相師會說：「生命一切境遇七成天定，三成我們定。」

人的命運規劃不能改寫嗎？

透過Austin 回溯，相信許多人會問另一個問題：「人的命運如果背後隱藏著高維的規劃，該規劃不能改寫嗎？」

譬如說，如果靈界規劃的內容平淡無趣或者悲慘痛苦，你可以改變這個規劃嗎？又譬如說，靈界規劃的生命是經驗「人間的恨」，你可以變更經驗這個「恨」的規劃，改為經驗「利他的愛」嗎？換句話說，你原先在規劃下，買的火車票預期去桃園，當入世後，你可以改換車票去台中嗎？你有選擇權改變生命規劃嗎？

談一部與靈界規劃相關的電影。

2011年有部愛情電影《命運規劃局》（The Adjustment Bureau），劇情啟始是美國紐約州眾議員大衛·諾里參選聯邦參議員。他在選前一刻，因少年時荒唐行徑被舉發，輸掉選舉。在發表敗選感言前，他在廁所邂逅舞者伊莉·席樂斯（Elise Sellas），陷入愛河，雙方認定對方就是一生所愛。她們在愛河中，突然撞入奉天命行事的「命運規劃局」天使。天使基於規劃局對大衛既定的生命安排，阻撓大衛與伊莉的姻緣。大衛雖知一切冥冥中自有定數，但不甘命運被擺布，憑著自由意志對抗規劃局，改變了生命規劃而贏回真愛。

依據回溯中的探索，每一個靈來人間的規劃，是依據這個靈的靈性階層或屬性而量身訂作的。如果這個靈想要跳階改變規劃，在回溯的資訊中顯示：「每一個靈都有自由選擇。」在每一個靈都有自由選擇的情況下，改變規劃並非不可能。然而從結論來說，跳階學習經常讓那個靈在生命中感受極高的壓力與辛苦。

面對你的人生，有興趣改變規劃嗎？

第九章　前世回溯案例探索

第九章　第十三篇　因果業報實存嗎？

因果業報實存嗎？

Benson是個年輕人，自覺頗優秀能幹，對生活有信心。 他某天在捷運站地下街走路時，忽然莫名感覺頭暈、懼怕，好像被關在某個狹窄空間中。他後來經常有這種不舒服感覺，但找不到原因，因此希望透過回溯探索不舒服的成因。Benson回溯中經驗了兩世，先討論第一世。

第一世回溯

在第一世回溯中，Benson被引導進入與他不舒服相關的某個前世。他覺知他是二、三十歲男子，恐懼的正在山林中奔逃，有強盜追殺他。驚逃中他掉到河裡，躲到橋下小凹洞裡。但他仍被強盜發現，從凹洞中被強盜硬拖出來用長矛刺死。而他本世不舒服的感覺，就是該前世被追殺時的驚恐感覺的延伸。

在該世回溯中，他被引導進入相關的前一世，在該世探索被強盜追殺的肇因。他發現該世因為怨仇，他殺害了該強盜。Benson前世回溯中覺知的被追殺，是因呼應上一世仇殺的因果業報。

第二世回溯

在第二世回溯中，Benson被引導進入中國古代某世，他是個二十多歲大宅院的男奴隸，因為偷主人東西，被鞭打在地痛苦翻滾。當下，他既害怕與憤怒。現場有個訪客幫他說項，他意識到該訪客就是本世的爸爸。

在另一景，他在該世喜歡一個大宅院的女生，但由於地位卑微，配不上她，想要但要不到，只能把戀情存在心中。

Benson回溯探索

回溯中的因果業報存在嗎？

Benson回溯中呈現出了因果業報的情境。在我經手過的前世回溯中，「因果業報」影子比比皆是。到底佛家提示的因果業報存在嗎？

談一段佛教「因果業報」的野史。

南北朝梁武帝篤信佛教，他聘請當時一位高僧誌公和尚為國師。據說誌公和尚有天眼，能透知人間前因後果。

某次，一個富人家有婚事，請誌公和尚念經祈福。他一踏進門，便搖頭感嘆不已。旁邊眾人好奇，追問他為什麼。他道：

「古古怪，怪怪古，孫子娶祖母。豬羊炕上坐，六親鍋裏煮。女吃母之肉，子打父皮鼓。眾人來賀喜，我看真是苦！」

誌公這席話想說什麼呢？他覺知到這位新郎的祖母臨終時心裡不捨孫兒，擔憂他沒人照顧。她到了地府表達擔心，閻羅王便說：「你既然不捨孫兒，那便回去做他的妻子照顧他。」於是祖母便再投生轉世，做孫子的太太。所以誌公說「孫子娶祖母」。

誌公和尚看著炕上坐的人，便說「豬羊炕上坐」，為什麼如此說呢？原來從前被宰殺的豬、羊被人吃抵償了宿報，現在返回人間做了人。誌公和尚往菜鍋裏看，便說「六親鍋裏煮」，為什麼如此說呢？以前專吃豬、羊的人得受業報，往生後投胎變豬羊，受烹割還債。

誌公和尚看著一個女孩子正津津有味吃著豬蹄子，誌公和尚說：「女吃母之肉」，因為這隻豬原來是她的前世母親。誌公和尚再看看樂班鼓手用力打著驢皮鼓，而這驢皮竟然是他前世的父親，所以誌公和尚說：「子打父皮鼓」。

這篇野史是真是假，不得而知，但明顯的想透過誌公和尚的打油詩描述因果輪迴。

對佛家的因果信仰，許多人充滿著好奇。輪迴因果存在嗎？為了這個理由，我經常幫人做前世回溯，希望透過前世訊息一窺真相。認真來說，這個議題不該等閒視之的，為什麼呢？

如果輪迴不存在，本世生命是唯一生命，那不管你想做什麼，只要歡喜就去做吧！因為最終你完全消失了。你在人間留下來的一切，不管是好的或壞的，善的或惡的，對你而言又有什麼差別呢？

但是相反地，如果輪迴存在，那暗示你生命中所做一切，與往生後去處、扮演的角色與生命中遭遇的情境息息相關。換句話說，你得打起精神，好好的經營本世生命，儘量走在正道上積福糧，令你在未來輪轉中能夠爭取更佳生命內容。

但難題來了，宣稱因果業報存在的人無法提示決定性的支持證據；當然相反地，不相信因果存在的人也無法說明拒絕的理由是什麼。撇開真正認定知道生命真相的人不談，對於一些對輪迴不清楚的人，如果抱持對輪迴議題不理睬的態度，就頗像在拉斯維加斯賭場賭單雙，萬一賭輸了呢？

因果業報到底是否存在嗎？

依據科學邏輯來研判，如果回溯中所呈現的「因果業報現象」並不存在，它們不過是潛意識編織的夢幻故事，那這些夢幻故事必是「多向性的」、「多變數性的」與「不可重複性的」，它們不會集合性地顯示類似的「因果業報」現象。換言之，「因果業報」存在機率極高。

依據我所經驗的回溯中個案提示的訊息，許多回溯中「個案累世與週遭關係間經驗的恩怨情仇情境」似乎並非獨立事件，它們之間隱約藉由因果業報而被串聯著。換言之，它也暗示了「因果業報」現象的存在。

我猜有一些質疑「因果業報」的人仍會想：「一個人在某一世的所作所為，真的會在宇宙某個因果業報律下，在另一世承受業報嗎？而他在另一世承受業報時，並不清楚引發他業報的某世行為，不知者有罪嗎？」

這個質疑貌似頗具理性與邏輯，沒錯，不知者似乎無罪，但如果因果業報只是個表相，並非懲罰，它背後隱藏著某一個累世未完成的功課呢？換言之，有沒有可能因果業報並非單純的懲罰，它只是規劃學習的觸媒劑呢？如果它是真相，那因果業報就可被完整的解釋了。

對於「因果業報」議題，你也許相信，也許不相信，你對它的態度擁有選擇。對於不相信者，我有個安全建議：「當不清楚真相時，何妨採取赫胥黎的不知論，在真相萌現前，態度上最好既不否定，也不必刻意認同。」但我仍認定寧可信其有較好，這樣子的生命觀是比較安全，不是嗎？如果「因果業報」是實相，誰喜歡犯業而引發累世業報上身呢？

Benson經歷了回溯後，開始相信因果業報，也自覺前世債務還沒有還完。面對生活橫加的災禍，當他認定是承受因果業報，就會容易以一顆柔軟心無條件地接受。這種生命哲學會讓他見苦非苦，讓生活過得容易多了，不是嗎？

此外，他平常面對衝突，總是以對立強硬姿態面對，但回溯後，他開始理解：「面對衝突要避免暴力，要有同理心，從對立衝突者角度瞭解對方的心。然後，設法用柔軟心與方法化解衝突。」

再談人來人間規劃的經驗是雙向性的

如果生命中遭遇的情境的確是在靈界預先規劃的，那麼除非人們頭殼壞了，否則很少會選擇負面的人生歷練，不是嗎？

但依回溯訊息，靈來人間想要經驗的人生情境是雙向的；不一定只是正向的，例如快樂、成就等等，而可能是負向的。譬如像Benson，他在回溯引導下，覺知他該世的規劃竟然是要體驗苦、卑微與想要要不到的情緒。

為什麼有些靈來人間會想要經驗負向的人生情境呢？

當初的靈在離開一元屬性的根源母體時，其目的就是要感受二元世界的一切，他不會刻意的揀選二元感受的某一端，他對二元兩極的感受都會是有興趣的。對某些一元的靈來說，刺激的人生比順遂的人生更精彩。

回想一下，當我們看小說或者電影時，那種劇情吸引我們呢？是平淡順遂的喜悅生命呢？還是波折痛苦的愛情呢？似乎人在心靈深處，都喜歡欣賞動盪、坎坷、激情且恐怖的悲劇或災難，不是嗎？

可看過四十年代的一個有名的電影《飄》（Gone with the Wind）嗎？這個電影以美國南北戰爭為背景，描述女主角郝思嘉（Scarlett O'Hara）曲折無奈的愛情故事。劇情在終了，郝思嘉並未能如願追求到期望的愛情。如果《飄》劇情不是如此，而以喜劇收場，觀眾會喜歡嗎？

但靈進入了二元世界後，暫時忘卻他在靈界的一元覺知，二元的思想開始當道。思想面對二元體驗，永遠不喜歡負面端的體驗。譬如說，他喜歡覺知快樂，不喜歡覺知痛苦；或者，他喜歡覺知愛，不喜歡覺知恨。

假設Benson回溯中覺知屬實，人來人間規劃的經驗既是雙向的，也同時是為了學習。那此刻，你不妨自問：「我在本世預先規劃的生命經驗，會是那種屬性呢？是正向的？還是負向的？」

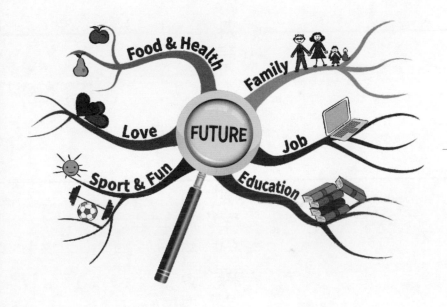

第九章 第十三篇 因果業報實存嗎？

第九章 前世回溯案例探索

第十四篇 身心靈障礙與因果業報

身心靈障礙與因果業報

我認識一個心理諮商師美玲，年紀約五十歲左右，單身，擁有多年專業諮商的經驗。她之所以找我做回溯，是因為她心靈中一直存在莫名壓力，而且背脊經常疼痛。

在催眠啟始時，我引導她先升起心靈那股壓力與生理障礙，並將該感受放大；放大後，我引導她進入造成障礙的源頭。

在引導下，她進入了幾年前一場車禍情境。她暗夜冒著暴雨在山路開車，大雨令她視界不清，車子打滑離開路面，滾落到頗深的懸崖下。當車子墜落懸崖時，車子倒翻，令她無法打開車門而陷入車裡，她感覺到強烈的無助與恐懼。當時，她對菩薩禱告祈求協助但無回應。她最終獲救，但已過 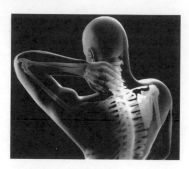 了一天。她在催眠中覺知，是那場車禍造成她身心障礙。

在她覺知到車禍後，我透過催眠指令引導她與菩薩相見。菩薩告訴她本世這場車禍並非事出無由，它源自於前世惡行造成的業報。她前世是個暴虐的人，傷害了許多親友。

她經歷了這場催眠後，覺知車禍是前世的因種下的果。這個覺知，令她改變了面對人、事與物的態度。頗覺神奇的是，她清醒後心靈壓力與身體不舒適自動消失了。

美玲催眠探索

再談前世果報

談一則佛教因果業報的故事。

佛教中有一個寶典稱之為《梁皇寶懺》，它源於南朝梁武帝蕭衍（464年至549年）。《梁皇寶懺》從何而來呢？它是梁武帝請當時國師誌公禪師編寫的迴向福德的經典。

梁武帝有個寵愛的皇后郗氏，郗氏因病往生。郗氏往生後的數月，某天梁武帝就寢時，聽聞殿外騷亂聲，出去一看，竟然殿中出現一條大蟒蛇。武帝大驚，對蛇說：「朕的宮殿嚴謹，不是你們蛇所在之地，看來你必定是妖孽。」大蟒蛇望著武帝說：「我是你的皇后郗氏，妾因為生前喜歡爭寵，常懷瞋心及嫉妒心，性情惡毒，損物害人，所以死後墮入蛇身。現在無食可吃，又無洞穴庇身，且每一片鱗甲中有蛀蟲在咬，痛苦萬分。妾深感皇帝平日厚愛，所以才敢顯現醜陋的形貌在您的面前，希望您能祈求一些功德協助妾身脫離蟒蛇之身。」蟒蛇說完後就不見了。

武帝將這個情境告訴國師誌公禪師，禪師對梁武帝說：「要轉化郗氏，必須禮佛懺悔才能洗滌她的罪業。」武帝於是請誌公禪師依憑佛經撰寫懺悔文。該文總共十卷，武帝訂名為《梁皇寶懺》。

武帝依照懺本為皇后禮拜懺悔。有一日突然聞到異香遍滿室內，久久不散。武帝抬起頭來，見有一人容儀端麗，對他說：「我是蟒蛇的後身，因為承蒙皇帝為我迴向功德，所以現在已經超生忉利天，今天特來致謝。」言畢就不見了。這則佛教野史內容精彩，但真偽難分，當故事看看吧！

美鈴在催眠中意識到她經驗的車禍是「因果業報」下的懲罰。相信美鈴在這個覺知下，會更加注意不輕犯身、口、意三業。其實退一步說，就算是她催眠中經驗的「因果業報」並非實相，那不犯身、口、意三業，對圓融她的生命不也是很有助益嗎？

生理障礙與心靈障礙相關

傳統醫學相信笛卡兒的「心物二元論」，認定「身體」與「心靈」是分開的兩樣東西，他們之間無關。而身體像是機器一樣，當身體出了問題，就像是機器出了問題，得進入機器看哪個零件壞了。

然而近代醫學開始漸漸否定「心物二元論」，它相信身體與心靈並非分開的兩樣東西，當身體有疾病時，可能並非身體出了問題，而是心靈出了問題。

此外，傳統醫學也相信：「遺傳基因內存訊息掌控著生理健康。」遺傳基因中有許多功能單元，不同功能單元負責身體不同的功能。遺傳基因中也有些不好的功能單元被稱為「壞基因」，這些「壞基因」可引發多種疾病，例如像癌症、遺傳疾病與精神疾病等等。

「壞基因」促成發病的先決條件，是它必須被開啟。「壞基因」如何被開啟的呢？傳統醫學相信，遺傳基因內存某個如鬧鐘般的時間機序，在指定時間，鬧鐘會鈴鈴作響開啟「壞基因」。所以傳統醫療認定，遺傳疾病的發生是由內往外，是基因內既存的時間機序開啟了壞基因引發的。

然而現代遺傳學研究有著相反的發現，一些研究指出，開啟壞基因開關的因素並非遺傳基因內貯存的時間機序，而是來自於三個外在變數：

- 💡 其一，不好的生活環境，像是污染的空氣、水。
- 💡 其二，不好的生活習慣，例如像是酗酒、熬夜等等。
- 💡 其三，負面的心靈狀態，例如像是壓力、擔憂、恐懼、痛苦等。

這三個變數中，以負面的心靈狀態影響最大。

一些臨床研究支持這個觀念，例如像是乳癌。傳統醫學認定：「引發乳癌主因是家族遺傳。」一些婦科醫師會勸導有乳癌家族遺傳病史的健康女性採取乳房切除術，以預防乳癌上身。但美國羅徹斯特大學醫學中心的流行病學家經過五年的研究，發現相反的證據，他們發現罹癌婦女之所以罹癌與家族癌症病史無關，而與環境壓力有關。

另舉例說明。

美國醫學研究家塞姆對日本男性做了一個大型研究，研究高脂肪食物是否易引發心臟病。

塞姆將參與研究的一萬兩千名日本男性劃分成三組；一組是居住在日本，一組移居夏威夷，一組移居北加州。依飲食內容，日本居住的日本人食物較屬低脂肪飲食，夏威夷居住的日本人食物脂肪含量略高，而移居加州的日本人食物脂肪含量最高，例如像是漢堡、薯條。

研究結果有趣的發現：

💡 高脂肪食物並非造成心臟病的主要原因。不論日本人搬到那裏，日本、夏威夷或加州，不管吃什麼，豆腐、壽司或麥香堡，對罹患心臟病並無影響。

💡 醫師公認引發心臟病的危險因素，像是高膽固醇、高血壓或抽菸，竟然與罹患心臟病無關。

💡 「壓力」才是引發心臟病的主要根源。

另一個約翰霍普金斯大學的研究提示類似的結果。約翰霍普金斯大學曾研究中國西南地區的少數民族「彞族」，研究者想探索吃清淡食物是否令心臟病得病率變小。

彞族居住於中國西南地區雲南、四川和貴州三省，務農維生，主食是米穀類和蔬菜，肉類不多。相較於居住城市的漢族，彞族的膽固醇指數低，極少有心臟病。研究者認定彞族心臟病發生率偏低，是因為吃清淡食物。

當彞族人遷居到城市時，他們的飲食習慣未變，理論上心血管狀況應該未變。但是研究結果顯示，移居城市的彞族人心臟病罹患率明顯上升。研究結論是：淡食與心臟病無關，而是壓力與心臟病有關。

上述醫學研究指出：「負面情緒中的壓力、孤僻可能是引發某些疾病的原因。」

從回溯得到的訊息顯示：
生理障礙病源不見得是本世的
有時來自於前世

頗多個案回溯後發現：
當回溯中某些與本世生理障礙相關的前世情境出現後
本世生理障礙經常會減弱或自動消失

如果這個現象屬實
生理障礙與前世所作所為相關
那它就頗值得醫療科學關切與探討
而非只是將它丟入形上學冷宮不聞不問

第九章　前世回溯案例探索

第十五篇　願意接納你所做的一切嗎？

願意接納你所做的一切嗎？

Erika是個相貌端莊、個性溫和的中年女性，前段婚姻不順離了婚。她
離婚後有個異性伴侶相陪，但沒有結婚，原因是她並不是真的很喜歡
他。她心中頗為矛盾，既不喜歡這個伴侶，但在寂寞下又不能割捨。
她想經驗回溯，因為面對人生迷惘，找不到方向。

在催眠中，Erika透過指令穿過一道黑色生命鐵門，進入了某個前世。
Erika進入的前世初始情境在清朝，她是個十幾歲男生。她進入該情境
後非常驚恐，覺知強盜殺死了她所有的家人，並在追殺她。回溯中她
被強盜抓到，該強盜本想殺她，但臨時改變心意，僅用刀刺傷了她。
Erika在回溯中意識到這個強盜竟然就是她本世前夫。

這段滅家悲劇令Erika怨恨這個強盜，一心想為父母報仇雪恨。她家道中落後靠著阿姨全責撫養她，並供她唸書。

在回溯中下一景，Erika已長大，是個二十多歲書生。她帶個書僮入京趕考，如願考取了功名，被朝廷下放，做了利澤縣的巡撫。她做巡撫是個仁慈官，判案總是儘量輕判。她心中滅門餘恨仍存，一直派員找尋那個滅門強盜。在三十多歲時，她如願抓到該強盜。在審判中，強盜細說他本非強盜，是因為Erika父母欠他錢，而在討債未遂的憤怒下才心生惡念。他也提到當時想殺死Erika斬草除根，但一念之仁下不了手，所以放了Erika。

Erika判決該案時內心非常矛盾；從滅門角度，她很想重判強盜死罪。但既知該強盜滅門事出有因，且她內在慈悲，覺得該強盜罪不致死。最終她決定輕判，僅判了強盜監禁終生。雖然Erika自覺對強盜輕判，但強盜仍然憤憤不平，對Erika心存怨恨。

Erika在該世六十多歲往生，她往生前回味該世，遺憾父母早逝，不能保護父母。此外，她對強盜的輕判一直後悔、不安與矛盾。她認定輕判對不起父母的橫死，而重判又抵觸她的仁慈心。Erika這個面對強盜判決的矛盾心緒，一直到死前都沒有放下。

該世往生後，Erika被引導進入她來該世前的靈性世界。她在該場景中意識到她該世被設定的學習課程，是放下面對生命的缺乏信心。他覺知面對生命狀況，當下了決定就要勇敢的執行。Erika也意識到她在該世學習成績不佳，而本世要再度學習同樣課題。

此外，在靈界覺知中，Erika意識到她本世的前夫對她粗魯、霸道的態度是咎由自取。這一切，是她前夫在前世身為強盜時，因不滿被Erika判終生監禁所引動的因果業報。Erika也意識到：「她對該強盜的判決缺乏堅定信念；如果她決定要發慈悲心寬容強盜惡行，就該肯定她的判決，而不該自覺對不起她的父母。」

Erika回醒後透過回溯，面對前個婚姻開始有了新的覺知，知道應學習放下自許為被害者的負面感受，而能以更宏觀的寬容心放下對前夫的怨恨。

Erika前世回溯探索

面對生命情境優柔寡斷

面對生命情境下的決定，並不一定有所謂的標準答案，也不一定有對錯。它是因人而異的，取決於每個人心念對該事件的見解、評估與價值感。每個人下決定，都擁有自由的選擇，答案在他的心中。但當面對生命情境優柔寡斷，不知如何下決定，就構成了阻礙生命的障礙，令生命寸步難行。

在回溯中，Erika意識到面對強盜判決，不知該如何下決定。Erika在該世面對生命情境的迷惘，與她本世同出一轍。斷除見惑，是她的生命必修課。

面對生命情境，如何能夠智慧果斷的下決定呢？

當面臨下決定，思想經常不可靠；一些人的思想在下決定時，經常猶豫不決或者自我否定。此外，思想內的資源是制約的、侷促與主觀的。

不妨試試看另外一個方法：「放下思想運作，在寂靜中聆聽心中深處的引導。」這種內在引導來自於「宇宙量子能量網」中的訊息，它帶出的結果經常是正道的、有益的。

如何放下思想呢？
你得練習讓自己留在當下的寧靜中
在寧靜中
內在會自動升起一個清明訊息引導你

面對傷害的生命智慧

每個人在生命中都有受到創傷的經驗。多數人面對創傷，會感受到負面情緒，例如不平、沮喪、憤怒或痛苦。

然而面對創傷，人們的負面反應或引發的情緒並非是事件本身造成的，而是每個人心靈世界對於事件的解讀造成的。一個人解讀外在情境衝擊，因為心靈世界中框架大小不同與智慧不同，而感受可能極度不同。

1973年，有個頗受歡迎的電影「酒店（Cabaret）」。電影剛開始是個特寫，有個天使般的男孩用美妙的聲音歌唱。如果你的視野放在這個男孩美妙的歌聲，你聽了會心生歡喜。隨著鏡頭拉遠，看到男孩穿著納粹軍裝；如果你的視野放在納粹軍裝，會開始心生二戰中那些祖國淪陷人們的悲傷。鏡頭再拉遠，你的視野放在這個男孩在一個納粹集會上唱軍歌；如果你的視野放在這個情境，你的心開始升起那些祖國淪陷人們被德國奴役的憤怒。

你的心靈視野決定了你聽到男孩歌聲的反應；在聽著男孩美妙歌聲時，你可曾看到納粹集會？

面對人生也是如此，心靈視野決定了我們的情緒與反應。我們的心靈視野如果只聚焦在入世紅塵的創傷，反應必定是不平、悲傷、憤怒與報復；但是我們的心靈視野如果進入更高層次的智慧，則答案不一定是如此。

在日本，一個年輕男士開車沒看清楚，撞上一個過馬路的女士，她當場倒在地上。這個男士緊急剎車，驚恐地跑過去。他驚奇的看到這個女士慢慢爬起來，跟他講：「沒事」，然後對男士鞠了一個躬就走了。

為什麼這個女孩子被車撞了反而會鞠躬呢？因為她覺得被車撞了竟然沒死，真是太幸運了。這個女孩子的心靈視野決定了她被車撞的情緒與反應。

著名的希臘哲學家蘇格拉底（Socrates，前470年－前399年）相貌非常的醜陋，但娶了個漂亮又潑辣的悍妻贊西佩（Xanthippe / Xantippe），贊西佩動不動就對蘇格拉底無禮謾罵。

有一次，蘇格拉底正和學生們討論學術問題，他的妻子氣沖沖地跑進去，把蘇格拉底大罵了一頓，提一桶水將水潑到蘇格拉底身上。在場學生以為蘇格拉底會怒斥妻子，但他僅摸了摸渾身濕透的衣服，風趣地說：「雷鳴之後，通常都會下雨。」有個傳說，正因他老婆總在家裡發威，他被迫每天離家，遊走於雅典大街小巷與人辯論，而最終變成了一個偉大的哲學家。

蘇格拉底怎麼看待他的悍妻？他幽默的自嘲，他說：「對於婚姻，如果你找到一個好妻子，你會很幸福；如果找到一個不好的，你會成為哲學家。」蘇格拉底的人生智慧走出了對他悍妻潑辣作風的迷失。

人們心靈視野的框架大小與智慧，決定了他們面對世界衝擊的感受與情緒。如果事件不能改變，人心中的心靈世界可以改變嗎？對這個議題，蘇格拉底做到了。

面對災難，出世智慧也可改變心靈的視野。

蘇格拉底
（Socrates，前470年－前399年）

在許多個案回溯中，「累世角色糾纏」的現象比比皆是。Erika在回溯中覺知到殺害她父母的強盜被她判決終生監禁，而該強盜也就是本世令她感覺被傷害的前夫。

如果Erika回溯中覺知強盜是她本世前夫屬實，它再次提示：「紅塵中一切愛恨情仇，均非如表面如此單純；仇恨也許並非仇恨，傷害也許並非傷害，它們只是呼應因果律下的業報，或者是在高維規劃下入世學習的人生劇而已。」

Erika透過回溯，意識到累世延續的恩怨糾纏，是因果報應律下的果報與應學習而未學成的功課。

總結而論，若從入世智慧來說，放下對創傷的怨恨與報復，不是令心靈更能夠平和喜悅嗎？從出世智慧來說，以寬恕取代怨恨與報復，不是可斷絕因果業報的延續且可提升靈性嗎？

Erika在這個覺知之下，釋放了本世面對前夫認定是被傷害的角色，而改以寬容接納了前夫的惡行。就算Erika這種顛覆性的離世覺知並非實相，退一步說，面對生命橫逆的困境、災難或者被傷害，用更大的視野面對，不是柔軟了人生嗎？

第九章 前世回溯案例探索

第十六篇　Jerry 累世禪修成果如何呢？

第九章　第十六篇　Jerry 累世禪修成果如何呢？

Jerry累世禪修成果如何呢？

印度有個頗具盛名的奧修靜心村（Osho Center），它經由印度著名的禪修者奧修（Osho, Indian，1931年-1990年）創立，該靜心村提供專業完整的靜心設施供人們禪修。有些人會透過禪修，長年將生命投注在心靈領域。像是 Jerry，就是個標準的禪修者。他希望藉由前世回溯，探索他前世的禪修生涯。

第一世回溯

回溯中，Jerry在引導下很快進入了他某個前世。他覺知身處在一個藍色牆面房間，身穿白色T shirt、卡其褲。他意識到自己是個東方中年男士，也是個零號同性戀者。

在房間裡，他帶著迷惘、哀傷情緒，凝視著一個錦盒中的綠色項鍊。他覺知該項鍊是某個他心儀男士送給他的，他也意識到他們倆之間有段挫折無解的同性戀情。在該世，Jerry一直為情所困。

第二世回溯

第二段回溯中，Jerry進入唐朝某世，江蘇人，是個四十多歲的和尚，長住在寺廟裡。雖然Jerry是和尚，但跟上一世相同，也是個零號同性戀者，他在做和尚前迷戀過一個同性伴侶。在那個時代，同性戀情是不允許存在的。他在情場失意中看淡人世，就落髮進了空門。

在下一個場景中，寺廟中出現了某個穿長袍男性中年訪客，他覺知該訪客與第一個回溯中心儀的男士是同一個人。Jerry雖身在空門，但仍心儀於該訪客，執著在紅塵的情慾。

Jerry回溯中被帶進入死亡前的五分鐘，他在往生前為他的人生下了註解：「死亡是解脫，該做的都做了。」

Jerry該世往生後被引導進入生命源頭。依Jerry描述，生命源頭是個充滿白光的世界，他身穿白袍，有眾多靈修夥伴相陪協導修行，Jerry描述該光世界中靈體沒有性別。

在該光的世界中，Jerry覺知到生命的本質是「無私的利它愛」，而眾生的心性本質卻是「利己的私慾」。他意識到他本世入世目的是學習「慈悲」，也覺知到他本世任務是在建造靈修中心服務人們。

Jerry回溯探索

泡沫幻影的人生

從許多回溯的個案觀察，包括Jerry的前世，都呈現一個共同現象，就是人不斷的在虛相界輪轉不休。

人在人間所得的一切，往生時就消散了，而每個生命在輪轉中並無所得。佛陀在金剛經說的好：「一切有為法，如夢幻泡影。」如果這個見解為實相，那面對人生境遇，又何必那麼執著？去歡喜經驗吧。

記得看過一場精彩的電影嗎？看電影的時候，你在電影激烈衝撞的劇情下心緒波動。但電影結束後離開了電影院，你放下了情緒，因為你

清楚地知道這終究只是一場虛幻的電影而已。面對人間種種境遇，你放下了嗎？

中國文學有一段詞貼切呼應「不住相」，它提示：「風來竹面，雁過長空。」

這段詞呼應「不住相」呼應得很好，它暗指世上一切境遇就如風撫過竹梢，雁飛過長空，未留一絲痕跡，僅是短暫生滅的虛假幻相。既然如此，智慧豁達的人為何計較人間境遇的是非、得失呢？

分享一個佛教不住相的野史。

有一個老和尚與一個小和尚雲遊四海，協同修行。兩個人走到了一個溪流的急水前，正打算拉起褲管渡河時，看見不遠處有個年輕少婦面對著激流，不知道該怎麼辦？這時候老和尚走了過去，毛遂自薦地告訴這個年輕少婦願意背著她渡河，少婦首肯了。老和尚背了少婦渡河後，轉頭看到小和尚臉上一臉不滿跟批判，老和尚淡淡地笑了一下，對小和尚說：「我都放下了，你還沒放下嗎？」

不管前世今生是否是真相，著了紅塵相都會帶來痛苦，不是嗎？聰明的你會怎麼選呢？

Jerry的禪修前世

禪修中的「禪」是什麼？禪是漢傳佛教術語，是梵語禪那（dhyāna）的簡稱，意指「繫念寂靜、正審思慮。」簡單的說，「禪」其實就是「靜慮」。佛教在南北朝經由印度北傳，傳入中國後發展出禪宗，而「禪」逐漸形成禪宗的核心教法。

禪修是什麼呢？禪修並非單指打坐或冥想。打坐、冥想只是引導入禪的方法。廣義來說，禪修的精義是：「依禪正道度日」，佛家會利用禪修「放下執著與無明」。所謂的「放下執著與無明」，可參考金剛經裡佛陀對弟子須菩提提示的一段話。佛陀說：「凡所有相，皆是虛妄。」它意指：「當存在正見，瞭解五官意識覺知的一切境遇均非實相，則自可放下對外境的執著。」

透過前世回溯，Jerry瞭解他曾是削髮修行的禪修者。他在回溯中的覺知，呼應了他在本世修禪的動機。

很多人誤解如Jerry般的禪修，以為禪修是出世人的功課或者是宗教信仰，與生活無關，但這個答案不對。從出世觀，禪修可帶出離世的般若智慧，覺知生命真相。如果每一個人離世後另有生命的話，則禪修就不再是少數人的功課，應該是每一個人都要去關注的。因此，他更能夠將他的生命放在靈性長河的正道上。

如何禪定呢？

佛陀多年苦修生命正道不得其門，最終，祂在菩提樹下靜坐修禪，並發願如不證得無上正等正覺，則永不起身。直到樹下禪定第四十九天剛破曉時，佛陀證得無上正等正覺（註），看透生命真相，尋得脫苦與超越生死之法，而得究竟解脫。

註：無上正等正覺

「無上正等正覺」為「阿耨多羅三藐三菩提」的直譯，它是佛教修行上最高覺悟與境界，是領受生命和宇宙真相的無上覺知，也是尋得脫苦與超越生死究竟解脫之法。

想覺知生命真相走在生命正中大道上嗎？試試禪定吧。

Jerry累世修證的成果如何呢？

第二段回溯中，Jerry入空門禪修，他該世禪修修證的成果如何呢？

依回溯中Jerry的自評，他說：「該做的都做了，死亡是解脫。」佛教所謂的「解脫」，並不是逃離或結束某種痛苦或災難，而是「放下執著」。Jerry真的放下了執著嗎？Jerry在該世入空門，仍陷身情慾，著了情慾相，並非真正放下紅塵，他只是利用空門躲開情慾糾葛。總結來說，Jerry在該世和尚角色下並未真正究竟解脫。

Jerry學習慈悲的人生功課

在回溯中，Jerry說他入世學習的功課是慈悲。

有人可能會問：「面對這一個無垠的宇宙或者佛教的三千大千世界，到底祂的真相是什麼？」對於這個提問，在深層的禪定覺知中可意識到：「整個大千世界瀰漫著一個無所不在的神聖智慧能量意識，這個能量意識呈現的震動頻率，就是無目的與無方向的慈悲。」

如何修習與「神聖智慧能量意識」同頻的「慈悲」呢？

「慈悲」不是源於外顯的布施功德，而是源於內顯的清空寂靜。在寂靜心下，內在的「真我」或「自性」會升起。當「真我」升起，會自動呈現與「神聖智慧能量意識」同頻共震的「慈悲」。而這種大慈悲會自動在無念下引導出「無相布施」的行徑。

所以，「無相布施」只是大慈悲外顯的現象，而非修習「慈悲」的法門。許多修習「慈悲」的修行者倒果為因，將現象錯認為方法，依法強修慈悲而著了布施相，修錯了方向。

情慾、功德孰重孰輕？

許多個案在回溯中，都會覺知到他們每一世存在著去該世前就設定好的既定功課。譬如說像Jerry，他本世設定的功課，就是建構禪修中心服務人群。

Jerry本世建構禪修中心的服務心念很好，頗有佛教所謂的功德。然而Jerry禪修外的婚姻生活並非圓融，且仍沈溺於婚外同性戀情。對Jerry而言，生命重點在那？是透過禪修放下人間情慾呢？還是建造禪修中心積福德呢？

建造禪修中心服務人群很好，但Jerry未放下情慾卻苦積福德，著了佛教所謂的「福德相」。須菩提在金剛經中有段話回應佛陀問他福德，須菩提說：「是福德，即非福德性。」Jerry得自省著相於修福德的福德是真福德嗎？Jerry不需要放棄建造禪修中心，但切莫著了福德相。Jerry要懂得度人前得先自度，不要又像上一世做了和尚但沒有度過情關。

第九章 前世回溯案例探索

第十七篇 工作選擇守成或創新？

工作選擇守成或創新？

很多人面對工作，並未意識到工作存在兩種型態；第一種型態是守成不變；第二種型態是放下舊有知識創新。理論上來說，當然創新比守成有價值多了，也精彩多了。

Elaine是個三十多歲相貌端莊女孩，專攻美工設計，擁有創新才華。畢業後，她父母希望她接手印刷廠營運。她基於孝心與責任感，被家庭事業綁了架，而無法圓她的創新夢。她對此點頗為遺憾，希望透過前世回溯，探索對本世未來工作的指引。Elaine在她的前世回溯中，顯現了與她本世面對工作類似的矛盾與爭扎。

看看Elaine前世怎麼面對她的工作。

回溯中，Elaine透過指令進入某個時值民初的前世。在初始場景中，她自覺是個十六、七歲女孩，身穿白色滾邊旗袍，在上海街道逛街，沿街看著櫥窗內展示品。

Elaine在該世家境小康，住在一個小洋房，房前有個氣派的噴水池。她個性調皮，不肯依順父母安排學習刺繡，只喜歡搞些父母不認同的創作，她覺知她該世父母就是本世父母。

Elaine在她十八歲時心儀一個軍人，兩人感情很好，但男友因戰爭身亡，而她的男朋友就是本世男朋友。她二十八歲時雖醉心創新，但為了生計，不得已下接受了報社編輯工作。

當時正值對日抗戰，在戰爭中與父母失散，父母下落不明。由於父母失散，且心儀伴侶往生，她該世一直困於愛的匱乏、孤單與寂寞。她往生前孤身一人，無人送終。

在該世回溯結尾，Elaine被引導進入往生前五分鐘，她轉入更高維的靈性覺知。在覺知下，她意識到生命是個學習場域，也瞭解到親人的往生並非真正關係斷滅，他們來世會再以不同角色相遇。此外，她自覺在該世心存創新夢想，但困於物質壓力，無法放棄報社工作圓她的創作夢。

在回溯結束後，Elaine感覺頗有所得。這些植入她心中的回溯訊息，令她立刻堅決地向她的父母提出工作辭呈，表達希望自設公司完成美工創新的夢想。

Elaine回溯探索

再談輪迴持續的學習

依Elaine前世回溯覺知，她再次如前述的回溯案例，提示輪迴的一個定則：「人輪轉的累世間並非獨立，它們存在著持續學習的特質。這一世未學習完的功課，得在下一世學習。」這種累世持續學習的訊息在前世回溯中比比皆是。

如果上述為實相

那意指
人們面對生命中呈現眼前的挑戰或災難
不應退縮，應積極面對與解決
若學不成，下一世還要再面對

工作選擇守成或創新？

如果你要成功，你應該朝新的道路前進，不要跟隨被踩爛了的成功之路。

約翰‧戴維森‧洛克斐勒
（John Davison Rockefeller，1839年-1937年）

Elaine在該世面對一個規劃好的功課，就是激發勇氣去創新。

人們面對工作有兩種選擇。有些人一輩子工作內容都固定一成不變，總是追隨別人，別人做什麼他們就做什麼。因此，他們面對工作變成了一隻鸚鵡。

另一種人面對工作態度相反，不喜歡沉陷在老舊知識中，不喜歡追隨潮流模仿別人，做一成不變的老工作。他們喜歡突破傳統，對抗流行的典範，而自己孤獨地創新。例如像是愛因斯坦、貝多芬、賈伯斯，就是這一類人。

這一世生命難得，面對工作，你希望是個創新者？還是追隨者？如果你希望生命過得精彩，那在工作上創新會是個好選擇。當你面對工作創新時，你會歡喜，感覺生命更加精彩。

但許多人一輩子墨守成規，怯步於創新，為什麼呢？因為創新需要擁有脫離潮流的智慧、對抗當紅典範的勇氣與相信自己的心想事成的信念。

沒有錯，創新不一定成功，而且易受到典範群體的批判與孤立。但試想，人生終究只是一場經驗，沒有帶得走的東西。既然如此，介意創新失敗或被別人批評就不再是重點了，不是嗎？為什麼不考慮創新，讓生命更精彩一點呢？

美國詩人佛洛斯特（Robert Lee Frost，1874年－1963年）在他寫的詩「無人走過的路」之中有一段話：「在金黃落葉滿鋪的樹林中，眼前兩條小徑蜿蜒，而我踏上乏人問津的那條，也展開了截然不同的人生。」生命本來就是擁有選擇，想要嘗試放棄追隨，而去做一個創新者嗎？

此外，如果生命外另有生命，而人生的確是個學習場域，那在創新途徑上所經驗的「勇氣」與「智慧」，極可能是轉化心靈震動頻率的觸媒，也是生命中可以帶著走的東西。

羅伯特李·佛洛斯特
（Robert Lee Frost，
1874年－1963年）
美國詩人

再談勇氣與夢想

我們因夢想而偉大，所有的成功者都是大夢想家。

伍德羅·威爾遜·美國第28任總統湯瑪斯
（Thomas Woodrow Wilson，1856年－1924年）

Elaine在該世一直存著創新的夢想，但為五斗米折了腰。相信每個人都有夢想，每個人屬性、生命經歷、背景與文化不同，認定的夢想未必一樣。如果你想客觀評估對自己生命的滿意度，就得自省你追夢了嗎？

尋夢不獨令生命精彩、值得
也圓滿了入世前企圖經驗人生的宏願
想不虛此生，做個尋夢人嗎？

第九章　前世回溯案例探索

第十八篇　痛苦來自於內在對外在世界的解讀

第九章　第十八篇

外在世界的解讀
痛苦來自於內在對

痛苦來自於內在對外在世界的解讀

飄飄是個年輕、健康、美麗的少婦，結婚得早，有二個孩子。她家境
小康，家庭健全，生活物質不缺。但矛盾的是，她面對生命、工作、
家庭與伴侶，卻充滿了沮喪與衝撞。她想透過前世回溯看看能否改善
她的心靈障礙。

飄飄在催眠指引中穿過時光隧道，進入了某個與本世生命困境相關的
前世（註）。

註：進入某個與本世生命困境相關的前世。

一般規劃前世回溯有兩種模式；第一種是無特定目標，單純是為了好
奇或興趣。在這種規劃下，催眠師會隨機引導個案進入某個前世。第
二種則是有特定目的，例如像是調整身體健康、提升心靈、移除心靈
障礙或者探索與生命相關訊息。在目標規劃下，催眠師會引導個案進
入與目標相關的前世。

飄飄面對這個回溯選擇了後者。

飄飄進入的初始情境，是個歐洲古代熱鬧市集。她覺知自己是個十六
歲年輕美貌的高貴女子，身著男衣、男鞋在市集閒逛。飄飄在該情境
中自覺討厭社會制約，渴望自由。

飄飄被引導回家後，覺知家是個很大的古老歐洲城堡，家勢顯赫。但
她既不快樂且心存恐懼，因為她覺知將做為政治婚姻下的犧牲品，被
父王進貢給鄰國王子。渴望生命自由的飄飄不甘接受這個宿命，出嫁
前在她房間裡結束了她的生命。

在該世覺知下，飄飄認定自絕生命是忠誠的做自己，不願活在外在世界給她的框架。但在回溯尾聲與神聖能量意識聯結的覺知中，她意識到該世政治婚姻背後，隱藏著既定生命功課，這個功課就是要學習勇敢地面對生命困境。飄飄面對該世功課繳了白卷，顯然自殺不是恰當選項。

飄飄回溯回醒後，對生命態度有了新的覺知。她覺知了卻生命並非表彰真自由，那只是反射對抗不自由的假自由，她開始理解應該選擇用其它正向積極方式面對生命。

飄飄前世回溯探索

再談壓力來自於內在對於外在世界的解讀

心中有光，才能看到希望之光。

弗里德里希·威廉·尼采
（Friedrich Wilhelm Nietzsche，1844年－1900年）

飄飄的前世經驗與她本世生命狀況近似。從客觀角度看飄飄該世，她具足生活資源。但當面對災難時，她習慣把視野聚焦在埋怨災難，令她選擇了輕生。飄飄面對災難需要如此負面解讀嗎？

如果飄飄意識到生命是個學習場域，而生命中的災難是預設的計劃，目的是要她學習勇敢地面對與解決，那相反地，飄飄面對災難會改變心態，她會以更宏觀的勇氣與智慧面對災難，而令逆境反向變成學習的祝福。

人面對與解讀的世界，並非絕對的真實世界，而是由感官所構成的主觀世界。莎士比亞在他的著作《哈姆雷特》說過一句話呼應得很好，他說：「事物無所謂好壞，是思想賦予它好或壞的含義。」

威廉·莎士比亞（William Shakespeare，
1564年4月26日 - 1616年4月23日）
英國戲劇家及文學家

近代著名的德國哲學家弗里德里希·威廉·尼采（Friedrich Wilhelm Nietzsche，1844年至1900年）對面對困境與挑戰也說得好，他說：

「啊！前面已經沒有路了。這麼一想，原本存在的前路也會突然消失不見。危險，這麼一想，就失去了安全之處。就這麼結束了吧！想到這裡，你的一隻腳就踏上了通往終點的入口。怎麼辦啊！想到這裡，你便錯失了最好的處理方法。總之，膽怯便意味著失敗與毀滅。對手太強，困難太多，狀況太差，扭轉敗局的條件沒有湊齊，這些都不會是你失敗的理由。當你心懷恐懼，變得膽怯，實就等於主動選擇了毀滅與敗北的道路。」

每一個人都具有使自己快樂、成功的資源、條件
面對災難
其實關鍵不盡然在於災難本身
而在於內在對於災難的解讀

當面對災難缺乏自信、勇氣，認定災難無解
那災難就變成實體

我認識一個天生患重症肌無力的年輕人，他的全身肌肉日漸失控，連走路都困難。由於行動不便，他絕大部分時間將自己關在房裡，整日面對一台電腦。

我對他建議：「現代新設計的輪椅是電動的，非常舒服、方便，一小時可以開二十公里。為什麼你不找個舒服輪椅，坐上輪椅去外面享受生命呢？」他告訴我沒錢買輪椅，我回應：「我給你無息貸款，什麼時候還都沒關係。」

到現在已經過了一年了，他並沒有接受我的建議。知道為什麼嗎？當他認定殘疾是制約生命的災難時，這個負面心緒會令他變得消極、悲觀，也讓他的生命變得無趣。

講一個相反的例子。

史蒂芬‧威廉‧霍金(Stephen William Hawking，1942年 - 2018年)是英國理論物理學家，他在天文物理科學上有許多創見，曾經獲得美國所頒發最高榮譽的「總統自由勳章」，被公認為二十世紀最偉大的物理學家之一。

斯蒂芬‧威廉‧霍金
（1942年1月8日 - 2018年3月14日）
英國理論物理學家、宇宙學家和作家

看到這裡，你也許會想像霍金是個充滿精力的健康的人，那就大錯特錯了。霍金在年輕時患有罕見的運動神經元疾病「肌萎縮性脊髓側索硬化症」或「漸凍人症」，該病會隨著年月逐漸惡化。他晚年已全身癱瘓，無法發聲，必須依賴特殊語音裝置與人對話。

雖然在幾近全身癱瘓情況下，霍金仍然堅持在輪椅上寫作。他藉由比爾‧蓋茲特別為他設計的電腦裝置，利用眼球轉動操作電腦，撰寫了多本闡述宇宙的科普著作，這些書幾乎都已進入暢銷書排行榜。他的著作《時間簡史》曾經破紀錄地榮登英國《星期日泰晤士報》的暢銷書排行榜共計237週。

霍金曾經為他面對自己的生理殘疾下過註解，他說：「無論命運有多壞，人總應有所作為，有生命就有希望。」如果霍金可以利用如此殘缺的身體做這麼多的事，你我今天身體健康的人又有什麼藉口呢？

弗里德里希·威廉·尼采（Friedrich Wilhelm Nietzsche，1844年-1900年）曾經為殘障者寫過激勵人心的名言，他說：「身體有缺陷者往往有一種遭人輕蔑的自卑，但這種自卑也可以是一種奮勇向上的激勵。」而他的名言變成了尼克·胡哲 (Nick Vujicic)面對他生命的最佳註解。

尼克·胡哲（Nick Vujicic）是位澳洲人，一生出來嚴重殘廢，他沒有手，腳也極短，腳掌如鴨掌般只有二個指頭。任何一個像胡哲這樣的殘廢者，相信面對生命是消極悲觀的，但胡哲不同意他生理上的天生制約，他在侷限的生理條件下，為他自己找到能夠令他貢獻這個世界的舞台。

胡哲如何作呢？他將缺點變成優點，他利用嚴重的天生殘缺在舞台燈光下現身說法，去感動對生命缺乏熱誠與信心的人。胡哲經常在世界各地做激勵演說，目前已有超過三百萬以上的人聽過他的演說，災難反向帶給胡哲生命的動能。

如果像胡哲存在這麼大生理缺陷的人，都可令生命變得精彩，那你我又有任何藉口放棄生命，而不給自己一個舞台呢？

從入世智慧來說，每個人面對災難，擁有兩個選擇；一個選擇是認定災難是災難，令它制約了生命；一個選擇是積極勇敢的面對災難，把災難變成學習的觸媒。面對這兩個選擇，你怎麼選呢？

從出世智慧來說，多數重大的困苦與災難，都是生命既定的規劃，其目的或者為了學習，或者為了經驗。不管是為什麼，勇敢積極面對困苦或災難，都是具足離世智慧的好選項。

飄飄面對生命困境而輕生是個選項嗎？

飄飄在她經驗的那一世選擇了了卻生命，試問：「輕生是面對生命困境的選項嗎？」

要回答這個問題之前，必須要先選邊站，或者相信人往生後進入黃土就消散了，或相信人往生後並未消散，而去處與他在本世所做所為息息相關。

如果你相信後者，那依據我幫許多人做前世回溯截取的訊息：「上一世沒有完成的功課，下一世得重複做，直到功課學成為止。」如果這個訊息是實相，顯然選擇輕生不是聰明的選項。

我曾與一對住在紐約的夫妻一起到峇里島渡假。在半夜花園涼亭中聊天時，這對夫妻抬起她女兒的手，讓我看她女兒手腕上多次割腕自殺留下來的疤痕。多年來，這對夫妻一直擔憂女兒不知道哪天就會成功的輕生。

幾年前，這對夫妻帶女兒去找催眠師，希望透過前世回溯探索女兒輕生的原因。在他女兒多次回溯中，啟始數世這個女孩子聲稱都在找食物，內容乏善可陳，為什麼呢？因為她還不是人類，是一隻花豹。數世回溯後，她發現她轉化成了人。而她在往後數世，幾乎每一世都是輕生了結生命。

如果人的創生背後隱藏著根源母體的善意，那為什麼這個女孩子累世都面對困苦的生命，而最終選擇輕生呢？

這個女孩在催眠中，覺知到她累世都在學習同一個功課，就是：「要有勇氣面對人生困境」，而她累世輕生都令她交了白卷。因此，在根源母體善意的規劃下，她必須每一世經歷困苦的生命，直到她懂得能夠勇敢地去面對生命為止。

飄飄回溯中覺知她該世功課就是要學習勇敢。如果飄飄的回溯的覺知為真相，那飄飄該世自殺顯然不是恰當的選項。

第九章　前世回溯案例探索

第十九篇　我就是他，他就是我

我就是他，他就是我

E.C.不久前曾參加我主持的光與愛課程，在課程中她學習催眠術，對催眠引發高度興趣，希望找我回溯。下面是催眠中E.C.與我的對話。

催眠中與E.C.的對話

劉醫師：「看到這扇生命大門了嗎？可以描述一下嗎？」

E.C.：「白色的、很大。」

劉醫師：「很好，等一下，我會從三數到一，數到一時，妳會快速穿越這道門，進到與本世有關的一個前世。感覺到什麼？」

E.C.：「心很亂。」

劉醫師：「很好，不妨環觀週遭一切，描述一下為什麼亂？」

E.C.：「在生氣。」

劉醫師：「我從三數到一，妳面前會出現一面落地鏡，三、二、一，慢慢去感受，感覺到什麼？」

E.C.：「看到 一個中年婦女，穿深藍色旗袍，身材肉肉的。」

劉醫師：「臉上的表情呢？」

E.C.：「生氣。」

劉醫師：「好，我現在帶妳回到三歲，三、二、一，感覺到了嗎？（E.C. 一直笑）」

劉醫師：「笑什麼？」

E.C.：「很開心，看到爸媽都在旁邊。」

劉醫師：「這一世爸爸跟妳有關係嗎？」

E.C.：「嗯，是我爸爸。」

劉醫師：「看到媽媽了嗎？媽媽這一世跟妳有什麼關係？」

E.C.：「是我媽媽。」

劉醫師：「很好，為什麼開心？」

E.C.：「看見他們在旁邊，很愛我。」

劉醫師：「看看這個家是什麼樣子，描述一下。」

E.C.：「木頭地板。」

劉醫師：「感覺在哪個國家？」

E.C.：「台灣。」

劉醫師：「好，現在日曆往前翻，翻到妳七歲時，怎麼了？」

E.C.：「不開心。」

劉醫師：「爸爸媽媽到哪了呢？」

E.C.：「不在了。」

劉醫師：「心裡悲傷嗎？」

E.C.：「嗯。（啜泣聲）」

劉醫師：「很好，告訴我為什麼父母不在了？」

劉醫師：「就消失了，不知道原因。」

E.C.：「嗯。」

劉醫師：「日曆再往前翻，翻到十二歲，回到十二歲的家。家什麼樣子？」

E.C.：「不是我的家。」

劉醫師：「心情呢？」

E.C.：「不開心、鬱悶。」

劉醫師：「照顧妳的人會出現，看到誰了？」

第九章 第十九篇 我就是他，他就是我

E.C.：「後爸、後媽。」

劉醫師：「妳見到他們的態度怎麼樣？」

E.C.：「沒辦法靠近他們，他們不是我的爸媽。」

劉醫師：「他們對妳不好嗎？」

E.C.：「很生疏。」

劉醫師：「很好，這時候妳對生命的感覺是什麼？」

E.C.：「覺得很苦。」

劉醫師：「苦在什麼地方？」

E.C.：「爸媽不見了。」

劉醫師：「很好，日曆再往前翻，翻到十八歲，發生了什麼。」

E.C.：「很開心，我脫離他們了。」

劉醫師：「去哪了？」

E.C.：「自己住在外面。」

劉醫師：「妳在十八歲時，會看到異性伴侶出現在妳面前，三、二、
　　　　一，看到了嗎？」

E.C.：「嗯。」

劉醫師：「感覺怎麼樣？」

E.C.：「甜甜的。」

劉醫師：「妳好喜歡他吧，個性好好。」

E.C.：「(在笑)。」

劉醫師：「這時候嫁了沒？」

E.C.：「還沒。」

劉醫師：「他跟妳這一世有關係嗎？」

E.C.：「（笑）Kiky（註）。」

註：Kiky

Kiky是E.C.本世男友，因此她回溯中會心的笑。

劉醫師：「好，進入婚禮那天，三、二、一，場面怎麼樣？」

E.C.：「嗯，很多人，很開心、幸福，穿白色婚紗，新郎在旁邊。」

劉醫師：「很棒吧！生命從今天起就會轉變，有了他生命就完整了，對不對？」

E.C.：「嗯。」

劉醫師：「如果Kiky不在了，妳會開心嗎？」

E.C.：「不會。」

劉醫師：「很好，因為妳愛著他，有他的愛、照顧和保護，生命是完整的。他成就了妳，讓妳快樂、安心，對嗎？」

E.C.：「嗯。」

劉醫師：「很好，日曆繼續往前翻，翻到二十五歲，我要妳以第三者旁觀角色去看，不要動情緒，二十五歲發生了什麼？」

E.C.：「Kiky不在了。」

劉醫師：「他到哪了？」

E.C.：「找不到了。」

劉醫師：「家裡除了妳還有誰？」

E.C.：「一個小孩。」

劉醫師：「妳的情緒呢？」

E.C.：「悲傷。」

劉醫師：「爸爸不見了，妳看著孩子，妳怎麼告訴他？」

E.C.：「爸爸死了，我們要堅強。」

劉醫師：「沒有Kiky了，妳感覺可以堅強面對未來人生嗎？」

E.C.：「不行。」

劉醫師：「對於未來妳要做什麼？」

E.C.：「必須要學習堅強。」

劉醫師：「繼續往前翻日曆，翻到妳四十歲那天，感覺到什麼？」

E.C.：「平靜，自己一個人。」

劉醫師：「妳自己一個人覺得沒有問題，可以勇敢的面對生命，不需要任何人的保護跟照顧，對嗎？」

E.C.：「嗯。」

劉醫師：「為什麼年輕時候的妳需要依賴，但四十歲的妳卻變得很堅強呢？」

E.C.：「有小孩要照顧，想起了責任就變得很堅強。」

劉醫師：「談談工作吧，那時候妳的事業怎麼樣？」

E.C.：「嗯，做得很好耶。」

劉醫師：「為什麼生意做得很好？」

E.C.：「誠信，經常想到別人想不到的，做到別人做不到的。」

劉醫師：「很好，現在我要妳進入死亡前的五分鐘，靜觀妳在死亡前狀況，感覺到了嗎？」

E.C.：「感覺我做完我的功課了。」

劉醫師：「告訴我妳的功課是什麼？」

E.C.：「要學習堅強，學習接受。」

劉醫師：「很好，滿意妳做的功課嗎？」

E.C.：「盡力了。」

劉醫師：「所以面對生活跟工作，妳都可處裡的很好，是嗎？」

E.C.：「嗯。」

劉醫師：「在此刻往生前的五分鐘，妳還有什麼遺憾嗎？」

E.C.：「希望再見到Kiky。」

劉醫師：「很好，現在往前進入死亡，回到這一世妳來之前的地方，到哪了？」

E.C.：「白色的空間，都是光，沒有形體，心情平靜。」

劉醫師：「回家了嗎？」

E.C.：「嗯。」

劉醫師：「人間是妳的家嗎？」

E.C.：「不是。」

劉醫師：「人間是什麼？」

E.C.：「學習的地方。」

劉醫師：「好，妳來人間是妳主動想學習，還是妳是被某個機制要求妳來呢？」

E.C.：「主動。」

劉醫師：「好，我們再進一步去看。妳在很小的時候，父母親就不見了，妳到了一個妳不喜歡的陌生的家，在孤單跟恐懼下度過童年。妳在婚姻中找到依靠，但丈夫又走得早。我問妳，這一切所有妳經驗到的苦難，是既定好的計劃？還是是無常的災難？」

E.C.：「既定的計劃。」

劉醫師：「妳是說，妳還沒有進入這一世時，父母的往生是在光界中既定的規劃，他們要幫助妳學習，是這樣的嗎？」

E.C.：「是的，都安排好了。」

劉醫師：「他們會不會怨恨？」

E.C.：「不會。」

劉醫師：「他們不會嗎？他們為什麼要犧牲？」

E.C.：「要讓我學習跟經驗。」

劉醫師：「我要妳看著妳光界中的父母，他們與妳是什麼關係？」

E.C.：「夥伴。」

劉醫師：「我要妳看著光界的Kiky，他是誰？」

E.C.：「他就是我。」

劉醫師：「他就是妳？那妳又是誰？」

E.C.：「我就是他。」

劉醫師：「非常好，那妳要持續探索；Kiky在這一世做了妳的先生，很快就往生了，這是無常的災難？還是他來之前就選擇願意為妳犧牲幫助妳學習？」

E.C.：「他預定的選擇。」

劉醫師：「整個計畫有個領導者安排嗎？」

E.C.：「沒有誰安排，是我自由的心願。」

劉醫師：「在靈界，每一個靈面對生命的選擇都是自由的嗎？」

E.C.：「不一定。」

劉醫師：「為什麼？有誰不自由嗎？」

E.C.：「有些靈是被強迫的。」

劉醫師：「因為他學習的不好，被強迫嗎？」

E.C.：「對。」

劉醫師：「妳是自由的。」

E.C.：「對。」

劉醫師：「很好，妳在光界有看到妳這一世的夥伴嗎？」

E.C.：「Naomi、湘湘、Claire、Austin，大家都在這，還有看到劉醫師。」

E.C.前世回溯探索

再談人生如戲

在回溯中，E.C.意識到她幼年時父母就往生了，她在一個陌生的家被撫養照顧，童年是孤單、恐懼的。此外，E.C.也經驗了她恩愛的先生很早就往生了。

人在人間面對這種情境，會認定是無常的災難。但E.C.在回溯中更高靈性覺知下，意識到她該世父母、伴侶早逝並非無常，而是她來該世前在靈界主動選擇的既定計劃，而她的父母與先生是她的靈修夥伴。他們為了配合E.C.這一世學習，暫時扮演父母與伴侶角色。

E.C.回溯中訊息再次顯示：「人在人間呈現的角色與經歷的情境只是暫時幻相，人往生後會回到充滿愛的靈界才是永恆的。」

人們經常喜歡講一句話「人生如戲」，對E.C.該世情境而言，講的可真貼切。E.C.透過回溯，深切體驗了「人生如戲」。她在這覺知下，決定好好的在本世扮演該扮演的角色，盡情經驗、接納與享受人生。

選擇與被選擇

在回溯中，E.C.覺知到她該世遭遇的情境，是她在靈界中自由意願下的選擇，它的背後沒有任何的強迫。

在我經驗的許多回溯中，多數個案反應他們該世所經歷的一切，都是靈界中的預先規劃。靈界規劃有兩種屬性；一種是靈在自己自由選擇下規劃，一種是在指導老師協導下規劃。靈性層級高低決定規劃的型態；較高層級的靈可以自由選擇，而較低層級的靈必須經過指導老師協導。

我就是他，他就是我

在回溯中，E.C.意識到她該世的先生就是本世的男朋友Kiky。有趣的是，當E.C.在靈界較高靈性的覺知下，當我問她Kiky是誰時，E.C.回答：「他就是我。」當我持續問她如果Kiky是她，那她又是誰時，E.C.回答：「我就是他」。她的回答算是什麼答案呢？

如想理解E.C.提示的現象，就先放下思想評斷，因為思想永遠認定人是獨立自主的。你得透過禪定進入「高維靈性覺知」，利用「高維靈性覺知」理解這個現象。

在靈界中，每個靈在他的根源意識層次，都有一個相對呼應的靈性伴侶，我稱這一雙對應的靈性伴侶為「對偶靈魂伴侶」。「對偶靈魂伴侶」如何來的呢？

《易經.繫辭傳》提示所謂的「道」：「天地皆有道，道道皆源混沌，如陰陽相生，正反相對。」道家相信宇宙萬物創生之前，呈現陰陽未分的混沌無極狀態。而混沌無極經變動，形成宇宙、萬物的本源混天太極。混天太極一分為二，衍生正反相對的「陰」與「陽」。

能量意識亦如同宇宙、萬物的生成，一分為二，衍生「陰」與「陽」正反相對的「對偶能量意識」，人間稱為「對偶靈魂伴侶」。在靈界中，這兩個陰陽正反相對的「對偶靈魂伴侶」呈現相互協導的分離狀態。但在根源母體，則這兩個陰陽對偶的靈會自動結合歸零，呈現合一狀態。

回溯中E.C.意識到她與Kiky呈現「對偶靈魂伴侶」的關係，所以E.C.會說：「我就是他，他就是我。」

回溯中屢屢發現，在人間，兩個陰陽對偶的「對偶靈魂伴侶」不一定在同一世出現。如果在同一世出現，他們經常呈現美滿圓融的夫妻關係，但也可能是父母、子女、手足或朋友。

在人間，如何斷定兩個人之間關係是「對偶靈魂伴侶」呢？有個方法可以證實。找兩個有「以心覺心」能力的代表，令他們在無意識覺知態覺知這兩個人。如果扮演兩個人的代表相互貼近，並以相反的方向不斷旋轉，但不碰撞，就證明這兩個人呈現「對偶靈魂伴侶」關係。

對偶靈魂伴侶相互間的互動

「對偶靈魂伴侶」在地球上並不多見，多數「對偶靈魂伴侶」各自轉世學習，二個伴侶間完全無關係。只有極少數「對偶靈魂伴侶」同步轉世，呈配偶關係。如是配偶關係，則關係良好、恩愛。

為什麼「對偶靈魂伴侶」地球上並不多見？因為入世是為了學習，當對偶靈魂結成夫妻關係，雙方由於融洽，缺乏了學習的機會。從這點延伸，你可以了解，當夫妻面對衝突的時候，反而是學習的機會。

「對偶靈魂伴侶」若相遇並結成夫妻，表示「對偶靈魂伴侶」在靈魂層次上已經到達某個較高層次。他們的結合為的是透過結合，一起體驗更高的靈性成長，並共同執行使命，進行靈性服務，將光與愛帶入人間，幫助地球人類提昇心靈。

你可知你的「對偶靈魂伴侶」是誰嗎？他（她）在本世某處嗎？

第九章 前世回溯案例探索

Stephanie的累世因果糾纏

不久前，電視播放一個收視率滿高的韓劇，劇情主要談的是人生的累世因果。這個節目劇情編得很入味，頗受歡迎。為什麼該韓劇大受歡迎呢？相信是因為許多人對累世因果有興趣瞭解。

Stephanie是個退休的中年女士，她將生活重心放在心靈事業，正準備主辦一個靜心課程。Stephanie的前世回溯呈現頗精彩的「累世因果糾纏」現象，內容有趣到有點像是電影劇本，不妨欣賞一下。

與Stephanie的催眠對話

下面為Stephanie催眠記錄。

劉 醫 師 ：「當妳聽到數字一的時候，妳的潛意識會引導妳進入某個
　　　　　 與妳禪修相關的前世，三、二、一，感覺現在怎麼了？」

Stephanie ：「我在一個很偏僻的深山裡，山很高，很少人會到那裡。」

劉 醫 師 ：「妳旁邊有一個水潭，水潭潭面如同明鏡，映照所有的湖
　　　　　 光掠影。我要妳走到水潭邊，低頭看著水潭中妳的倒影，
　　　　　 看清楚妳是誰。」

Stephanie ：「是個尼姑，很漂亮，皮膚很白。」

劉 醫 師 ：「這個尼姑大概幾歲了？」

Stephanie ：「二十幾。」

劉 醫 師 ：「心情怎麼樣？」

Stephanie ：「有點難過。」

劉 醫 師 ：「一個美麗又皮膚白皙的
　　　　　 尼姑，在深山裡感覺有點
　　　　　 難過，很好。擴大這個覺
　　　　　 知，尼姑怎麼了？」

Stephanie ：「沒有很想在那裡。」

劉 醫 師 ：「很好，再深入一點，她
　　　　　 的煩惱是什麼？」

Stephanie ：「她不想在那裡修行。」

劉 醫 師 ：「感覺一下這個二十多歲
　　　　　 的妳，大概做了多少年尼
　　　　　 姑？」

Stephanie ：「剛去沒多久。」

劉 醫 師 ：「告訴我，此刻妳在深山
　　　　　 想做什麼？」

Stephanie ：「想要回到城裡。」

第九章 第二十篇 Stephanie 的累世因果糾纏

劉 醫 師 ：「寺廟在深山裡，妳回的去嗎？」

Stephanie：「太遠，回不去。」

劉 醫 師 ：「妳面前有個月曆，我要妳時光倒轉，倒轉到妳那一世十歲的家，回家了嗎？」

Stephanie：「嗯，很窮耶。」

劉 醫 師 ：「很窮，這個窮影響妳的心情嗎？」

Stephanie：「有點沉重，家裡什麼都沒有。」

劉 醫 師 ：「我要邀請父母親出現在妳眼前，現在看著父親，告訴我妳的想法是什麼？」

Stephanie：「感覺他很辛苦。」

劉 醫 師 ：「面對著爸爸，感覺是歡喜得多？還是害怕得多？」

Stephanie：「有距離，很少和他親近。」

劉 醫 師 ：「爸爸心念滿苦的，所以對妳笑不太起來，對不對？」

Stephanie：「對。」

劉 醫 師 ：「進到爸爸心裡，感覺一下爸爸對妳的感覺怎麼樣？」

Stephanie：「他很無奈，沒無法表達他的愛，他是關心我的。」

劉 醫 師 ：「看看媽媽，妳的感覺是什麼？」

Stephanie：「媽媽很瘦弱，身體不太好，感覺滿悲苦的。」

劉 醫 師 ：「這整個家妳感覺頗有壓力？」

Stephanie：「對，好像這三個人有三個世界。」

劉 醫 師 ：「這時候，妳心靈的感覺是什麼？」

Stephanie：「很茫然，頭腦一片空白。」

劉 醫 師 ：「妳沒有一個十歲童年的那種喜悅、天真的當下感受嗎？」

Stephanie：「對。」

劉 醫 師 ：「我要妳眼前日曆開始往後翻，進入結婚的那一天。」

Stephanie：「（啜泣聲）」

劉 醫 師 ：「願意嫁嗎？」

Stephanie：「不願意嫁，那個人很老。」

劉 醫 師：「誰逼妳嫁的？」

Stephanie：「我爸爸。」

劉 醫 師：「爸爸為什麼要逼妳嫁？」

Stephanie：「那個人很有錢，他把我賣給他。」

劉 醫 師：「我要妳進到這個老人的心靈狀態，看看他怎麼看這個婚姻，怎麼看這個小妻子？他心裡想的是什麼？」

Stephanie：「他想我幫他生小孩。」

劉 醫 師：「他老婆多嗎？」

Stephanie：「滿多個的。」

劉 醫 師：「我要妳進到婚姻，對婚姻感覺是什麼？」

Stephanie：「不願意，不開心，他有很多老婆，都欺負我。」

劉 醫 師：「是爭風鬥豔、複雜的關係？」

Stephanie：「對。」

劉 醫 師：「此刻妳對生命是什麼見解？」

Stephanie：「不想活了。」

劉 醫 師：「現在從三數到一，數到一的時候，我要妳進入離開家遁入空門的那一天。那一天心情怎麼樣？」

Stephanie：「很絕望。」

劉醫師：「放大妳的覺知，告訴我為甚麼選擇遁入空門？」

Stephanie：「我逃走。」

劉醫師：「無處可去就遁入空門？」

Stephanie：「是。」

劉醫師：「我要妳進入剛進空門的那一天，見到妳的上師，告訴我妳跟上師說甚麼？」

Stephanie：「(啜泣聲)我覺得我可能上輩子做錯事情。」

劉醫師：「是上輩子做了什麼錯事的業報？」

Stephanie：「是的，我必須贖罪，必須好好跟著老師修行。」

劉醫師：「好，暫離這個場景，等等我們再回來。妳告訴上師妳生命所有的苦來自於前世業報，好，我們來探索這一點。我要妳此刻進入因果業報的根源，探索當初發生什麼促成今天所發生的這所有一切。」

Stephanie：「我之前去勾引人家。」

劉醫師：「很好，妳是男生還是女生？」

Stephanie：「男生。」

劉醫師：「妳勾引別人？」

Stephanie：「滿不正經的。」

第九章　第二十篇　Stephanie 的累世因果糾纏

劉 醫 師 ：「好，我要妳前一世的老丈夫在妳眼前出現，感受他是誰？」

Stephanie：「他好像就是被我勾引的女人。」

劉 醫 師 ：「被妳勾引的女人？她的結局是甚麼？」

Stephanie：「她被我拋棄了。」

劉 醫 師 ：「被妳拋棄了？妳勾引了她，還拋棄了她嗎？」

Stephanie：「我只想玩弄她，我還有勾引別人。」

劉 醫 師 ：「所以這一世造了惡業，它令妳轉世到一個貧窮的家，做一個痛苦的小妾，而被強迫遁入空門，是嗎？」

Stephanie：「嗯。」

劉 醫 師 ：「我相信妳在累世修行中，懂得因因果果的道理。我要邀請妳再往上走一世，看看這一世妳與這個被妳傷害的女人發生甚麼。」

Stephanie：「我不知道為了什麼，這個女人非常真心地對待我，她犧牲了她的生命。」

劉 醫 師 ：「妳沒有珍惜她？她犧牲了嗎？」

Stephanie：「我不愛她，可是她為甚麼要一直來啊？」

劉 醫 師 ：「我要妳進到她犧牲的那一天，進入那個景，看看發生甚麼？」

Stephanie：「她自殺了，可是我都沒有感覺，對她的死無感。」

劉 醫 師 ：「她關愛妳，但得不到妳的回應，是這個樣子嗎？」

Stephanie：「嗯，好像是。」

劉 醫 師 ：「妳不喜歡她？妳有義務要喜歡她嗎？」

Stephanie：「不曉得對這個人是什麼感覺。」

劉 醫 師 ：「感覺在關係上她是誰？」

Stephanie：「是夫妻，她非常愛我，我沒有想跟她做夫妻。」

劉醫師　：「所以郎有情妾無意，是這樣嗎？」

Stephanie：「對。」

劉醫師　：「妳認為你錯了嗎？」

Stephanie：「我就不要，她就一直要啊。」

劉醫師　：「好，現在回到妳這一世做尼姑的第一天，妳站在尼姑庵上師面前，感覺到什麼？」

Stephanie：「我很喜歡上師，她對我很好。」

劉醫師　：「這個上師是這一世妳認識的人嗎？」

Stephanie：「是劉醫師，她是我那一生碰到最好的人。」

劉醫師　：「上師對妳說了什麼？妳記的清楚嗎？」

Stephanie：「她要我好好學習。」

劉醫師　：「學什麼？」

Stephanie：「她教如何過生活，要學習的東西很多耶。」

劉醫師　：「要妳從生活中去覺知生命嗎？」

Stephanie：「對，好多東西我以前都不會，連水怎麼挑都不清楚，所有的東西都學了。」

劉醫師　：「好，妳從上師這些引導中，知道空門修行並不是離世，並不是逃離紅塵，而是要透過這個環境學習，是這個意思嗎？」

Stephanie：「她希望我能夠有謀生能力，萬一她有一天不在的時候，我也還是一樣可以獨立的、勇敢的自己過生活。」

劉醫師　：「現在，我要妳進入妳二十年後的四十多歲的時候，感覺到什麼？」

Stephanie：「（啜泣聲）」

劉醫師　：「傷心嗎？」

Stephanie：「上師老了。」

劉醫師　：「上師要離去了嗎？上師離去了妳傷什麼心？」

Stephanie：「她是我那一生的親人，可是我傷心的原因不是只有上師
　　　　　　要離開了，還有我過不了情關。」

劉 醫 師：「好，我要妳放大對情關的覺知，所謂的情關是什麼？」

Stephanie：「我做了不該做的事，我很笨，根本不懂。」

劉 醫 師：「上師知道嗎？」

Stephanie：「知道，很傷心。」

劉 醫 師：「妳傷心是因為妳身為一個尼姑，學習的是放下情慾、討
　　　　　　愛與肉體愛，而妳過不了這一關，是嗎？」

Stephanie：「對，上師的傷心是她不想發生的事情還是發生了。」

劉 醫 師：「是，她就怕妳過不了這個情關。這個情關對妳，隱藏的
　　　　　　是功課？還是魔鬼的引誘？」

Stephanie：「在那一世是個遺憾。」

劉 醫 師：「它是個遺憾，妳想放下對情關的慾望，但卻陷身在這裡
　　　　　　面，是這樣嗎？」

Stephanie：「我看不清對方。」

劉 醫 師：「看不清楚真愛跟情慾是什麼，是這個意思嗎？」

Stephanie：「對，我老是看不清楚，就是不懂。」

劉 醫 師：「好，此刻我想引導妳進入往生前的五分鐘，進入後，我要妳以一個第三者，用平靜的心靜觀此世生命種種，告訴我妳的感想是什麼。」

Stephanie：「一個人，什麼都沒有。」

劉 醫 師：「心情呢？孤獨嗎？悲傷嗎？對於生命有遺憾跟悔恨嗎？」

Stephanie：「嗯，悲傷，這一生該做的功課沒有做。」

劉 醫 師：「是什麼功課呢？」

Stephanie：「清心。」

劉 醫 師：「清淨的心，妳是說妳的心要沒有塵埃？」

Stephanie：「對，我的心不夠清淨。」

劉 醫 師：「為甚麼經過了幾十年的修行，心還不夠清淨呢？」

Stephanie：「我一直做錯事，對以往人生有怨恨、不滿。」

劉 醫 師：「清淨心是空，換句話說，妳應該放下既往所有的怨恨跟不滿。」

Stephanie：「對。」

劉 醫 師：「但是妳卻將人生包袱留在心中，堆積成了一塊塊石頭，放不掉。」

Stephanie：「對。」

劉 醫 師：「我要妳此刻跟神聖能量聯結，在聯結下詢問一個問題：妳這一生種種，包括貧窮、不愉快的童年，包括被家人賣到夫家，包括對妳不好又不忠誠的老丈夫，包括不甘心進入空門，這所有的一切，是單純的業報？還是為了學習清淨而安排的功課？」

Stephanie：「這一切都是安排好的功課。」

劉 醫 師：「妳是說所有一切境遇不是表象的業報，它隱藏著修行清淨的功課，是嗎？」

Stephanie：「對。」

劉 醫 師　：「我要妳用更大覺知，看這一世對妳不好的老丈夫，看看
　　　　　　他心靈本態是誰。」

Stephanie：「他的靈是個菩薩。」

劉 醫 師　：「他為了成就妳學習清淨心，扮裝成一個迫害妳的、好色
　　　　　　的老先生，是嗎？」

Stephanie：「是。」

劉 醫 師　：「在這個聯結下，妳發現生命所謂的苦並非苦，它背後都
　　　　　　隱藏著祝福，是嗎？」

Stephanie：「是。」

劉醫師：「妳也知道生命所謂的業報也是虛假的，只是表象，它背後隱藏著母親祝福下的學習，是這樣嗎？」

Stephanie：「是，都是安排好的。」

劉醫師：「所以面對生命的苦，從眾生的心態是苦，但在靈修覺知中，知道苦是祝福中必須去學習的功課。」

Stephanie：「在尼姑的這一世，這些苦的情境，是幫我學習清心，我只看到這兩個字。」

劉醫師：「我要妳此刻，將此次冥想所有的訊息，牢牢地記在心靈中。妳不需要從意識中去思考這些內容，它會在妳心靈深處發酵，讓妳在這一世所有的生命情境中，利用這些發酵的心靈覺知，引導妳善用於這一世生命，讓這一世修行變得既豐盛又美好。」

劉醫師：「現在，我要妳結束這一世，進入到往生後妳來的靈性世界。感覺到什麼？」

Stephanie：「覺知到光，白白的。我知道我是有任務的，所以才到人世。」

劉醫師：「進入更深一點，去瞭解這個任務。」

Stephanie：「去影響一些需要提升心靈的痛苦的人。」

劉醫師：「很好，我要妳覺知Stephanie本世的任務是什麼？」

Stephanie：「沒有改變，還是一樣。」

劉醫師：「就是用她的光跟能量，去提升、改善、幫助一些心靈痛苦需要心靈提升的人，是嗎？」

Stephanie：「對，可是這個人好像滿愛玩的。」

劉醫師：「調皮嗎？」

Stephanie：「嗯。」

劉醫師：「老是把功課放到一邊，做到一半就不做了嗎？」

Stephanie：「嗯。」

劉 醫 師 ：「那Stephanie未來需要很積極的去做嗎？」

Stephanie ：「要正經一點。」

劉 醫 師 ：「Stephanie為甚麼要去做？生命中所做的這一些，去發利他心幫人，會有功德嗎？」

Stephanie ：「這個跟功德無關。」

劉 醫 師 ：「這不是功德是什麼？」

Stephanie ：「這就是她本來就要做的事情。」

劉 醫 師 ：「這是個像呼吸般她本來就應該順勢做的事情，是嗎？」

Stephanie ：「嗯，就還沒做完。」

劉 醫 師 ：「就像風吹山谷，吹到樹葉就是樹葉；吹到花就是花，它是自然的，是自由的，它並不擁有一個目的。」

Stephanie ：「對。」

劉 醫 師 ：「而目的隱藏在型態後只是別人去看的，對她來講它沒有目的，是嗎？」

Stephanie ：「是。」

劉 醫 師 ：「那她應該隨緣囉？」

Stephanie ：「對，講功德是很笨的事情，沒有所謂功德。」

劉 醫 師 ：「是，講功德很笨，其實眾生非眾生，功德非功德，既然沒有眾生，又怎麼有救贖的功德，不是嗎？」

Stephanie ：「是。」

劉 醫 師 ：「所以功德只是一個宗教的說法？」

Stephanie ：「當然。」

劉 醫 師 ：「所以Stephanie清楚的知道，人生不過是一個當下歡喜的經驗，是這個樣子嗎？」

Stephanie ：「歡喜的經驗背後，是要來提升。」

劉 醫 師 ：「提升？提升自己嗎？」

Stephanie ：「跟她沒有關係，是提升別人。」

劉 醫 師 ：「所以這就是她在心靈深處如呼吸般的本世計畫嗎？」

Stephanie：「她是被派來的。」

劉 醫 師 ：「我知道，她應許一個更大能量的指引。」

Stephanie：「嗯」

劉 醫 師 ：「那對Stephanie未來行動，有什麼特別要對她說的嗎？」

Stephanie：「好好的去做，不要東想西想，正經一點。」

劉 醫 師 ：「正經一點，不要每一天嘻嘻哈哈的，是這個意思嗎？」

Stephanie：「嗯，好像有做又沒做這樣子。」

劉 醫 師 ：「妳這一次，非常成功的經歷了一個很殊勝的心靈冥想，一個前世的回溯，也從回溯中覺知到好多生命真相。譬如說，妳從這一世覺知到生命所有的苦並非苦，苦只是眾生表面的情緒感受。而妳從回溯中理解到所有的苦，其實都是母親為了希望我們學習，而給我們祝福的功課。」

「所以，妳從今天爾後，碰到生命中一切橫逆、痛苦、災難、煩惱時，心中是歡喜的、勇敢的、自信的。妳會在心中慢慢的領受、覺知苦帶給妳背後的生命祝福，而令妳爾後自動的就會見苦非苦。而妳也知道週邊所有的人，就算是表面上對於妳施與創傷或者帶給妳辛苦，但他們可能並非是帶著惡的創傷者，他們極可能是所謂天使或菩薩扮裝，目的是帶給妳生命功課必要的橫逆。」

「此外，在這一世的回溯經驗中，妳深深的知道，生命中一切無所得、無所失，都只是一個經驗。你也知道在生命中應該懂得如何放下所有的執著，將光與愛帶給其他需要的人。」

劉醫師下催眠結束前終結指令：

「我要邀請Stephanie，將這一些訊息牢牢地記住在心靈的深處，而讓爾後每一天、每一分、每一秒都能夠發酵，幫助Stephanie在生命舞動中都能夠去符合生命的大道！」

探索Stephanie的累世因果糾纏 （Entangled causality）

累世因果糾纏

Stephanie的回溯呈現典型的「累世因果糾纏」，感覺其內容精彩嗎？

什麼叫做「累世因果糾纏」？所謂「累世因果糾纏」，意指：「兩個人或一群人在某一世的某事件上呈現的因果關係僅是表相，並非真正的因果關係。要探索真正的因果關係，必須將該事件上推到不同時空的前世，且上推到因果源頭。」這種累世恩怨促成的累世業報稱作為「累世因果糾纏」。

我們前面多次提及，人們判定因果會使用思想。思想面對兩個相近發生的現象，一個發生在前，一個發生在後，思想經常會主觀認定這兩個現象間存在著因果關係。思想的判斷真實嗎？

例如像Stephanie的回溯案例，Stephanie在該世被父母賣給一個好色的老丈夫，受盡欺凌。從該世判斷因果，Stephanie是被傷害者，而好色的老丈夫是傷害者。

但回溯持續上推兩世，Stephanie在這上兩世都反過來變成是傷害者，而好色的老丈夫反過來，變成是被傷害者。Stephanie發現她在該世被好色的老丈夫欺凌，是該世的上兩世惡業所種的果。

如果Stephanie的累世因果覺知為實相，單純在思想下坐井觀天，利用某世現象就判定因果，那就會以偏蓋全，錯得離譜了。

但如果將Stephanie與在該世被好色的老丈夫的累世關係持續上推，看官真的探索得出真實的因果根源嗎？她回溯中覺知到的錯綜複雜的跨世因果糾纏如果持續上推，所觀察到的累世因果也並非終極實相，端看上推的層次。

Stephanie回到靈界後有趣的發現：「她的先生並非她真正的累世怨偶，她所謂的累世怨偶，竟然是個高靈，祂陪Stephanie入世，扮演各種角色來協助Stephanie修習真愛。而靈界這一切因果安排並非詛咒，而是為了協導Stephanie學習提升她的心靈與轉換震動頻率。」

如果Stephanie在回溯中經驗屬實，那麼從靈界層次來看，輪迴下的「跨世因果」顯然僅呈現表相，若入深處探討並非正確，不是嗎？基此，佛教所謂的因果業報僅是侷限於輪迴觀下的真相，並非更高維靈界的真相。有趣嗎？

滿意這個答案嗎？Stephanie的因果糾纏推演到此處就劃下句點了嗎？靈界層次覺知的因果就是終極真相嗎？因果論推續真是如此單純嗎？答案仍然不對。

如果Stephanie與老丈夫間的因果互動再上推到根源母體源頭，則人在人間屢世經驗的一切，了無任何因果，這只是從一元的根源母體分離出來的二元意識能量，在他們心念創造的二元幻相世界中，經驗與享受二元世界中的愛恨情仇而已。而人們入世的一切經驗，從根源母體的高維智慧下觀，終究只是短暫生滅的「泡沫幻影」。

如果上述的一切均是實相，它印證了在《金剛經》裡佛陀告知須菩提的一段話：「凡所有相，皆是虛幻，若見相非相，則見如來」。既然「見相非相」屬實，則「因果自非因果」。

上述的內容是真相嗎？也許它是，也許它不是。退一步說，不管是不是，面對生命橫逆，放下受創傷的被傷害者心念，用「接納」與「見苦非苦」的出世智慧面對，不是一個很能圓融生命的心靈美質嗎？

有興趣斷絕累世的因果糾纏嗎？
方法無它
放下心中的五蘊運作

當心念中五蘊不再造作
不再執著
不再論斷是非、善惡、對錯、好壞
不再造業
既無業，則自無累世的因果糾纏

私慾是隨機的境遇？還是學習的功課？

Stephanie在她三世回溯中一直情所困；她在該世回溯中面對老先生，感覺倍受虐待，而完全無法給出愛。她在該世的上二世中，玩弄這個老先生扮演的女人，也無法給出愛。

面對三世情愛，Stephanie執持的是私慾愛，而非真愛。私慾愛經常造成分裂、對立與衝突。到底生命中私慾愛本身就是一種單純的人生經驗？還是它背後隱藏著功課呢？依回溯中所得到的訊息，它背後隱藏的既是經驗，也是學習。學習什麼呢？透過經驗私慾愛而學習大愛。

每一個人靈魂的深處都存在著大愛，但在思想中小我的遮掩下，愛變成慾望。人們如何放下慾望而激起大愛呢？他必須要懂得放下思想中的小我、依賴與恐懼。

如何離苦？

Stephanie在回溯中覺知她一直對人生有怨恨、不滿與苦。她將這一切既往的人生包袱留在心中，堆積成一塊塊壓在心頭的石頭，放不掉。她也覺知道她該世的功課是學習「清淨心」，在「清淨心」下離苦。

佛教核心教義提示要理解人生本苦，且要學習如何離苦。如何能夠離苦呢？最重要的就是能夠讓心清淨，心清淨後則能夠見苦非苦。

什麼叫做「清淨心」呢？「清淨心」是佛教術語，它描述一個人的心免除慾望、恐懼與其他各種情緒，而如清水般的清淨、一塵不染。

如何學習清淨心?

如何讓心清淨呢?要讓心清淨,得先瞭解心念的運作模式。

心念運作模式如下:

- 面對外境,人們會利用五官意識觀察外境一切有形、無形東西。
- 當五官意識感受外境後,會建立像電腦01、01 數碼訊息的「外境訊息」。
- 「數碼外境訊息」會自動的傳輸到辨識外境訊息的大腦辨識區丘腦,丘腦會將「數碼外境訊息」轉變成「實體訊息」。
- 該「實體訊息」建立後,會被傳到大腦皮質下方的記憶中心「海馬迴」。
- 當「海馬迴」收到訊息之後,會在其記憶庫中搜索與該「實體訊息」相關的記憶,呼應這個「實體訊息」。
- 當「海馬迴」搜索到相關記憶後,會將該記憶傳送到掌管情緒的「杏仁核」。
- 杏仁核會依據該記憶與記憶相關的情緒,促發三種反應:「情緒反應」、「生理反應」與「行動」。

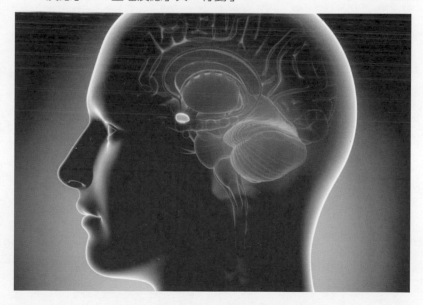

譬如說，一個女孩看花的心念運作如下：

- 💡 女孩用五官意識感受一朵花，建立了花的「外境訊息」。
- 💡 花的「外境訊息」自動傳入大腦的辨識區丘腦。
- 💡 丘腦將花的「外境訊息」轉化為花的「實體訊息」。
- 💡 花的「實體訊息」立時傳送到貯存回憶的「海馬迴」。
- 💡 「海馬迴」收到花的訊息後，在記憶庫中搜索到與花相關的記憶，呼應花的訊息。
- 💡 海馬迴搜索到既往與花相關的回憶是：「在二十歲時，心愛的男朋友在情人節送她玫瑰花，但不久後移情別戀了。」
- 💡 「海馬迴」傳輸該花的回憶到掌管情緒的「杏仁核」。
- 💡 「杏仁核」會依據這個花引動的「移情別戀記憶」，複製記憶中的情緒。
- 💡 這個情緒，令女孩子哭泣、憤怒，並透過自主神經系統，引發心跳加速、肌肉收縮等生理反應。此外，該情緒促成行動；她拿起了手機對前男朋友傳送訊息：「負心人，我恨你。」

上述的這個機制，是一般心念接收外界訊息後的運作模式。

但當心念在清淨下，它對外境的運作模式不同。清淨心下的心靈運作模式如下：

當心清淨時，五官意識將「外境訊息」傳輸到識別「外境訊息」的丘腦，丘腦將「外境訊息」轉換成「實體訊息」後，心念就停止運作。丘腦的「實體訊息」會停留在丘腦中，不會再繼續往下傳入至「海馬迴」，引發「海馬迴」呼應該「實體訊息」升起既往相關的回憶。既然「海馬迴」無相關回憶升起，自然沒有任何回憶傳至「杏仁核」。「杏仁核」既無任何回憶，自然不會引動情緒、生理反應與行動。

對女孩來說，如果她心念清淨，當看到花時，丘腦只是在當下辨識這朵花，並讓花的訊息停留在丘腦中，不再繼續運作，則自然不會勾起既往不愉快的回憶，也自然就不會因為不愉快的回憶，而促成負面的情緒、生理反應與行動。

這樣子的生命不是更好、更有智慧嗎？

若是要引動這種心念運作，需要在禪定中令心寧靜。許多的歷代的高僧大德，他們離開紅塵，在深山清風古剎中捻香、敲木魚清修，其目的就是能夠讓面對外境的心靈運作，停留住佛家所謂的「受」，而不「起心動念」。

不諱言，很多人都知道要讓心清淨。但嚴格來說，要能讓心靈運作停留在「受」，而不「想」，不是件簡單的事，因為人們太習慣依賴思想。有了思想，就自然會「想」而起心動念。如何令思想止於「受」呢？大哉議題。

《六祖壇經》的「無相頌般若品第二」中，有段四句偈可回答這個提問。六祖說：「日用常行饒益，成道非由施錢，菩提只向心覓，何勞向外求玄。」

解釋如下：

日用常行饒益：
在日常生活中，待人接物一定要存心利他、饒益眾生。

成道非由施錢：
如果想修佛悟道，僅靠錢財布施蓄意積福德，或靠燒香拜佛賄賂佛菩薩，是無法修成正果的。

菩提只向心覓：
佛道修行有八萬四千個法門，無論修習那個法門，修證無上正等正覺只有一途，要對內修「清淨心」，放下妄想、執著與無明，修證「清淨心」後自能成就無上離世智慧。

何勞向外求玄：
要淨心修證無上正等正覺，對內修即可，為什麼要勞苦地對外尋求百般花巧的玄奇祕術？

如果你希望令心清淨，可學習靜心，且懂得在當下覺知外境。

出世修行比入世修行好嗎？

一個經年累月修行的出家人，在清風古剎
中終日禪定、敲木魚、捻佛珠，感覺心靈
一片清靜。

空門最大的優點就是環境清靜，容易讓心
空明，所以空門環境對於修習清淨心是好
的。

但入空門專修它有個潛在缺點，就是因為環境過度單純，沒有紅塵各
種境遇中的試煉，譬如苦、執著與慾望等等。缺乏紅塵試煉，又如何
能夠驗證已經見苦非苦、放下執著、見相非相了呢？

Stephanie該世在佛門的修行就是遭遇到這個現象。

試問，對於修習清淨心，到底入世修好呢？還是出世修好呢？其實這
個提問沒有標準答案，或者說什麼答案都好。不管入世修或出世修，
重點是見相非相了嗎？別執著在入世或出世吧。

第九章　前世回溯案例探索

第二十一篇　與心靈智者對話

與心靈智者對話

Belinda是一個近四十歲的女士，嫁給一個法國人，有兩個孩子，住在法國。她從年輕起，就對於生命真相充滿著興趣。也因此，為了提升心靈，她參加了一些心靈課程，也看過許多心靈的書籍。透過緣分，她參加了一些我主辦的心靈課程，希望透過催眠了解生命真相。

與Belinda的催眠對話

劉醫師：「我將數數字三到一，聽到一時，妳的眼前會自動出現一扇生命大門。三、二、一，Belinda，感覺到什麼？」

Belinda：「圓拱形白色的門。」

劉醫師：「此刻心情平靜嗎？」

Belinda：「嗯。」

劉醫師：「非常好，感覺到什麼？」

Belinda：「感覺不到東西（註）。」

註：Belinda：「心情平靜，感覺不到東西。」

我在催眠前會與個案商討催眠內容。有時催眠前規劃的是前世回溯，但個案被催眠後並沒有進入前世，這個現象就發生在Belinda。

在催眠引導下，我評估Belinda已進入了第五級催眠深度（催眠深度一到六級，六級最深）。當她在深度催眠狀態表達沒有進入前世，但心情平靜，且感覺不到東西，依經驗，表示她已與某種「神聖智慧能量意識」聯結，因為「神聖智慧能量意識」本質上呈現的是無時、無空、無有的一元能量意識。

依催眠統計，個案能夠透過催眠與「神聖智慧能量意識」聯結的發生率不高。它對個案會是個祝福，因為個案可透過該聯結探索生命訊息與真相。這些訊息會令個案清醒後面對生命，擁有不一樣的心靈狀態與生命態度。

劉醫師：「我現在邀請Belinda的心靈智者站在Belinda面前，來回應Belinda提問。三、二、一，感覺到了嗎？」

Belinda：「有一種擴張的感覺。」

劉醫師：「Belinda這一世來到人間，要學習的功課是什麼？」

Belinda：「四個字，放下執念。」

劉醫師：「Belinda面對生命每一個眼前情境，不管是什麼情境，其實都不一定是真實的，Belinda有智慧放下它嗎？」

Belinda：「嗯。」

劉醫師：「我要妳詢問心靈智者，Belinda當初來人間之前，為什麼要設定放下執著這個功課呢？」

Belinda：「她有個桎梏，她的鏈條把她綁得死死的，她要學會掙脫鏈條給她的框。當她掙脫出來，就解放了，心就自由了。」

劉醫師：「如果Belinda拿掉了這些桎梏，拿掉了制約，Belinda的靈會變成什麼樣子呢？」

Belinda：「她的能量會像隻鳳凰一衝上天，那隻鳳凰將發散著無限的光芒。」

劉醫師：「當她放下制約，變成一隻衝上天的鳳凰，她能做什麼？」

Belinda：「照亮大眾的心。」

劉醫師：「為什麼Belinda需要變成一隻鳳凰照顧別人呢？」

Belinda：「她本來就是個天使。」

劉醫師：「為什麼Belinda進入這一世，忘了她是天使呢？」

Belinda：「她需要經歷苦難。」

劉醫師：「Belinda為什麼在人間要經歷這麼多的苦難呢？」

Belinda：「她經歷苦難之後，在掙脫鍊條的那一剎那，她的能量才會爆發。」

劉醫師：「換句話說，Belinda必須要走過人間的苦，瞭解人的苦，才能夠幫助痛苦的眾生，是嗎？」

Belinda：「對。」

劉醫師：「Belinda在這個課程上做了多久的努力了？」

Belinda：「很長的過程。」

劉醫師：「妳是說Belinda在人間來回的走，已經練習了好久好久了，是嗎？」

Belinda：「是的。」

劉醫師：「Belinda今天面對著她的人生，妳認為她這一世有機會放下身上的桎梏鍊鎖而重生嗎？」

Belinda：「只要她想要，她做得到的。」

劉醫師：「Belinda在背後有神聖能量的祝福嗎？」

Belinda：「有的。」

劉醫師：「Belinda此刻正面對著心靈智者，心中正感受內在既存的能量，她有這個自信嗎？」

Belinda：「有。」

劉醫師：「所以說，Belinda此刻正在聆聽我的聲音，舒服地躺在椅子上，跟心靈智者見面。她開始知道生命中所有的一切苦，其實均非苦，而是要磨練她能夠放下制約，放下執著，能夠浴火重生，是這樣嗎？（註）」

註：這一段話，是透過催眠植入Belinda潛意識的正向指令。

Belinda：「嗯。」

劉醫師：「Belinda在面對劉醫師，這是什麼樣的因緣呢？」

Belinda：「很長。」

劉醫師：「妳是說Belinda在修行的路上，劉醫師已經陪伴她走過很久的路了嗎？」

Belinda：「是。（註）」

註：
這段話是藉由Belinda催眠中對我的覺知，增加她與我之間的親和感。催眠的成功，需要催眠師與個案間存在高度親和感。

劉醫師：「我想請Belinda問心靈智者一個問題，人來人間到底為的是什麼？」

Belinda：「經驗。」

劉醫師：「Belinda不妨問問心靈智者，她這一世的先生到底是什麼角色？」

Belinda：「一個有愛的天使。」

劉醫師：「妳是說Belinda這一世的先生其實是一個有愛的天使，他為了成全Belinda來經驗人生與放下制約，是嗎？」

Belinda：「他就是一個有愛的天使。」

劉醫師：「Belinda的兩個孩子到底真實的角色是什麼？」

Belinda：「是一樣的。」

劉醫師：「在現實生活中，兩個孩子雖然可愛，但難免帶給Belinda生命中一些煩惱、衝擊。今天Belinda站在心靈智者的面前，智者告訴她這兩個小孩其實也是天使，是為了成全Belinda，是嗎？」

Belinda：「是。」

劉醫師：「所以這一世，Belinda的先生跟兩個孩子都是天使，他們為了成全Belinda放下生命執著與生命鍊條，要讓Belinda能夠浴火重生變成光的使者，所以暫時扮演這些角色，是嗎？」

Belinda：「嗯（註）。」

註：Belinda的先生與兩個孩子都是天使。

在Belinda的心念中，她愛著她的先生跟兩個孩子。但她認定她先生跟兩個孩子的行止，造成了她生活上的辛苦與壓力。所以，她面對先生跟兩個孩子覺知的負面情緒並非客觀的實相，而是她心靈世界的主觀解讀。

我藉著她與心靈智者的聯結，趁勢對Belinda的潛意識植入圓融週邊關係的正向指令。一般催眠中植入的指令效果很好，而且具有長效。

劉醫師：「很好，Belinda在這一世的生命中，該怎麼樣對待她的先生呢？」

Belinda：「用愛跟包容。」

劉醫師：「孩子有的時候很調皮，該學習的不願意學習，該做的不願意去做，Belinda總會有點情緒跟壓力，Belinda未來面對孩子該怎麼做呢？」

Belinda：「寧靜中給愛跟放下。」

劉醫師：「換句話說，Belinda不必這麼執著孩子們的行動，這終究只是孩子們童趣的行動，是這樣嗎？」

Belinda：「對。」

劉醫師：「Belinda怎麼去看待孩子學校的教育？譬如說學校的功課，像是拉小提琴，游泳。如果孩子們不願意接受這一些，Belinda會怎麼面對呢？」

Belinda：「笑一下。」

劉醫師：「Belinda今天在升起的寧靜智慧面對心靈智者時，開始瞭解終究這一切都不必要執著，是嗎？」

Belinda：「人間的把戲。」

劉醫師：「在未來生命中，Belinda怎麼在人間貢獻呢？」

Belinda：「發光。」

劉醫師：「Belinda有能力發光嗎？」

Belinda：「她有的。」

劉醫師：「告訴我Belinda這一世怎麼發光？」

Belinda：「掙脫桎梏。」

劉醫師：「她拿的掉嗎？」

Belinda：「她會努力。」

劉醫師：「妳是說惟有行動才是最好的答案，是嗎？」

Belinda：「對。」

劉醫師：「非常好，現在Belinda對於人生有了新的理解。她知道她這一世帶著光、愛與能量，她也知道她要放下生命的桎梏，做個浴火重生的鳳凰。她知道這是她未來必走的路嗎？」

Belinda：「惟一的。」

劉醫師：「妳認為Belinda此刻準備好了嗎？」

Belinda：「她早就準備好了，只是她自己沒有放下某一些制約。」

劉醫師：「但是她遲早要放下的，是嗎？」

Belinda：「對。當她掙脫的時候，她就知道她是誰了。」

劉醫師：「所以Belinda以後看人生，她將充滿機會跟夢想，是嗎？」

Belinda：「嗯。」

劉醫師：「Belinda將來能夠踏著非常穩定、強壯的步伐往前走嗎？」

Belinda：「她要懂得轉念。」

劉醫師：「很好，只要轉個念頭，眼前的一切境相都改變了。黑暗轉變成光明，明月轉成了陽光。」

Belinda：「只要她一轉念，一切都會變的。」

劉醫師下喚醒前指令：

「我正在想，此刻的Belinda靜靜舒服地躺在椅上，在與心靈智者的互動中，她覺知好多的事情。她清楚的理解到原來人間種種橫逆都是祝福，而這些現象都是要她去覺知生命中的苦。由於覺知到了苦，才可幫助痛苦的眾生；她也知道這一世她有個功課，就是要放下制約，變成一隻浴火重生的鳳凰。她知道她要變作光，化作愛，去幫助這個世界上需要幫助的人。」

「這不是一個新鮮的計畫，這是Belinda來之前早就決定好了，今天Belinda已經開始往前走。在未來，她要相信自己，要努力拿掉生命中所有的制約，她將會自由，將會飛翔。這一切，Belinda在寧靜中已經全部覺知到了。」

「我要邀請Belinda把這所有的訊息，深深的儲存在心靈的深處，而在未來生命中每一分，每一秒，這個訊息、這個能量、這個智慧，會散發在她生命中的言語跟行動中，而讓她未來走向浴火重生。」

Belinda與心靈智者聯結

與心靈智者聯結

Belinda在催眠中與心靈智者聯結，這個聯結實存嗎？對Belinda來說，她思想中存在既有資源，是不易回答與心靈智者聯結所揭露的那些訊息的。如果Belinda思想中不存在這些資源，那她在催眠聯結下的訊息從何來呢？

對於這個提問，利用思想探索是找不到答案的，因為它超越思想資源能夠評斷的領域。依經驗下不正式統計，當人們催眠中存在聯結經驗後，多數人都願意相信聯結下的訊息是真實的。

如果Belinda的聯結真實存在，那這個聯結對Belinda的生命將是大大有益的；它不獨可改造Belinda心靈，更可提示她生命正向的指引。

聯結的心靈智者是什麼能量意識呢？

你可能會好奇地問我：「Belinda所聯結的心靈智者到底是什麼樣的能量呢？」如果是基督徒，我會告訴你是耶和華；如果是佛教徒，我會告訴你是佛陀或菩薩；如果是道教徒，那就不一定了，因為道教相信的神非常之多。

這種協導個案催眠中聯結智慧能量意識的方式，因人制宜，只是催眠中採用的方便法。

其實這不是一個容易回答的問題，因為當你在思考這個議題時，你動用的工具是思想。在思想下，對於任何一種高維的能量意識都會不經意地將祂「擬人化」，譬如說像某個人；或者將祂「擬神化」，譬如說像某個宗教神明；祂也會被數量化，譬如說，一個、五個、十個。這些思想下的評斷極可能遠遠的偏離事實，荒腔走板。

面對這個議題，我分享一下我在個案回溯所接收的訊息。

宇宙能量意識呈多元化，祂存在不同能量智慧層級與不同屬性。在能量智慧層級上，有些層級較低，有些層級較高。低層級的能量意識類

似人性，帶著情緒；高層級的能量意識接近神性，祂呈現無限寂靜與極高的智慧。此外在屬性上，有些能量意識是正向、陽光的，帶著愛與慈悲，但也有些能量意識是晦暗的，帶著邪惡。

以我的經驗，不同個案在回溯中所接觸的能量意識不一定盡同。依Belinda在聯接中所提示的訊息，她所聯結的能量意識來自於高維，且具備極高能量與智慧。

修習超靈覺能力好嗎？

有些人會企圖透過某些方法聯結某種能量意識，強化自己的超靈覺能力，藉此探索離世智慧與離世訊息。當存在探索離世智慧與離世訊息的超靈覺能力，則可協助普世眾生幫忙推斷前世與今生。從幫助眾生的心態來說，這種動機是可被讚許的。

但若這類人透過某些祕術或儀式，試圖聯結某個能量意識，而心中帶著慾望、企圖或有所為的功利心時，他們所聯結的能量意識，通常是比較低階的且晦暗的。這種能量聯結，偶或造成他們身心靈的負面影響。

我曾經面對一些存有靈覺力的人，他們雖然擁有某些超能力，可藉此讀心、預知未來或給予建言，但他們心靈中經常存在著負面的心緒。也因此，他們必須吐沙消解負面心緒。

如果希望能夠擁有超靈覺力幫助人們，這個動機值得讚許，但施法時要放下企圖與目的。或者說，要懂得放棄有所為的「有為法」，而改為無念的「無為法」。在「無為法」下，當心空了，則在無我下自可與高階正向的能量意識聯結，變成一個臣服於高階能量意識的能量管道。

如何探索聯結能量的層級與屬性？

一個有超靈覺力的人必須能夠自省，去覺察他所聯結的能量意識的層級與屬性。探索聯結能量意識的層級與屬性可經由三個路徑：

路徑一：利用無意識覺知

- 💡 如果覺知該能量意識寂淨、空無，就是極高層級的正向能量意識。
- 💡 如果覺知該能量意識歡喜、慈悲，就是高層級的正向能量意識。
- 💡 如果覺知該能量意識存在人性化情緒，就是低層級的能量意識。
- 💡 如果覺知該能量意識晦暗、抑鬱，就是低層級的負向能量意識。

路徑二：利用該能量意識提示的答案評估

- 💡 如果該能量意識提示的答案是高維、出世智慧屬性，就是高層級的能量意識。

- 如果該能量意識提示的答案是低維、入世智慧屬性，就是低層級能量意識。

路徑三：評估與該能量意識聯結後的心靈狀態

- 如果聯結該能量意識後感覺平靜、歡喜，就是高層級的正向能量意識。
- 如果聯結該能量意識後感覺晦暗、抑鬱，就是低層級的負向能量意識。

學習掙脫綁住手腳的鍊條桎梏

Belinda透過與心靈智者的對話，覺知她既往執著的鍊條把她綁得死死的。她面對本世諸般的苦並非偶然，而是靈界既存的規劃。在此規劃下，她要透過經驗苦學習跳脫制約的框。她也意識到當她掙脫桎梏，心就解放了、自由了。當心解放後，她將變成一隻浴火重生的鳳凰，發光照亮其他人。

每一個人的心靈中，或多或少都存在著制約的框，制約的框會引導出制約的生命，而框的大小、屬性決定了他的人生樣態。如果能解除制約的框，則生命就會是開放的、宏觀的與充滿機會的。

有挑戰的人生也許辛苦，但更能夠讓生命擁有更多的學習，學習跳脫制約的框架，而令生命變得精彩與不同凡響，不是嗎？

Belinda本來就是個天使

在回溯中，Belinda意識到她本來就是一個天使，但進入了本世生命後忘了。佛教教義描述人心中都是佛，頗能呼應Belinda聯結下的覺知。佛家認定思想下運作的「我」是「假我」，然而「真我」或「真正的我」源於內在深層「自性」。

佛經中有段佛陀與阿難的對話，描述「假我」與「真我」之別。佛陀問阿難：「你的心在哪？」阿難指著自己的心臟說：「心在這裡」。阿難所指的心，是平常起心動念的思想。佛陀斥責阿難說：「你指的心，根本非你的心。這麼多世的修行，你都一直認賊作父，你真正的心是自性。」

為什麼Belinda忘了她是個天使呢？因為她唯有忘記她是誰，才能夠去盡情經驗人間的苦難。Belinda也意識到，她需要經歷苦難而學習掙脫鍊條，令內在的光與能量萌現。

如何探索「真正的我」呢？靜心是探索的好途徑。靜心者在靜心中，會透過方法促使身體放鬆、心靈寧靜。當心靈寧靜時，思想會停止運作。在無念下，靜心者心靈深層的「無意識」或佛家所謂的「自性」會升起。

靜心不是某個宗教或信仰的祕術，它是探索自性的途徑。

從Belinda覺知的角色非角色談不可論斷他人

本書許多回溯案例中,一再出現輪轉中呈現的「角色非角色」現象。

人在思想運作下喜愛論斷他人的善惡、是非、對錯、好壞。在論斷時,人們會將論斷包裝上理性、道德或智慧的大旗,以正義之聲滔滔不絕的評斷。人們喜歡評斷,甚至於宗教徒也是如此。

喜愛論斷的人會快樂嗎?喜愛論斷的人站在真理的那一邊嗎?讓我們不妨探索這個議題。

從理性角度探索:

論斷是雙向的,當你論斷他人,就自然會論斷自己。《聖經哥林多前書》 4:3-5 有段話呼應它:「我被你們論斷,或被別人論斷,我都以為極小的事,連我自己也不論斷自己。」

從公平角度探索:

當你論斷他人,你確定你完美無缺而不會被他人論斷嗎?聖經有些內容呼應這段話。

《約翰福音》8:7:「他們還是忍不住地問他,耶穌就直起腰來,對他們說:你們中間誰是沒有罪的,誰就可以先拿石頭打她。」《路加福音》6:37:「你們不要論斷人,就不被論斷。你們不要定人的罪,就不被定罪。你們要饒恕人,就必蒙饒恕。」《路加福音》6:41:「為什麼看見你的弟兄眼中有刺,卻不想自己眼中有梁木呢?」

從律法角度探索:

當你論斷他人,你確定你的證據完整嗎?《雅各書》4:11,12 有段話呼應它:「弟兄們,你們不可彼此批評。人若批評弟兄、論斷弟兄,就是批評律法、論斷律法。你若論斷律法,就不是遵行律法,乃是判斷人的。」

從教育角度探索：

當你論斷他人，就給了懲罰與鞭笞。懲罰與鞭笞之下沒有愛，沒有教育，只能滋長恨。

從因果業報角度探索：

本世的加害者可不可能曾是前世的被害者呢？而本世的被害者可不可能曾是前世的加害者呢？人們真的能夠了解人與人之間累世的因果關係嗎？

從靈界教育角度探索：

加害者的加害，可不可能並非加害，而是被靈界設定協助被加害者的學習功課呢？相同的，被加害者的被加害，可不可能並非被加害，而也是靈界設定協助被加害者的既定規劃呢？

三維的人們可以理解高維靈界的心意嗎？從靈界真相角度探索，會不會其實所謂的加害者與被加害者，在靈界都不過是去人間互修的靈修夥伴呢？

聖經有段話呼應它。

《哥林多前書》4：5道：「所以，時候未到，什麼都不要論斷，只等主來，他要照出暗中的隱情，顯明人心的意念。那時，各人要從神那裡得著稱讚。」

從創生根源母體的角度探索：

從創生根源母體的一元能量意識觀察：「人間的善惡、是非、對錯、好壞，都僅不過是泡沫幻影。」既然如此，又何必過度執著呢？若是無法擁有根源母體空念中「見相非相」的靈性智慧，就杜絕了歸鄉的路。你熱愛滾滾紅塵呢？還是願意如孤雁引頸北望期待還鄉呢？

如果你願意接受上面見解，那麼面對這個紅塵世界，你會聰明的放下論斷，不是嗎？

在催眠中，Belinda在與高維靈性聯結下，意識到她本世的丈夫本非丈夫，孩子也非孩子，他們其實都是有愛的天使。為了成全Belinda經驗人生與放下制約，他們扮演不同角色在Belinda旁邊。而他們帶給Belinda生命中的煩惱與衝擊，也是為了成全Belinda的學習。

如果Belinda這個覺知是實相，那面對生命中週邊角色加諸的痛苦，不能僅用思想去評斷，它極可能就是錯誤的、愚昧的。Belinda透過與高維靈性聯結下的認知，能夠用柔軟心放下論斷嗎？

寧靜中對孩子給愛跟放下

在催眠中聯結高維靈性覺知下，Belinda意識到面對孩子，應放下情緒跟壓力，改為給愛跟放下。換句話說，Belinda不必這麼執著孩子們的行為，這終究只是孩子們童頑心下的嬉戲。

有些父母對於頑皮不聽話的孩子蠻無奈、焦慮，怎麼講都不聽，找我做諮商。

面對這種父母的對孩子的煩惱與焦慮，我經常會問他們一句話：「你們心中平靜嗎？」當父母在指責孩子的時候，心中若是焦慮的，就沒有辦法放下心中的執念與給出愛。當父母心中帶著平靜、愛與孩子對話時，孩子在反射下會接收到父母心中的平靜與愛。也因此能夠打開他的潛意識，聆聽父母的建言。

Belinda透過這一次的催眠，對於家庭、先生與孩子有了不一樣的覺知，促成了她與家庭成員更和諧的互動。

第九章　前世回溯案例探索

第二十二篇　菩薩是菩薩嗎？

第九章　第二十二篇　菩薩是菩薩嗎？

菩薩是菩薩嗎？

周娟是成都來的一個漂亮、開朗且直爽的女孩子，嫁給台灣人後就搬到了台灣。她與我的緣分，從來我的診所做齒顎矯正治療開始。某個機緣下我告訴她我主持一個靜心集會，她對靜心一無所知，但毫不考慮就欣然參加了。她自參加後每次集會必不缺席，對心靈領域充滿探索的熱誠。周娟想做回溯的動機是雙重的；一則對催眠好奇，一則想探索她與配偶的前世恩怨。

透過引導，周娟很快就進入了深度催眠，下面是催眠中的對話。

與周娟的催眠對話

劉醫師：「妳的眼前會呈現一扇生命之門，感覺到了嗎？」

周　娟：「有。」

劉醫師：「很好，描述看到什麼？」

周　娟：「軟綿綿的白雲，藍藍的天空。」

劉醫師：「還看到什麼？」

周　娟：「看到一位長頭髮的人站在一朵蓮花上。」

劉醫師：「擴大妳的覺知，這個站在蓮花上的是誰？」

周　娟：「菩薩，很祥和，祂在對我微笑。」

劉醫師：「妳右前方有面很大落地鏡，站在鏡子前面，看看妳是誰？」

周　娟：「是個長頭髮的女生。」

劉醫師：「心情呢？」

周　娟：「平靜。」

劉醫師：「面對菩薩，相信妳跟祂的相遇是一個緣分，想不想此刻問
　　　　　祂一些生命的問題？」

周　娟：「好。」

劉醫師：「那妳問祂，人來人間到底為的是什麼？」

周　娟：「散播愛，把愛跟慈悲送到人間需要的角落，去愛生命中的
　　　　　每一個人。」

劉醫師：「妳問祂，周娟這一世來到人間為的是什麼？」

周　娟：「做一個使者，幫助身邊的人。」

劉醫師：「周娟這一刻在靈性覺知下，不妨看看她這一世的先生，問
　　　　　問菩薩她的先生到底是誰？」

周　娟：「他是我靈界的夥伴。」

劉醫師：「為什麼妳們兩結伴在這一世做夫妻？」

周　娟：「他讓我領悟人間的各種苦。」

劉醫師：「所以他在生命中對妳產生對立、衝撞，帶給妳苦的感受，
　　　　　這是有目的嗎？」

周　娟：「對。」

劉醫師：「他為了成全妳，暫時放棄他靈性覺知，扮演著一個造成妳
　　　　　壓力的角色，要妳去感受苦，對嗎？」

周　娟：「對。」

劉醫師：「那這一世周娟可以接受你的先生嗎？」

周　娟：「可以。」

劉醫師：「讀看看周娟現在的心，她想改變這一世他的先生嗎？」

周　娟：「放下批判，給予愛跟陪伴。」

劉醫師：「周娟可以嗎？」

周　娟：「可以。」

劉醫師：「很好，現在我要妳再次回到靈界，去面對妳的兒子。在靈界妳跟妳兒子的關係是什麼？」

周　娟：「他是我的老師。」

劉醫師：「換句話說，這一世他是妳的兒子，他要聽妳的話，但是在更高靈界中，妳是他的弟子，要對他鞠躬，是嗎？」

周　娟：「對。」

劉醫師：「他這一世陪妳來，目的是什麼？」

周　娟：「跟我一起把愛送到人群中需要的人身上。」

劉醫師：「他扮演的角色想教導妳什麼？」

周　娟：「去領悟人生的各種喜怒哀樂。」

劉醫師：「妳如果不能夠理解人間的喜怒哀樂，妳就不懂得眾生的情緒，就不能夠幫眾生，是嗎？」

周　娟：「對。」

劉醫師：「所以孩子在生命中帶給妳種種衝突、不聽話等等，是要妳去透過他這些行為，讓妳被刺激而領悟喜怒哀樂，是嗎？」

周　娟：「是。」

劉醫師：「好，我要妳再回到菩薩面前，問祂在靈性提升的路上，妳是不是一直都在提升中？」

周　娟：「是，我做得很好。」

劉醫師：「我要妳問祂，在這一世妳特別需要學習的是什麼？」

周　娟：「感受世間一切。」

劉醫師：「周娟此刻覺知生命很多的安排，譬如說嫁哪個先生，生哪個孩子，是預先安排好的，是嗎？」

周　娟：「是。」

劉醫師：「妳是說人間所謂的緣分是存在的嗎？」

周　娟：「是的。」

劉醫師：「妳問一下菩薩，這一個緣分到底是誰決定的呢？是某一個人替周娟決定的呢？還是周娟自己決定的？」

周　娟：「自己決定的。」

劉醫師：「妳是說周娟的靈是自由的，她理解來到這個二元世界後，必須去學習經驗生命中種種各種現象跟情緒，是嗎？」

周　娟：「是。」

劉醫師：「所以周娟在來之前，選擇了她的先生，希望透過她的先生去理解生命中人們的苦、壓力、煩惱。選擇了她的孩子，希望透過孩子學習到喜、怒、哀、樂。這一切，都是周娟在來之前她預先安排的，是嗎？」

周　娟：「對。」

劉醫師：「所以周娟今天面對她的先生，應該感謝，而不是煩惱或者抱怨，是嗎？」

周　娟：「對。」

劉醫師：「很好，在未來的路徑中，妳需要菩薩的協助嗎？」

周　娟：「不需要。」

劉醫師：「周娟走在路上，她有充分的自信心、勇氣跟靈性覺知，知道她可以一個人孤單的、堅強的走完這一段心靈提升的路，完成她生命的任務，周娟可以的，是嗎？」

周　娟：「是。」

周娟催眠探索

再談先生不是先生，孩子不是孩子

周娟婚後常與她的先生存在衝突。面對這些衝突，她既煩惱又無解。此外，周娟頑皮的孩子也經常使她頭痛、煩心。她藉由此次催眠中接收到的高靈訊息，驚奇的意識到她的先生並非她真正的先生，而是她的靈修伙伴。她先生生活中給她的一切困擾，是要教她去覺知人生衝突。催眠後在這個另類覺知下，周娟對她的先生有了不一樣的態度與更柔軟的心。

此外，周娟也驚奇的意識到她的孩子並非她真正的孩子，而是她靈界的導師。在催眠後，她對他的孩子也有了不一樣的態度，她開始有顆更平靜柔軟的心去接納孩子的調皮搗蛋。

再次提醒角色非角色現象：

如果周娟在她聯結下的覺知是真相，與她生命中息息相關的角色並非真正的那些角色，那我們面對生命週遭親友所加諸在我們的煩惱、衝突或傷害，該如何去面對呢？

見到的菩薩是菩薩嗎？

周娟在催眠中所呈現的內容，與上個案例中Belinda在催眠中呈現的內容相似。進入催眠後，周娟直接與某個「神聖智慧能量意識」聯結，她意識到聯接到的對象是佛教的菩薩。

二個提問值得探索：

💡 周娟所見到的菩薩真實存在嗎？
💡 如果菩薩實存，周娟所見到的菩薩是真的菩薩嗎？

面對這個提問，不同的人會給出不同的答案。佛教徒會告訴你：「周娟見到的菩薩是真菩薩。」基督徒會告訴你：「唯一真正的神是耶和華。」而科學家會告訴你：「科學無法證明菩薩存在與否。」

瞭解思想的結構嗎？思想有不同層次，在最淺層思考邏輯意識下方有種意識叫做「潛意識」。潛意識是個奇妙的魔術師，它不會判定外來訊息的是非、真假，當它相信某個外來訊息為真，它會展示它心想事成的魔術能力，將這個訊息轉為真實樣態。

舉例來說，一個冥想者如果相信某個神明存在，例如菩薩，而他在冥想中對潛意識傳遞了希望見到菩薩的企圖時，他的潛意識會有「無中生有」的超凡能力，讓他在自我催眠中見到栩栩如生的菩薩。多數的情況下，這個顯現的菩薩長相與他在佛堂中供奉的菩薩像極度相似。

舉個實例。

依我催眠統計，許多人催眠中聲稱見到神。有趣的是，他們千篇一律沒有例外，見到的神與他們相信的宗教中的神相同。佛教徒見到的神必定是佛陀或菩薩，基督教徒見到的神必定是耶和華或耶穌基督，兩種宗教徒見到的神從來沒有對調過。

再舉個實例。

我曾幫一個女士做前世回溯。回溯中，她臉上呈現聖潔狀態，她說她是菩薩，正高高在上往下看著世間痛苦眾生。但接著非常戲劇性的，

第九章 第二十二篇 菩薩是菩薩嗎？

她的臉轉變成扭曲痛苦，她告訴我說她是一條豬，正祈求菩薩的協助希望解脫。

人對神明的探索已有論千年了，不同信仰間激辯的口水都可以引流成河，甚至於不惜引發戰爭。不管如何深入探討，在缺乏實際客觀證據的情況下，不容易探知高維真相。但不排除一些人感受到的神明，可能是他的潛意識為他創造的幻相。

在潛意識的引導下，人們穿鑿附會，將心念中高維能量意識的影像與感受「具體化」、「擬人化」或者「情緒化」。然而這一切感受，不過僅是呼應該人潛意識中的臆想而已。

人的「潛意識」除了擁有冥想神明的超凡能力外，一群人亦可在「集體潛意識」下，透過宇宙量子能量網的能量，集合創生眾人認同的神明。請了解，我沒有否定神的存在，我只是在探討人在集體潛意識下創造的神。

舉例說明。

有沒有一種可能性：

當一群人心念上共同臆想「關公」為神明時，這種臆想會先由一小撮人透過「集體潛意識」，逐漸蔓延到更龐大的社群，令整個社群感受到「關公」為如實存在的神明。

當人們堅信「關公」為神明，並對關公祈福禱告時，會如實的感應到與「關公」屬性相關的正義、勇氣與能量。而這個能量也會如湧泉般湧出他的心靈。如果眾人集體心念創生神明的心靈機制實存，那麼試問，關公神聖能量意識真實存在嗎？

答案其實已揭露在金剛經文句裡。佛陀對須菩提說：「須菩提！於意云何？可以身相見如來不？須菩提回應：不也，世尊！不可以身相得見如來。何以故？如來所說身相，即非身相。」

這兩句說的意思是：「眾生心念中的一切相，都是虛幻的假象」。我再次強調：「我並非說神明不在，只是眾生心念下擬人化的神明非真正神明的樣態。」

周娟催眠中聯結的高維神聖能量意識可能實存，但見到的菩薩是實存的菩薩嗎？也許周娟的潛意識將無形的菩薩能量在臆想下具體化與擬人化了。

該如何崇敬禮拜神明呢？

不妨延伸上面議題，淺談宗教徒禮拜神明的儀軌或習俗。多數宗教徒都有崇敬禮拜神明的習慣，我想討論：「宗教徒該執持什麼樣的心念與態度膜拜神明呢？」

我曾經到臺北近郊一個頗負盛名的寺廟，該廟大殿供奉一尊至少高約有四米左右白玉材質的菩薩雕塑。大殿菩薩雕塑前有三處擺了膜拜的跪墊；最接近菩薩的跪墊擺在菩薩像前，另外兩處跪墊一個約在八米外，一個約在十六米外。

入廟後，我毫不考慮的走上菩薩腳前的跪墊祭拜菩薩。正跪拜時，大殿出現了一個寺廟服務人員，他指著十六米外的跪墊告訴我說：「這邊不是你拜的地方，你應該在那裡跪拜」。我沒有說什麼，點頭說：「好」，但心中在想：「廟裡這樣子的規範是誰介意呢？菩薩會介意嗎？還是廟裡的人介意呢？」

如果你身為父母，孩子感念照顧養育，重禮向你鞠躬、跪拜，你會如何對兒女說呢？你會坦然接受兒女跪拜，對兒女說「跪的好」，還是告訴孩子：「爸媽愛你，不介意你的禮數，別忙著跪，好好唸書做人吧！」不是嗎？

如果父母親對兒女態度如此，那大慈大悲的菩薩會介意眾生跪拜嗎？祂會對眾生說：「離開我一點，再跪遠一點，因為我是至高無上的菩薩？」還是祂會對眾生說：「靠過來，再靠近一點，讓我仔細傾聽你的苦。」或者祂會對眾生說：「其實你不必跪拜我，因為我心已空，早已見相非相，你的心意我接受，但跪拜是不要的。」

如果菩薩介意眾生跪拜，那菩薩也就不是菩薩了，不是嗎？如果我所說的是真相，菩薩不介意眾生的跪拜，那佛寺為何執意眾生遠距跪拜呢？那菩薩腳前的跪墊又是誰跪拜呢？這個跪拜儀軌背後隱藏的心理因素是什麼？

當你面對菩薩時忙著叩跪，那矛盾來了。如果你面對對你施大恩的父母都不叩跪，那為什麼面對菩薩你叩跪呢？這個叩跪的背後存在的，是對菩薩的尊重與關愛嗎？還是存在著渴求與恐懼呢？

渴求什麼呢？渴求菩薩會因為你的叩跪而成就你心裡的索求嗎？如此心念下叩跪等同諂媚菩薩，不是嗎？

恐懼什麼呢？各位到廟裡細觀，多數眾生在膜拜神明時臉上呈現戒慎恐懼的表情。如果菩薩充滿大愛與大慈悲，眾生面對如父母親般的菩薩，內心應帶著歡喜、溫馨與尊重，不是嗎？在這個心念下何有戒慎恐懼呢？眾生如心生恐懼，是耽心自己生命中貪、嗔、痴三毒創造的業會遭到菩薩懲罰嗎？

此外，再深入一點探討，如果佛教徒面對菩薩心存貪念，對菩薩三跪九叩，獻上豐盛祭品，懇求菩薩祈福消災， 你認定菩薩會應許嗎？

如果這個三千大千世界確有因果業報機制存在，則該機制應會大公無私的依眾生心性言行，而決定該眾生的生命內容。假設眾生不願接受因果業報機制的安排，祈求菩薩幫忙改變因果業報內容，如果菩薩應許了你的請求，改變了你的因果業報內容，難道你認為菩薩會比天道更大嗎？此外，如果菩薩對禱告的人願意協助改變，而對沒有禱告的人不願意協助，那麼菩薩不就是有大小眼嗎？如此，祂與眾生又有何差別呢？

再者，膜拜菩薩需要供品嗎？菩薩早已空相，祂會真的去吃你的供品嗎？況且供品祭完後還不是眾生自己吃了，祭拜神明真的就這麼便宜嗎？

如果上述所述是真相，那佛教徒該如何對神明執禮呢？需要合十敬禮或三跪九叩嗎？如果菩薩並不介意你的三跪九叩，你還是一定要叩跪嗎？我認為對神明執禮時，心念固持著崇敬、尊重與愛就夠了，用心尊重不是比用身體或供品尊重更好嗎？

我一直相信生命的存在不是偶然，而生命 切境遇也必定事出有因，它的背後存在著某個充滿善意的教育理由。基於這個理由，我不會刻意對神明禱告，祈求神明消災，我會學習坦然面對災難，細細體會災難促成我什麼樣的學習。對於祈福消災，我並非全然不接受，但限於幫助他人消災。

第九章　前世回溯案例探索

第二十三篇　如何消除心靈負能量

第九章　第二十三篇　如何消除心靈負能量

第九章　第二十三篇　如何消除心靈負能量

如何消除心靈負能量

沾染負能量與吐沙

可曾有過這種經驗？

當聆聽到某個親友對你訴說痛苦經歷後，當下你心有戚戚焉，而回家後這個負面心緒並未消散？為什麼你會沾染到親友的負面能量呢？透過一些科學實驗，證實心靈負面能量會如傳染病般，可傳遞與感染他人。

這個現象解讀了許多專業幫人處理負面心靈狀況的工作者，譬說像是精神科醫師、心理諮商師或廟裡發心幫忙收驚、驅邪的辦事者，他們接觸一些內在存有負面能量的人一段時間後，會在內在同步出現負面心緒。

心靈工作者如何沾染到個案的負能量呢？當他們內在存在著與個案類似的負能量時，其內在的負能量會與個案的負能量相互吸引、同頻共振，令心靈工作者內在隱藏的負能量湧出心頭。

當出現負面心緒後，心靈工作者會透過一些方法消除負面心緒；譬如說，心理醫師會找另外一個心理醫師做心理諮商，廟裡辦事的人會在神明面前吐沙。

作為專業的心理諮商師，面對個案的負面能量，最佳方法不是頭痛醫頭，腳痛醫腳，等沾染到能量後再處理，而是要由預防下手，學習避免沾染負能量。

如何避免沾染負能量維護身心靈健康呢？最佳方案是在面對充滿挫折與痛苦個案時，要能以平靜心面對，否則極易沾染負能量。

幫助玲玲清除心靈負面能量

我近年來主持一個「光與愛」課程，主旨是培訓心理諮商師。玲玲參加了該課程後，放棄了原本工作，轉換跑道變成一個專業的心理諮商師。

她協導個案的心理諮商能力頗強，但偶或出現持續性的頭昏、發燒現象。醫師幫她檢查，找不到任何生理病灶。她揣測這些生理不適源於心靈諮商時沾染的負面能量,我建議玲玲利用催眠移除負能量。

與玲玲的催眠對話

下面是與玲玲的催眠對話。

劉醫師：「我將數數字由三到一，聽到一的時候，你將回到你來本世之前停留的地方。三、二、一，玲玲，妳在那裡？」

玲　玲：「我在一個透明的場域，沒有時空，一切都是光。我的心靈伙伴都是光體，他們與我既分離又結合。」

劉醫師：「感覺到什麼？」

玲　玲：「靈體間沒有相互比較、階層、高低，我沒情緒、慾望。」

劉醫師：「感受妳這一世為什來到人間？」

玲　玲：「經驗生命、愛。」

劉醫師：「往下，我將數數字三到一，聽到一的時候，你將投胎進入母親的子宮中。三、二、一，進入了嗎？」

玲　玲：「嗯！進入了。」

劉醫師：「說說看在子宮中感覺怎麼樣？」

玲　玲：「嗯！舒服、安全，很好奇。」

劉醫師：「感覺母親此刻心情呢？」

玲　玲：「很開心，在笑。」

劉醫師：「現在妳眼前有個日曆自動往後翻，翻到一歲生日的時候。妳在幹什麼？」

玲　玲：「在洗澡，不喜歡洗澡，心情不好，希望媽媽洗快一點。」

劉醫師：「現在，眼前日曆翻到妳童年很快樂的某天。妳在幹什麼？」

玲　玲：「我六歲，在公園溜滑梯，天氣很好，爸媽都在陪我，我好快樂。」

劉醫師：「此刻心中有什麼想法？」

玲　玲：「想要快長大，想做好多事。」

劉醫師：「現在，眼前日曆翻到妳生命中最不快樂的那一天。妳感覺到什麼？」

玲　玲：「父母在吵架，我不快樂。」

劉醫師：「父母吵架妳不快樂，如果街上的人吵架，妳不快樂嗎？」

玲　玲：「不快樂。」

劉醫師：「為什麼街上的人吵架妳也不快樂呢？」

玲　玲：「吵架不好。」

劉醫師：「人間處處充滿著衝突，想避都避不開。此刻，充滿智慧的玲玲面對衝突有兩個選擇；一個選擇，是以無關的第三者平靜、智慧的看著衝突，不起心動念，以理性訴求處理衝突；另一個選擇，是以一個當事人或受害者的角色，任由衝突引發玲玲負面情緒，玲玲會怎麼選呢？」

玲　玲：「選擇以平靜、智慧的第三者靜觀衝突。」

劉醫師：「現在，玲玲回到現在，翻日曆回到父親往生的那一天。看到什麼？」

玲　玲：「我十六歲，爸爸突然心臟病發作，躺在椅子上喘氣，很痛苦。」

劉醫師：「你此刻心念如何？」

玲　玲：「傷心、恐懼。」

劉醫師：「玲玲為何傷心？」

玲　玲：「遺憾沒有認真好好的跟爸爸相處，沒有為爸爸多做一點事情。」

劉醫師：「這個心念放在現在的生活，玲玲會如何做呢？」

玲　玲：「想做什麼就要立刻做，沒有遺憾。」

劉醫師：「現在，請翻日曆回到母親往生的那一天，感覺到什麼？」

玲　玲：「媽媽心肌梗塞，她不用再痛苦了。我告訴她：我很愛妳，妳不用怕，我會很好。」

劉醫師：「在既往，你的心靈深處有個守護天使給妳生命的智慧與指引。這個守護天使可能有兩片潔白的翅膀，或者像一道光，或者呈現某種感受。現在，我想邀請妳的守護天使站在妳的面前，三、二、一，感受到了嗎？」

玲　玲：「嗯！」

劉醫師：「我要你問守護天使，你父親往生是一個無常的變動呢？還是一個既定的計劃？」

玲　玲：「它是一個美好的安排。」

劉醫師：「我要你問天使：你父母親的往生到底為的是什麼呢？」

玲　玲：「天使告訴我要透過父母的往生感受人們的痛苦。」

劉醫師：「天使告訴你你父母的往生不是偶然的，是要你去學習感受人們的痛苦，是嗎？」

玲　玲：「嗯！」

劉醫師：「那請你問天使：為了學習，為什麼我的父母一定要為我這麼早犧牲呢？這樣子的犧牲公平嗎？」

玲　玲：「我的父母就是天使，他們自願進入人間扮演這個角色成全我。」

劉醫師：「我要你詢問天使：為什麼要你去覺知人們的痛苦呢？」

玲　玲：「讓我能夠深入理解人們痛苦，將心比心。」

劉醫師：「我要你詢問天使：當我能夠深入理解痛苦，將心比心，我該做什麼呢？」

玲　玲：「在心靈上能夠幫人，幫自己。」

劉醫師：「玲玲在心靈的能力是既往就擁有的呢？還是在這一世學習的呢？」

玲　　玲：「是既往就擁有的。」

劉醫師：「玲玲擁有什麼樣的心靈能力呢？」

玲　　玲：「幫助人回到生命的源頭。」

劉醫師：「玲玲是一個正在回到源點途徑上的能量嗎？」

玲　　玲：「是的。」

劉醫師：「玲玲未來有兩個選擇，一個是選擇回到生命源頭，一個是持續在人間幫助人們，玲玲會怎麼選擇呢？」

玲　　玲：「選擇持續幫助人們，跟他們一起回去。」

劉醫師：「在心靈生涯中，玲玲有什麼特別要學習的呢？」

玲　　玲：「從不知道人的心，到了解人的心。從知道生命的真相，到能夠去帶領人們的心回到源點。」

劉醫師：「玲玲此刻做得好嗎？」

玲　　玲：「正在經驗，沒有什麼好跟不好。」

劉醫師：「玲玲幫助人的時候，偶爾會有生理或心理上障礙，玲玲該怎麼解除這些障礙呢？」

玲　　玲：「在幫助人們的時候，要能夠平靜的去體驗、覺知。」

劉醫師：「玲玲該如何心靈平靜的去體驗覺知呢？」

玲　　玲：「要放下心裡的執著，放下執著對人的好與壞。好是一種感覺，壞也是一種感覺，都是一樣的，不要執著好與壞。」

劉醫師：「玲玲在未來生涯中要能夠自由的飛翔，需要特別學習什麼呢？」

玲　　玲：「要懂得放下不需要的記憶，要放下其他的人對我評論的眼光。」

劉醫師：「玲玲懂得放下不需要的記憶，放下其他的人對她評論的眼光嗎？」

玲　　玲：「可以的。」

玲玲催眠探索

如何消除玲玲心靈負能量

前面提到過，一個人心靈中如果存在著負能量，例如執著、恐懼，則容易沾染到別人的負能量。如何消除這些負能量呢？理性下的釋放一般效果不彰，因為多數人引動情緒的根源，是潛意識中反射屬性的印記。所以，消除內在負能量的最佳模式是轉化潛意識中的負面印記。

催眠最大的優點，就是直接在催眠中與個案潛意識對話，並轉化其內在印記。基此，協助玲玲消解內在沾染的負能量最佳方式是催眠。當催眠時玲玲潛意識被植入轉化訊息後，未來玲玲協助個案就不易沾黏負面能量。

再談生命中的角色非角色

在十八世紀，英國有個知名的哲學家大衛·休謨(David Hume)，在他提倡的經驗主義中，最知名的哲學概念是懷疑論(Skepticism)。他否定人侷限的思考邏輯足夠探索生命現象的因果關係。如果玲玲這段回溯為真，就證實了休謨的因果懷疑論：「三維世界的思想無法跨界到高維世界解讀因果。」

玲玲父母的早逝，令她覺知到生命無常，也帶給她心中的痛。玲玲從催眠中更大的靈性覺知下，意識到她父母的往生並非偶然，它是在既定的高維規劃下，利用她父母往生的苦作為催化劑，令玲玲能夠更深切覺知人們的苦，而令玲玲能在這個覺知下更能夠深入幫助人們。

為什麼玲玲被規劃覺知苦呢？

一個稱職的心理諮商師在諮商個案時，如希望諮商效果快捷有效，必需學習打開個案的潛意識，而促成與個案深度的交流。如何打開個案的潛意識呢？

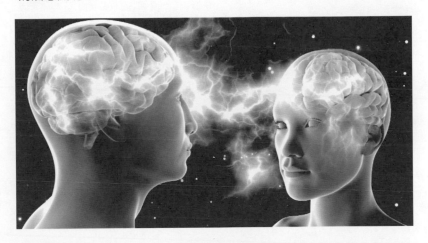

打開潛意識的門檻不在於心理諮商師豐富的學識、華麗流暢的口語引導或理性下理解個案的苦，而在於：「能否在心靈中存著可與個案心靈同頻共振的同理心」。

當諮商師面對個案的苦感同身受，並在同理心下呈現對個案的關懷與愛時，這種療癒能量會傳輸到個案心念中。當個案接收到諮商師的關懷能量時，則願意打開潛意識，接受諮商師的指引。

玲玲來本世之前，在高維的規劃下，既定學習計劃是協助人們提升心靈。在這個規劃下，玲玲必需先學習覺知人間痛苦，才能在同理心下擁有更大的能量協助人們。而玲玲父母的離去，就是要協導玲玲建立同理心體會人間苦。

如果玲玲的回溯訊息是真相，那面對人生的際遇，就得更柔軟些，就得學習用更寬廣的視野與更深入的離世智慧，才能探究它們背後的真相。

由玲玲父母早逝談面對死亡

人該如何看待死亡呢？對這一點，不妨藉由孔子對子貢提示的死亡見解，一窺普世人們面對死亡的心念。

孔子說：「首先是虔誠，其次是悲哀，外貌憔悴為下。臉色要和悲哀的心情相稱，悲戚的臉容要和喪服相稱。父母剛死的頭三天要號哭不止，水漿不能入口。三個月內朝夕祭奠，毫不鬆懈。周年時還是經常悲哀，想起父母就哭泣。」

從孔子教導子貢對先人往生的禮數揣測，孔子必定是達爾文進化論的擁護者，認定死亡代表形體永恆消散。而因此，親友自當對往生者的永恆消散悲傷不捨。

但如果前世回溯是實相，人往生只是代表該世的功課結束了，要回到他原來的平靜、有愛、美好的家。在這個情境下，面對死亡應是歡喜的，而非悲傷的。

基於對生命恆在的理解，在理論上，基督徒面對親友往生應會心生歡喜，因為他知道該親友往生後會被神接引到美好的天堂。同樣的，佛教徒面對為善親友往生，也會心生歡喜，因為該親友往生後會被接引到西方極樂世界或天道。

但觀看一些宗教徒面對親友的往生，多數仍心存悲傷、不捨，為什麼呢？它暗示該教徒信仰不堅，不相信親友往生後會去到美好的世界？還是心存對往生者的依賴與不捨？

想提升面對死亡的出世智慧嗎？方法無二，不妨從禪定中培養寂靜的心，當心寂靜後，就如同杯子裝的水被倒掉，則自然在寧靜中可以接收面對死亡的出世訊息與智慧。

玲玲得懂得放下對好、壞的執著

在回溯中，玲玲強調：「需要放下心裡的執著，放下執著去感受好與壞，好是一種感覺，壞也是一種感覺，都是一樣的，不要去執著好與壞。」

從人的理性角度看，這段話顯然是不恰當的；人間如果沒有強烈意識到善惡、是非、對錯、好壞，並給予評斷，社會將會凌亂，人與人間會變得充滿衝突跟對立，不是嗎？這種社會的理性制約當然對社會安定是有益的，這個論點無庸置疑。但這種評斷是三維人間二元思想下理性評斷。

如果更高維的靈界存在，則從高維靈界角度來看，人來人間其實是享受經驗二元世界的旅程，而這個經驗是廣泛的且二元雙向的。此外，從學習的角度來看，唯有生命中負面境遇才能提供更大學習刺激，不是嗎？

所以，放下對好與壞的執著是離世的大智慧，不是嗎？

如何生命中自由的飛翔？

玲玲在回溯中提示她在本世的功課，是要能夠自由的飛翔。如何自由飛翔呢？玲玲回溯中提示：「要自由的飛翔，得懂得放下不需要的記憶，懂得放下他人對我評論的眼光。」

先談放下回憶。

玲玲說的沒錯，回憶是綁架生命的始作俑者。我們的大腦如同一個時間軸，軸上依著時序，掛滿了許多既往的回憶。前面曾經提及，回憶真的好嗎？回憶將你的生命投入早已就消散的、虛幻不實的香草天空中。

再談放下別人的眼光。

人們對於你生命中的所作所為，會有評斷。你不能夠控制別人對你的眼光與評斷，就像你不能夠控制天空中的雲。也因此，如果你介意他人對你的評斷，你將會痛苦，因為你把生命的喜樂與價值交託給別人。

但如果你面對生命改弦易轍，將評斷交託給你自己，並接受你自己所擁有的一切，那你就會喜悅，因為每一個人都會懂得去愛自己。這裡所謂的「愛自己」，不是自憐或自私，而是能夠認同自己的價值。

面對這個建言，相信你會認同。如何執行呢？靜心吧！在靜心態的生命中，你會自動的失憶，也能輕鬆的放下外在世界對你的批判。

協導人們回到原點

每一個靈離開根源母體後，存在自由的選擇；他可以選擇持續的在紅塵的花花世界中經驗二元的愛恨情仇，也可以選擇在厭倦紅塵的二元情境下回歸根源。這兩種選擇並沒有對或錯，完全是每一個靈的自由選擇，而老靈魂多數會選擇後者。

也因此，當一個帶著光的天使來到人間，他協導人們有兩種模式；一種是幫助迷戀紅塵的人們在生活中脫苦，另一種是引導厭倦紅塵的人們回歸生命的根源。這兩個協導層次是不同的，而玲玲在規劃下選擇了後者。

第九章　前世回溯案例探索

第二十四篇　如何領受神的臨在呢？

第九章 第二十四篇 如何領受神的臨在呢？

如何領受神的臨在呢？

Claire是個三十多歲的年輕女孩子（註），畢業後換過幾個工作。雖然她工作能力頗高，也得到既往就職公司賞識，但總覺得不喜歡這些工作。她見到我時剛辭掉工作，頗困擾不知該選擇什麼樣的工作才可激發她的興趣，希望透過回溯探索答案。

註：年輕女孩子比較愛做催眠嗎？

看了本書載錄的前世回溯案例後，也許會留意到一個有趣現象，就是這些個案絕大多數都是年輕女性。這是個連我也好奇的現象，年輕女性對催眠比其它族群更有興趣嗎？

我主持的「光與愛心靈課程」也呈現相同現象，參加的學員80%以上都是年輕女性。對這個不平衡的參與比例，不覺得有趣嗎？這顯然不是個巧合，是女性在心靈領域比男性更有提升動機嗎？

與Claire催眠的對話

劉醫師：「我開始數數字從三數到一，數到一的時候，妳會進到潛意識為妳安排的某個與修行相關的前世，三，二，一，感覺到什麼？」

Claire：「我在教堂。」

劉醫師：「描述教堂裡有什麼。」

Claire：「教堂很大，有很多彩繪的玻璃、十字架、耶穌，還有很多座椅。」

劉醫師：「很好，看看這個教堂，感覺妳在什麼年代？」

Claire：「十四世紀。」

劉醫師：「感覺妳是誰？」

Claire：「修女。」

劉醫師：「幾歲？」

Claire：「二十幾。」

劉醫師：「長相什麼樣子？」

Claire：「很娟秀，皮膚白皙。」

劉醫師：「此刻情緒是什麼？」

Claire：「（啜泣聲）」

劉醫師：「悲傷嗎？」

Claire：「嗯。」

劉醫師：「我要妳深入這個悲傷源頭，原因是什麼？」

Claire：「我被困住了，我不想在這裡。」

劉醫師：「我要妳覺知原因，為什麼妳歸附修道院？」

Claire：「我在逃避什麼。」

劉醫師：「很好，妳前面有一本月曆，我要妳往前翻，翻到六歲的時候，說說看什麼感覺？」

Claire：「很自由、開心。」

劉醫師：「生命好好，穿什麼衣服？」

Claire：「洋裝。」

劉醫師：「在幹嘛？」

Claire：「一個人在草地上玩，花草都是我的朋友。」

劉醫師：「天氣好嗎？」

Claire：「對」

劉醫師：「人生好不好？」

Claire：「非常好。」

劉醫師：「好，我從三數到一，進到房子裡去，三、二、一，感覺到家了嗎？」

Claire：「一個平凡樸素的房子，家裡沒有什麼過多的擺設。」

劉醫師：「好，看到父母了嗎？描述一下。」

Claire：「他們是白種人，爸爸高高帥帥的，媽媽很漂亮。」

劉醫師：「頭髮是什麼顏色？」

Claire：「爸爸是棕色，媽媽顏色比較淺。」

劉醫師：「好極了，這是一個溫暖的家嗎？」

Claire：「是。」

劉醫師：「此刻感受生命好不好？」

Claire：「非常好。」

劉醫師：「我要妳轉進到十八歲見到異性伴侶的那天，三、二、一，看到了嗎？」

Claire：「一個身材很高大的人，很有男人味，很沉穩。」

劉醫師：「心裡對他歡喜嗎？」

Claire：「還好耶。」

劉醫師：「妳知道妳會嫁給他嗎？」

Claire：「嗯。」

劉醫師：「很好，進到妳們結婚後第一次嚴重衝突那天，感受妳的情緒，他對不起妳嗎？」

Claire：「有了第三者，我好生氣，覺得很失望。」

劉醫師：「對婚姻此刻看法怎麼樣？」

Claire：「我想離開。」

劉醫師：「當一個男人愛一個女人，怎麼可以有其他想法，對嗎？不可以被原諒的。」

Claire：「嗯。」

劉醫師：「這個男人不值得被愛，妳看錯了人，對不對？」

Claire：「嗯。」

劉醫師：「如果時光倒轉，妳還會嫁給他嗎？」

Claire：「不會！」

劉醫師：「很好，面對這個殘破不堪、沒價值的婚姻，妳做了一個決定，我要妳進入做決定的那一天。妳做了什麼決定？」

Claire：「我想要尋找平靜，去了教堂，想要獲得救贖。」

劉醫師：「妳心中有神嗎？」

Claire：「嗯。」

劉醫師：「我要妳感應心中這個神，妳真的確定祂存在？還是妳只是希望祂存在，只是一個假象？」

Claire：「我只是希望祂存在，可以給我依靠。」

劉醫師：「當你生命中面臨困境時，當在這個困境在心靈努力下無解時，仰賴一個神是一條出路，對不對？」

Claire：「嗯。」

劉醫師：「我要妳進入做修女的第一天，妳戴上修女帽，穿上了修女服，三、二、一，進入那一天，妳又回到那個場景了嗎？」

Claire：「嗯。」

劉醫師：「把心情再說一次。」

Claire：「我不想在這裡。」

劉醫師：「妳不想在這，但是妳無處可去，對不對？」

Claire：「對。」

劉醫師：「生命好像是一個無解的死胡同，對不對？」

Claire：「對。」

劉醫師：「生命是無解的，一個我看錯了背叛我的男人，讓我的生命變的困頓、變得絕望，變得無路可走，把我逼到修道院，而我的心中卻不見得真的有那個神，對嗎？」

Claire：「對。」

劉醫師：「妳心中的神只是想像的嗎？」

Claire：「對。」

劉醫師：「所以妳在修道院，心中並沒有真正得到釋懷？」

Claire：「沒有，我依舊空虛。」

劉醫師：「好。我要妳進到往生前的五分鐘，三、二、一，面對這整個生命，說說看妳的想法。」

Claire：「我虛度了。」

劉醫師：「人生並沒有價值，對嗎？」

Claire：「對。」

劉醫師：「假設妳能夠選擇不來這個人間，不經受這一些不如意的痛苦，會不會比較好？」

Claire：「（嘆氣）對，我沒有學會。」

劉醫師：「進一步說，該怎麼做？」

Claire：「我活在我自己創造的框架下。」

劉醫師：「妳認為妳來到這個人間為什麼？」

Claire：「來經驗而已。」

劉醫師：「妳經驗到妳想要經驗的了嗎？妳是來經驗苦嗎？經驗背叛嗎？經驗死亡跟絕望嗎？」

Claire：「嗯。」

劉醫師：「妳想要學習些什麼？還是妳就單純想要經驗？」

Claire：「我只是想要來經驗。」

劉醫師：「從某個地方來講，平淡的無趣的生命，比如說做一個單純平淡的農夫，是無趣的嗎？」

Claire：「對。」

劉醫師：「一個讓妳受創傷的背叛婚姻是精彩的嗎？」

Claire：「是。」

劉醫師：「所以就像是在拍電影嗎？平淡無趣的電影是不賣座的，是嗎？」

Claire：「對。」

劉醫師：「對這一世的人生論精彩度，妳給幾分呢？」

Claire：「九分。」

劉醫師：「很好，妳對於生命的滿意分數打到九分，覺知生命原來就是一個經驗，對不對？」

Claire：「嗯。」

劉醫師：「在往生前週邊有人嗎？」

Claire：「沒有。」

劉醫師：「假設妳要給自己一段生命建言，妳會說什麼？」

Claire：「我以為我經歷了苦，但那都不是苦；我以為我投向神的擁抱，但那並非真正的擁抱，一切都是來自於內心的制約。」

劉醫師：「其實我們內心投射了一個我們想要投射的世界，是嗎？」

Claire：「對。」

劉醫師：「很好，還有什麼話想說？」

Claire：「與其相信有神，不如相信自己內在的光。」

劉醫師：「相信神是一個依賴，相信內在的光是智慧，是嗎？」

Claire：「是的，本身內在的光就是一個智慧覺知。」

劉醫師：「我們心中其實都有一個光，一個能量，一個智慧，當我們把心向內，不再依賴外境一切，在平靜下我們會探索到更大的能量與智慧，是這個意思嗎？」

Claire：「是的。」

劉醫師：「很好，這是妳往生前的覺知？」

Claire：「是的。」

劉醫師：「我想我們回到妳來本世之前的那個世界，三、二、一，回去了嗎？描述一下妳的狀況。」

Claire：「很寧靜。」

劉醫師：「感覺妳現在是什麼樣子？」

Claire：「沒有樣子，就是一團意識。」

劉醫師：「見到伙伴了嗎？」

Claire：「感覺的到。」

劉醫師：「不是用視覺？」

Claire：「對，是感覺。」

劉醫師：「感覺的到任何的夥伴跟這一世有關連嗎？」

Claire：「看到Austin。」

劉醫師：「很好，他在歡迎妳嗎？」

Claire：「我靜靜的，感覺他比較跳躍。」

劉醫師：「他有對妳說話嗎？有傳達某種心意跟訊息嗎？」

Claire：「他好像在笑我。」

劉醫師：「他有資格笑妳嗎？」

Claire：「Austin說：『哈哈哈！妳自己選的，好玩嗎？』」

劉醫師：「妳自願要感受生命的苦、挫折、背叛，對嗎？」

Claire：「自己選的啊！」

劉醫師：「Austin有膽子做一樣的選擇嗎？」

Claire：「我想踢他下去耶。」

劉醫師：「很好，還有其他的人嗎？」

Claire：「Naomi。」

劉醫師：「她怎麼樣？」

Claire：「她說：『歡迎妳回來。』」

劉醫師：「她有跟妳分享什麼嗎？」

Claire：「她說：『我們要再學習唷！』」

劉醫師：「經驗有很多種，快樂也是經驗，悲傷也是經驗，是嗎？」

Claire：「她說：『那沒什麼啦！』」

劉醫師：「在靈性的一元世界中，快樂、悲傷都是一樣的，是不是？」

Claire：「一樣的。」

劉醫師：「我們入人間，只是在經驗一種二元感受，是嗎？」

Claire：「那是人世間才有的，好玩。」

劉醫師：「所以背叛也不在是背叛，它就是一種人間的現象，靈界沒有，對不對？」

Claire：「沒有。」

劉醫師：「就是因為沒有，你們才想去經驗二元世界的感受，是嗎？」

Claire：「嗯。」

劉醫師：「所以在人間有是非、對錯、善惡、好壞，在靈界沒有，對嗎？」

Claire：「沒有。」

劉醫師：「我要妳覺知當妳決定進入那一世的時候，妳是單純的覺知那個感受，還是妳認為在學習脫離那個感受？」

Claire：「我要覺知。」

劉醫師：「所以覺知就是功課，是嗎？」

Claire：「對。」

劉醫師：「所以它是單向的。」

Claire：「對。」

劉醫師：「妳並沒有為了某一種的學習或補償什麼不足才去的，是不是？」

Claire：「是。」

劉醫師：「所以人入人間做功課是為了提升心靈，不一定對。生命並沒有目的，本身就是一種享受，一種覺知，是嗎？」

Claire：「我是去玩的。」

劉醫師：「妳是一個調皮的能量，所以妳希望覺知各種不同的生命樣態，是嗎？」

Claire：「我好奇。」

劉醫師：「依妳這一世的計畫，妳想經驗的是什麼？」

Claire：「愛情與智慧。」

劉醫師：「人間的愛情好不好？」

Claire：「好玩耶。」

劉醫師：「對於愛，在一元世界無感，而在二元世界有感。在二元的
衝擊下，會有愛、有恨、有酸、有甜、有苦、有辣；一個是
平靜無感，一個是激情有感，妳喜歡哪一個？」

Claire：「喜歡有感。」

劉醫師：「所以你這一世來感覺人間的愛情。」

Claire：「對。」

劉醫師：「妳需要的是幸福，還是妳想要來感受某一種衝撞的愛情？」

Claire：「都想感受。」

劉醫師：「人間的愛多有趣？妳對不同的愛雙向都想感受？還是只想
感受幸福的愛？」

Claire：「都要。」

劉醫師：「所以，不幸福也是一種感受。」

Claire：「對。」

劉醫師：「所以，以後面對生命，當碰到任何不幸福感受的時候，妳
都會淡然地以更大的智慧去包容它、享受它、覺知它，但妳
不會抱怨，也不會受創傷，是這個意思嗎？」

Claire：「因為是我選的。」

劉醫師：「很好，這一世妳還做了什麼計畫？」

Claire：「提升智慧與勇氣。」

劉醫師：「很好，妳正在做嗎？」

Claire：「開始了。」

劉醫師：「覺得自己做的還好嗎？」

Claire：「才剛開始。」

劉醫師：「妳對未來有充分的信心嗎？什麼元素會讓妳成功？」

Claire：「相信自己。」

劉醫師：「很好，在這條路徑中妳需要任何人的協助嗎？」

Claire：「不用。」

劉醫師：「妳就是可以的，是嗎？」

Claire：「對。」

劉醫師：「在這個路徑持續往下走，會帶給妳生命什麼好處呢？」

Claire：「最大的喜悅。」

劉醫師：「在這一世，妳對於情愛跟無私的愛想怎麼選？」

Claire：「我選擇先體驗私慾的愛後，就要朝向無私的愛。」

劉醫師：「一體的兩面妳都要在這一世去經驗？」

Claire：「對。」

劉醫師：「妳懂得放下私慾的愛去成就無私的愛，是嗎？」

Claire：「我要來經驗的，現在還不懂。」

劉醫師：「妳這一世，什麼模式可以幫助妳提升靈性的智慧呢？」

Claire：「找回寧靜，聆聽內在的聲音。」

Claire回溯的探索

超意識下自我檢討

我在對多數個案做前世回溯時，幾乎例行的會引導個案們分享他們對該世生命的感受與自省。有趣的是，多數個案在回溯中對該世的自我檢討，幾乎都非在思想層次回應，而是在某種非思想的離世意識下進行的。

很明顯，深度催眠可令個案自動進入高維的超意識。這種超意識是什麼呢？依我的經驗，超意識是深植於心靈深處的靈界意識，或者說，是與某種神聖智慧能量意識聯結下的覺知，兩者均有可能。

一些個案在超意識下所進行的前世自我檢討，其內容在屬性上是跨世的，它絕非是思想內資源所能編織的，也非潛意識所能捏造的。這些內容頗值得個案在本世生命中作為參考與省思。

更有價值的是，這些個案在回溯中屬靈的覺知，經常令他們在爾後面對生命時引為生命標竿，並執持著不一樣的生活態度。

如何領受神的臨在呢？

在回溯中，Claire自覺生命無解，選擇遠離紅塵，進入修道院做了修女。但是她雖身為專職宗教徒，直到往生前心中的苦仍未消解。明顯的，Claire在她的宗教信仰背後隱藏了懷疑，而令她無法真正的領受到神的臨在。

一個宗教徒該如何領受神的臨在呢？

宗教徒心中若渴求神的臨在，也許會研讀經書或者是禱告。然而不管用什麼方式，當他以思想為尋求臨在的工具，則不易成功，因為臨在不存在於思想運作中。

要領受神的臨在嗎？要領受祂就要像是領受愛一樣，放下思想吧！放下思想後，當慾望不在，渴求不再，企圖不在，內在更深層的無意識

會升起。無意識是跨維覺知的天線，當無意識升起時，神的臨在會自動萌現。

Claire在回溯中被引導進入第五級催眠深度。在該深度下，她明顯的與某種神聖智慧能量意識聯結，而這個聯結，促使她說出一些有趣且值得探索與省思的生命訊息。

此外，Claire自覺回溯中與「神聖智慧能量意識」聯結下的訊息，促使她面對生命的態度與智慧有了正向轉化。

如果Claire在回溯中的聯結屬實，而且這些訊息促成她跳躍式的心靈轉化，那就頗值得我們探索：「在生活中，如何進行與神聖智慧能量意識聯結，而能夠在聯結下接收訊息與生命引導？」這個議題，相信也是許多禪修者與宗教徒每日例行功課與期望，不是嗎？

聯結路徑有兩個；自我催眠是個捷徑，它會產生類似Claire被催眠後的聯結。但未被正確引導的自我催眠效果不彰，它只會引發潛意識編織夢幻故事。另一個路徑是靜心，好的靜心品質會自動帶出這種聯結。

與其相信有神，不如相信內在的光

Claire在催眠回溯高維覺知中提示：「與其相信有神，不如相信內在的光。」這句話言之有物，它是一個豐盛生命的大秘密。

許多人面臨生活中的挑戰或擔憂，往往會向外去探索解決方案。例如說，走進一個宗教，透過神的協助處理生活逆境。如果Claire回溯中的高維覺知是真相，那麼答案就不一定是如此。為什麼呢？

人們入世前曾選擇要經驗一些預設的生命狀況，但是喝多了孟婆湯，忘記生命中的困境，其實是自願下的選擇。既然如此，如果神的確存在，他會協助你解決這些你自願選擇的生命困境嗎？

面對預設的逆境，你擁有兩種選擇；其一，任由逆境帶給你苦難與痛苦；其二，利用逆境作為學習觸媒，提升心靈。對於這兩個選擇，你會怎麼選呢？

如果你選了後者，也選擇不再向神祈求助援，那你該如何擁有更多資源面對呢？試試看另外一個方法吧。要知道，你心靈深處的無意識本來就充滿著光、能量與愛。當你面臨生活中的挑戰或擔憂，不再依賴外境，而把焦點往內，學習令心靈平靜，開啟你的無意識，你會在內在探索到更大的能量與智慧。

再談來人間為了二元經驗

人們面對二元世界,多數的人會選擇快樂,不會選擇痛苦;會選擇輕鬆,不會選擇壓力;會選擇愛,不會選擇恨;會選擇善良,不會選擇邪惡,會選擇乾淨,不會選擇骯髒。這種單向的正向選擇現象,是二元的人在思想下的特有屬性。多數的神祕主義者透過屬靈覺知,也認定每個靈進入人間得選擇正向目標提升心靈。

然而面對這個現象,Claire在回溯中靈界的覺知不盡然如此。她覺知到她去該世未設有特定目的,只是去雙向的經驗人生。她說:「我來人間是來經驗而已,而平淡的經驗無趣。論這一世的精彩度,我給九分。」有趣嗎?依她在靈界規劃生命經驗的角度,平順的生命經驗是低分,而痛苦的生命經驗竟然是高分。

一元靈界的靈在一元意識下呈現恆在寧靜狀態,既無喜也無悲,對二元生命兩極的情境都一樣無感。對某些靈來說,他們希望暫時離開一元靈界,轉化為二元意識,入紅塵經驗二元情境的雙向感受。

這些靈在規劃入世情境時,對二元情境兩端並無執著,他們會無方向性的自由揀選二元經驗。他們認定經驗二元情境不管那一端,都不過就是一種經驗、一種享受、一種覺知,他們認定生命頗像是一場自編自導的電影。既然人生如戲,平淡、順遂的電影既無趣也不賣座,而創傷刺激的電影反而是精彩的。

第九章　前世回溯案例探索

第二十五篇　聆聽天使的訊息

聆聽天使的訊息

N.H.是個約三十多歲的女孩，個性直爽、開朗，一切客觀條件不錯。早年是個舞蹈老師，由於該工作本非興趣，近年改行做了瑜伽老師。她遺憾在愛情路徑上不順暢，期待透過回溯，探索本世坎坷愛情在前世的因果。

與N.H.的催眠對話

下面是對她催眠的對話。

劉醫師：「此刻妳內在深層智慧開始升起，在等一下的前世回溯中，提示有關於本世情愛的重要訊息。妳現在在哪裡呢？」

N.H.：「我在一個金字塔洞口外面。」

劉醫師：「金字塔的規模有多大？」

N.H.：「很大。」

劉醫師：「我要妳放大五官覺知，覺知妳是誰？」

N.H.：「我是主持祭祀的人。」

劉醫師：「可以描述妳的樣子嗎？」

N.H.：「約二十幾歲女生，身材高挑細瘦，眼皮擦著眼影，深褐色
長髮，立體的五官，鼻子很高。」

劉醫師：「我要妳進入了金字塔，可以一邊走一邊描述一下這個金字
塔嗎？」

N.H.：「金字塔是土褐色石磚砌成，牆壁上面有火把，沒有窗戶，
越往裡面走越悶。」

劉醫師：「妳穿什麼衣服？」

N.H.：「穿著一件很合身的黑長袍，戴著黃金手環。」

劉醫師：「好，繼續往前走吧，擴大妳的視野，看到什麼告訴我。」

N.H.：「看到一個窗戶，窗外滿天的星空，很漂亮。」

劉醫師：「好，繼續走吧！去妳要去的地方。」

N.H.：「我到了一個高塔上。」

劉醫師：「妳到高塔上做什麼？」

N.H.：「站在上面，跳著為人祈福的舞蹈，高塔下面有很多人跪著祈福。」

劉醫師：「他們穿著什麼樣的服裝？」

N.H.：「中東服裝。」

劉醫師：「感覺在那個年代呢？」

N.H.：「好像在西元前幾百年。」

劉醫師：「妳覺知身為祭司為人祈福；現在時光往回走，暫時離開這一世，回到妳來這一世之前的靈性世界，感覺到什麼？」

N.H.：「我在無垠星際裡面，有個任務。」

劉醫師：「深入覺知這個任務，說出來。」

N.H.：「要回到地球協助人類提升靈性，還有一個任務，去了才會知道要經驗什麼。」

劉醫師：「這個任務是妳自己設定的，還是心靈導師幫妳設定的？」

N.H.：「我自願的，週邊也有一些靈協助。」

劉醫師：「旁邊有那些靈這一世跟妳熟悉？」

N.H.：「蘭妍、湘湘、Claire。」

劉醫師：「妳覺知有個任務，要下人間提升人們心靈，也知覺到妳來人間隱藏著功課，什麼功課？」

N.H.：「經驗愛。」

劉醫師：「進一步描述，什麼屬性的愛是妳要去經驗的？」

N.H.：「對人類無私奉獻的愛。」

劉醫師：「現在，現在開始投胎進到母親子宮裡，感覺到了嗎？在母親子宮裡怎麼樣？」

N.H.：「好安全。」

劉醫師：「在子宮裡，對於生命既定任務跟學習的覺知還在嗎？」

N.H.：「淡淡的。」

劉醫師：「往前翻月曆，翻到五歲的時候，妳會存在著某種情緒，擴大那個情緒，告訴我那是什麼狀況。」

N.H.：「覺得很無助。」

劉醫師：「把無助的感覺放大五倍，覺知無助的背後原因是什麼。」

N.H.：「大家喜歡的東西我沒有興趣。」

劉醫師：「很好，現在進到十五歲，妳的家族為妳做了一個安排，妳非常不喜歡那個安排。進入那個安排，進入那個情緒。」

N.H.：「（嘆氣）覺得被逼迫。」

劉醫師：「說說看吧。」

N.H.：「要嫁出去。」

劉醫師：「妳不喜歡對方，對不對？」

N.H.：「沒有感覺，覺得很悶。」

劉醫師：「妳怎麼辦？」

N.H.：「不開心，不想接受。」

劉醫師：「但妳接受了嗎？」

N.H.：「嗯。」

劉醫師：「這是妳在生命中的第一個男人，是嗎？」

N.H.：「嗯。」

劉醫師：「現在翻動日曆，進入婚後第二個與妳感情相關的男人。」

N.H.：「覺得面對第一個關係不開心，第二個男人讓我覺得可以喘息。」

劉醫師：「進到心靈深處，妳真的喜歡這個男人，還是在逃避某種感覺？」

N.H.：「我以為我愛，其實是在逃避。」

劉醫師：「現在，站在妳生命中第三個愛的男人面前。三、二、一，感覺到了嗎？」

N.H.：「我覺得跟第二個很窒息，才找了第三個。」

劉醫師：「此刻面對第三個感情，感受呢？」

N.H.：「一樣不好。」

劉醫師：「好，也是為了某種逃避而接受這個感情嗎？」

N.H.：「嗯。」

劉醫師：「婚姻還在嗎？」

N.H.：「嗯。」

劉醫師：「面對這些婚外情，妳的心靈狀態是什麼？不談對錯，談狀態。」

N.H.：「我找不到我要的是什麼；剛開始以為找到了，可是進入的時候，發現我所謂的愛不是那種愛。」

劉醫師：「很好，妳苦於不歡喜家族加諸給妳的婚姻，所以順從自己的自由心去尋覓愛。當妳面對某個異性，在探索愛走入深層時，又發現這個愛不是妳想的。妳是在討愛還是在給愛？」

N.H.：「討愛。」

劉醫師：「為什麼身為幫助眾生提升心靈的祭司，心中會討愛呢？去感覺討愛的背後是什麼？是心靈中的匱乏嗎？」

N.H.：「覺得好像要讓生命呈現一個好的樣子。」

劉醫師：「妳達到目標了嗎？」

N.H.：「沒有，找不到。」

劉醫師：「當妳心靈中存在寂寞、依賴，想追尋愛去填補，使生活完整；妳經過所有的努力，終究是失敗的？」

N.H.：「嗯。」

劉醫師：「我要妳進到做祭司的那一天，告訴我那天發生了什麼？」

N.H.：「覺得好像一再的被親人背叛，他們的心都不在我的身上，我就把情感封閉起來。」

劉醫師：「想一想在那個時刻，為什麼妳要選擇祭司這條路呢？是誠心為了想提升人們的心？還是有別的想法呢？」

N.H.：「有種被需要的感覺。」

劉醫師：「回到在金字塔內主持儀式那個時刻，去感受妳化身這個角色，是真心迎合妳來之前既定的任務？還是擁有其他目的呢？」

N.H.：「一半一半。」

劉醫師：「很好，妳既有一顆服務的心，因為妳的心中有著大愛，但另外一半的心是俗世的慾望，譬如說，妳需要有更多的掌聲去證明妳的重要性，是這樣嗎？」

N.H.：「是的。」

劉醫師：「現在，我要妳進入往生前的五分鐘，在此刻妳是平靜的，帶著滿滿的覺知，清楚的從上往下看著妳整個生命經歷的一切。三、二、一，告訴我妳的狀況。」

N.H.：「我一個人躺在床上。」

劉醫師：「心念呢？」

N.H.：「覺得太執著了。」

劉醫師：「執著什麼？」

N.H.：「想要擁有。」

劉醫師：「所以妳帶著一種不滿跟遺憾嗎？」

N.H.：「嗯。」

劉醫師：「我們來回味一下，假設妳有能力，什麼樣子的生命改變會讓妳此刻在往生前沒有遺憾、沒有哀怨呢？」

N.H.：「要在清淨心下對自己所有的體驗更加的誠實。」

劉醫師：「妳應該認真的、清楚的、誠實的面對自己的體驗，是嗎？換句話講，整個生命中，也許妳內在存在著智慧跟領悟，但是妳都漠視它，讓它被麻痺。而妳用內在的情慾跟情緒去面對生命，讓生命走的顛顛簸簸，是這樣嗎？」

N.H.:「嗯。」

劉醫師:「這個祭司在妳的生命中真正帶給妳的是什麼?現在妳要往生了,妳可以帶得走身為祭師所帶給妳的一切功德嗎?」

N.H.:「不行。」

劉醫師:「不行,妳是說妳扮演一個很高貴的、領導的祭司,而這個祭師所做的一切,並沒有在生命中帶給妳多少收穫,是這樣嗎?」

N.H.:「因為我沒有真正的提升。」

劉醫師:「妳沒有認真地去提升,妳在執行任務時背後隱藏著慾望,是嗎?」

N.H.:「是。」

劉醫師:「對妳這一世的情慾,願意分享什麼?」

N.H.:「其實,每一段生命中接觸的感情,背後都隱藏著學習的功課。」

劉醫師:「回到妳的婚姻;如果妳有回頭機會,以心靈更大的覺知,妳會怎麼去面對呢?」

N.H.:「會好好的感受,不是選擇逃避,而是跟先生溝通。如果要分開,也是平靜的分開。」

劉醫師:「所以討愛並沒有帶給妳歡喜,是嗎?」

N.H.：「沒有。」

劉醫師：「我現在要引導妳回到妳來的地方，三、二、一，說說什麼場景跟週邊狀況。」

N.H.：「一樣在星空裡面。」

劉醫師：「又回到了剛剛的星空，夥伴們都在嗎？」

N.H.：「有些在，有些不在。」

劉醫師：「那妳是不是也如往常，跟他們分享妳這一世？我給妳一分鐘時間，讓妳跟心靈導師還有夥伴們暢談這一世，然後跟我說討論的內容跟結論是什麼。」

N.H.：「覺得學了很多知識，但是忘記了任務。」

劉醫師：「所以妳必須再次經驗愛，不是嗎？」

N.H.：「嗯。」

劉醫師：「妳是故意的嗎？」

N.H.：「是，太自我了。」

劉醫師：「這一世妳該學習的功課是什麼？」

N.H.：「寧靜中產生智慧，智慧會帶出真愛。」

劉醫師：「而真愛讓妳變成光跟能量，是嗎？」

N.H.：「是。」

劉醫師：「這一世妳需要注意的是什麼？情愛好不好？」

N.H.：「好，可是不要忘記背後有一個更大的目的。」

劉醫師：「沒有錯，妳進入這一世有個肉體，肉體有一個面對情愛的
自然反射需求。妳有一顆心，妳的心當然可以自由地接受情
愛。但是不要忘記了，情愛只是人世間私慾的愛，而它的背
後隱藏著更大的任務。」

N.H.：「是。」

劉醫師：「妳認為往後妳可以成功的走向這個任務嗎？」

N.H.：「可以的。所有經歷的開心或是痛苦，它背後都是隱藏著祝
福。」

劉醫師：「很好，妳開始知道，生命所有經驗一切，不管是開心或痛
苦、好或壞、是非或善惡，它背後都隱藏著祝福，對吧？」

N.H.：「是。」

劉醫師：「祝福什麼？」

N.H.：「因為沒有自己真正的去經驗、感受那些過程，就沒有辦法
把無條件的愛給出去。」

劉醫師：「妳沒有覺知人生，就沒有資格去幫助需要被幫助的人，是
嗎？如果你沒有真正的同理心，只是理性上的思索跟教條，
就沒有辦法幫助人們，對嗎？」

N.H.：「是的。」

劉醫師：「妳從年輕到現在，林林總總走過的一切，不管它是痛苦還
是災難，現在妳有了一個新的覺知。妳開始可以把既往所有
一切的災難都轉化，把它變成母親的祝福。這一切祝福的背
後，就是要妳生命中對於人的痛苦、迷惘有所覺知。當妳有
了痛苦跟迷惘，才可以覺知其他人的痛苦跟迷惘，是嗎？而
妳開始懂得這所有既往的痛苦跟迷惘不是妳的業，不是妳的
災難，也不是妳生命的十字架，更不是妳的包袱。妳會在這
一次的冥想中，把它都放掉，是嗎？」

N.H.：「嗯。」

劉醫師：「妳認為可以在未來生命中，放下所有生命的包袱，讓妳的心變得清空，讓妳的心能夠在每一個當下活得自在，活得有智慧，擁有更多的愛？讓妳開始環觀四周，幫助生命中該需要去幫助的人，妳可以嗎？」

N.H.：「是。」

劉醫師在回醒前下指令：

「我要妳牢牢地將這些訊息根植入心靈深處，植入每一個細胞、每條神經跟血管，讓它在堅實的土壤中被滋養、醞釀。而讓妳在爾後清醒時，不必思想，不須要理性分析，不必努力，不必使用意志力，妳會自動讓開展的能量變作光、變作愛，而能夠無條件去幫這個世界上所有需要幫助的人與需要提升心靈的人。」

「而生命中妳需要經驗情愛，因為這才能夠完整妳對人生的了解。妳的心會打開，自動散發一種靈性的訊息，自動的吸引非常合適並且陪伴妳走向幸福、自由的好伴侶。這一切妳不必努力，它會自動的發生。因為當妳的心成為光跟愛的時候，妳就變成一朵美麗芬芳的花。在花園中，當花朵盛開的時候、當它自由吐露芬芳的時候，一切的吸引力就自動會發生。這是妳命中注定的，妳根本就不需要去努力。」

N.H.前世回溯探索

N.H.回溯中祭司角色

N.H.在回溯中覺知她是個祭司；我想藉她該世的角色，談一談到底人在人世的角色規劃上是如何決定的呢？對於這個議題，答案可能有兩種；其一，角色規劃是隨機的；其二，角色規劃並非隨機的，它是呼應該個案生命中應學習的功課或應經歷的經驗而決定的。

答案是哪一個呢？依在個案回溯中所收集的訊息，多數答案是後者。

表面上看，似乎每個人累世扮演的角色與經歷的內容是分離的、獨立的與隨機的，但這只是表象。細觀許多個案的累世情境，它們之間頗有點像是電影的連續劇，每個人累世也許扮演不同角色，但面對的功課或經驗的內容卻是連貫的、相似的。

任務與情慾

在催眠回溯中，N.H.自覺她進入該世有個任務，就是要協助人類提升心靈。此外，她還有個要學習的功課，就是轉化情慾為無私的愛。

對N.H.在該世，他所經驗的情慾與協助人類提升心靈之間，存在著矛盾，是相衝突的。當情慾存在時，利他的愛就少了；當利他愛少了，

協助人類提升心靈的能力就會大大的降低。一個協助人們提升心靈的心靈導師，必須擁有利他的愛。

為什麼N.H.會在同一世面對二個相互衝突的任務與功課呢？依回溯中接收的訊息，一般靈界的靈來到人間，依靈性層級高低，會呈現三種不同的角色：

💡 第一種靈的靈性在高層級，來人間完全是協助人們提升心靈。
💡 第二種靈的靈性在略低層級，來人間協助人類提升心靈，但也同時有學習的功課。
💡 第三種靈的靈性在低層級，來人間專程是為了學習。

N.H.的靈性層級在第二階。

有一點需要說明，這種靈性分高低層級的分法，只是讓擁有思想的三維人類容易理解；但在靈界中，不同靈性層級的靈之間，並沒有意識到靈性層級有高低、上下之分，也不存在相互比較或競爭。

到人間後忘記了任務

N.H.在靈界時，在她高維意識的覺知下，清楚的知曉她下一世生命的規劃，但進入子宮後，對於生命的規劃就淡忘了。

多數人進入人間，會忘記他真正是誰，忘記他來人間前所設定的任務或學習。他們面對柴、米、油、鹽的人生，經常會有著追求的執著與戒慎恐懼的信念。他們面對人生，也經常會缺乏積極成就的熱情，找不到生命中該做什麼令生命變得精彩。

如何找到自己真正是誰呢？如何覺知到生命既定的任務與學習呢？思想不能夠幫助你探討，心靈書籍也不能夠給你暗示。最好的方法，就是透過靜心，讓你的心變得平靜。當你處在一個無念、無波動的寂靜中，這一切訊息會自動升起。

要在清淨心下對自己所有的體驗更加誠實

N.H.在回溯檢討中自評：「不要用內在的情慾跟情緒去面對生命，要在清淨心下對自己所有的體驗更加的清楚，而令生命沒有遺憾。」

這句話說的真好，道盡了人生智慧。人們在世間歷經百態，忙著在慾望下極力追求著歡樂、享受與奢華榮景，卻沒有在清淨心下智慧的覺知人生真諦。生命如果背後隱藏著更高的意義，難道在如此短暫的生命中，你沒有興趣提升你的智慧去覺知與經營它嗎？

聆聽天使的訊息

N.H.在回溯中檢討：「其實任務的過程中，一直都有智慧的訊息來提醒我，但我沒有接收到。」

人在面對生命狀況做決定時，會透過兩個不同的模式提供指引：

💡　模式一：利用思想分析尋求答案。

💡　模式二：令心寧靜，容許引導訊息自動湧現。

當面對生命狀況做決定時，如何區分指引是「思想上的分析」或「心靈寧靜中的指引」呢？答案不難。當你動用思想下決定時，這個決定經常令你有惶惑不安的感覺。然而當你在寧靜心中放下造作，接收自動萌現的訊息時，你會完整的相信且自然的接受這個訊息。經常它提供的答案，都會是導向正途的好答案。

寧靜心湧現的訊息從何而來呢？它既然不來自於思想，就得來自於思想以外的某一個地方；它來自於宇宙某個貯存著生命訊息、智慧與能量的生命圖書館。這種天外來鴻，也就是神秘主義經常講的「天使的訊息」。

寧靜中產生智慧，智慧會帶出真愛

N.H.下一世要完成她未完成的功課就是學習愛。她在催眠回溯中覺知到：「寧靜中產生智慧，智慧會帶出真愛，而真愛能讓妳變成光跟能量。」

真愛是如何存在的呢？真愛不是源於思想下的說服或者是意志力下的堅持。任何思想下的愛背後都隱藏著規劃、企圖、依賴，都不算是真愛。當你意識到愛的時候，愛就不存在了。

N.H.在回溯中，覺知到寧靜中產生的智慧會帶出愛。這裡所謂的智慧不是人間做數學題、做判斷的智慧，它是心靈深處非思想的覺知或佛家所謂的自性。當自性升起時，真愛就會自動的湧現。

再談既往的回憶並非生命的十字架

在N.H.回溯時，我植入了一個「遺忘指令」：「既往的痛苦跟迷惘並不是妳的業，不是妳的災難，不是妳生命的十字架，更不是妳的包袱。」

人的大腦有個特質，它會把生命中經歷的一切，都紀錄在大腦中。這些紀錄還包括與該經驗相關的情緒。這種既往經驗被稱為「回憶」，心理學稱它為「印記」。大腦中的「回憶」多到不可勝數。

「回憶」有價值嗎？它當然有價值；沒有回憶，人們簡直不知道自己是誰，曾經發生過什麼，也不知道該怎麼過日子。

但回憶如雙面刃，它能幫助，但更能傷害。雖然回憶只是個過氣的、消散的歷史，但潛意識總是主動輸送各種回憶到大腦中，令人們不斷重覆回味回憶中的種種情緒，特別是痛苦的回憶。

此刻你可能會說：「痛苦的回憶不好，但是快樂的回憶是好的。」答案不盡然如此。當升起快樂回憶的當下，你是快樂的。但當你把既往美好的回憶與當下不好的現狀相比較時，這個比較會讓你感受到不滿與頹喪。誠如古人說的一句話：「曾為滄海難為水」，快樂美好的回憶並不見得是祝福，對嗎？

總而言之，只要是回憶，不管是快樂的或者不快樂的，對生命都不見得是祝福。既然如此，面對既往一切回憶，又何必執著不捨，把它們變成你生命背上的十字架，令你無由的煩惱與痛苦呢？練習放下回憶吧。

愛需要強制索求嗎？

依據N.H.的前世回溯，她累世的功課就是要放下「情慾愛」，而能學習相對應的「利他愛」。

從理想角度，面對尋求伴侶，如果有選擇的話，你願意去選擇「情慾愛」還是「利他愛」呢？相信許多人的答案是後者。可是問題來了，如何能夠將「情慾愛」轉化成「利他愛」呢？

方法當然是有的。

當你面對愛情，不妨將自己暫時變作一個無關的第三者，去探索愛情背後隱藏的是什麼？存在著目的？或者完全無索求？當你能夠安靜的觀照面對愛情的心念，就有機會看到心念中存在的企圖，也能夠放下這個企圖，而將慾望愛轉化成無索求的利他愛。

當在寧靜中，心靈升起利他愛時，你根本不必在慾望世界中去追求愛情，你會變成花園中一朵美麗的花朵，自動散發著芬芳溫馨的訊息，而這個訊息會自動吸引合適的伴侶出現，引領你走向幸福。

第九章　前世回溯案例探索

第二十六篇　人生本來就不公平，但也公平

人生本來就不公平，但也公平

飄飄在她經歷了第一次回溯後，對生命有了不一樣的覺知，也釋放了對自己既往行為的自責。由於上一次回溯的收獲，她期待再次經驗回溯，此次幫飄飄再次做回溯的催眠師是Naomi。

飄飄在催眠指引中進入了某個與本世生命相關的前世。下面是Naomi在催眠中與飄飄的對話。

與飄飄的催眠對話

飄　飄：「我在神廟前。」

Naomi：「非常的好，能否形容一下這個神廟的建築呢？」

飄　飄：「很多的大石塊。」

Naomi：「現在，在妳身旁出現一面很大的落地鏡，轉身走向這個落地鏡看看自己，可以形容一下自己的樣子嗎？」

飄　飄：「女生，約十三歲，皮膚有點黑黝，很漂亮，帶著很多金色首飾。」

Naomi：「妳在神廟前做什麼？」

飄　飄：「準備祭典儀式。」

Naomi：「能否感受一下現在妳的心情呢？」

飄　飄：「很平靜。」

Naomi：「非常好，環顧四週，週邊有任何人嗎？」

飄　飄：「很多人。」

Naomi：「有什麼樣子的人？」

飄　飄：「很多奴隸、貴族，還有國王、大祭司。」

Naomi：「很好，妳看著這些奴隸的時候是什麼樣的感覺？」

飄　飄：「沒有感覺。」

Naomi：「他們都在做什麼？」

飄　飄：「跪著，頭低低的。」

Naomi：「此刻妳的心底深處有一種感受，對嗎？」

飄　飄：「覺得這個世界本來就不公平，但是也公平。」

Naomi：「很好，妳看看這些貴族怎麼樣？」

飄　飄：「恐懼。」

Naomi：「妳感受他們恐懼什麼？恐懼妳？是嗎？」

飄　飄：「恐懼我的身分跟力量。」

Naomi：「祭司的位置很高，是嗎？」

飄　飄：「是。」

Naomi：「貴族們恐懼妳的身分跟力量，這讓妳有什麼感受？」

飄　飄：「拉開距離。」

Naomi：「妳內心有著某種淡淡的情緒，對嗎？」

飄　飄：「孤單，我的父母、兄弟姊妹已經不再是我的家人了。」

Naomi：「意思是說，即便血緣上他們是妳的家人，但是與妳的相處上已經不像是家人了，是這個意思嗎？」

飄　飄：「是。」

Naomi：「很好，轉頭看向大祭司，妳對大祭司有什麼感覺？」

飄　飄：「防備。」

Naomi：「他防備妳，是嗎？」

飄　飄：「我也防備他。」

Naomi：「現在我將從三數到一，當數到一的時候，妳會瞬間進入大祭司的內在，從他的角度看妳，說出大祭司的心底話。三、二、一，大祭司想著什麼？」

飄　飄：「不能為我所用，皆不需存在。」

Naomi：「所以，當妳沒有辦法照他的意思做的時候，他就不會讓妳存在，是嗎？」

飄　飄：「是。」

Naomi：「能否感受一下在場所有的人，有妳這一世認識的人嗎？」

飄　飄：「國王。」

Naomi：「國王是妳這一世的誰？」

飄　飄：「哥哥。」

Naomi：「國王與妳呈現怎麼樣的互動模式呢？」

飄　飄：「我們一起長大。」

Naomi：「所以國王與妳是家人的關係，是嗎？」

飄　飄：「是情人，也是知己。」

Naomi：「妳們很常相處在一起？」

飄　飄：「很長，但是不能在一起。」

Naomi：「當我從三數到一的時候，妳回到了成為女祭司的第一天，感受一下，這時候的妳幾歲？」

飄　飄：「十歲。」

Naomi：「妳在哪裡？」

飄　飄：「在神殿裡面。」

Naomi：「有誰在旁邊呢？」

飄　飄：「大家都在。」

Naomi：「這裡發生什麼事嗎？」

飄　飄：「我正接受成為女祭司的職位。」

Naomi：「還有任何的人與妳互動嗎？」

飄　飄：「大祭司。」

Naomi：「很好，此刻妳的心情如何呢？」

飄　飄：「覺得開心，但失落。」

Naomi：「為什麼？」

飄　飄：「這是很多女生夢寐以求的，但是以後不能回家了。」

Naomi：「能否感受一下，妳成為女祭司是家人要讓妳做的嗎？」

飄　飄：「是天賦。」

Naomi：「誰發現了妳這樣子的天賦？」

飄　飄：「大祭司。」

Naomi：「妳身邊家人在妳旁邊嗎？」

飄　飄：「家人不在，他們不能進來。」

Naomi：「是，所以此刻就是大祭司與妳，身旁還有誰？」

飄　飄：「還有許多神廟的人員。」

Naomi：「很好，現在感受一下，除了與家人分離之外，還有另外的情緒嗎？」

飄　飄：「告訴我自己說要勇敢。」

Naomi：「很好，等一下當我從三數到一，數到一的時候，妳會進入五歲時的時空場景，三、二、一，進入了嗎？」

飄　飄：「是，我在樹林裡面。」

Naomi：「在做什麼？」

飄　飄：「在奔跑。」

Naomi：「這時候的感覺怎麼樣？」

飄　飄：「很自由。」

Naomi：「一個人嗎？誰陪在妳身邊呢？」

飄　飄：「有姊姊跟一個王子。」

Naomi：「開心嗎？」

飄　飄：「開心。」

Naomi：「那麼我們回到家裡去看一看好嗎？」

飄　飄：「好。」

Naomi：「現在妳回到家裡面了，可以形容家裡什麼樣子嗎？」

飄　飄：「很大。」

Naomi：「爸爸、媽媽呢？」

飄　飄：「爸爸不在，媽媽在跟我說話。」

Naomi：「她跟妳說什麼呢？」

飄　飄：「她擔心我不能一直在她旁邊。」

Naomi：「為什麼？」

飄　飄：「因為我不一樣。」

Naomi：「媽媽查覺到妳有某種不同的力量，是嗎？」

飄　飄：「是，她說：『不要告訴別人。』」

Naomi：「可以感受一下妳那股力量是什麼嗎？」

飄　飄：「我可以看到未來，也可以知道過去。」

Naomi：「等一下，我將從三數到一，妳會去到在妳投胎前的時空場景，三、二、一，現在妳在那裡？」

飄　飄：「在一個白色的空間。」

Naomi：「很好，妳在這裡做什麼？」

飄　飄：「等待一個剛剛好的時機。」

Naomi：「很好，為什麼妳需要等待呢？」

飄　飄：「因為有人需要我，需要成為其中一部份來完整。」

Naomi：「妳正在等待某個變動，這個變動是妳自願的？還是有某種力量驅使妳做這個選擇呢？」

飄　飄：「都有。」

Naomi：「能否提示一下，妳在等待一個剛剛好的時機，它有一個特定的目的嗎？有特定需要去經歷什麼嗎？」

飄　飄：「對我，對他人都是。」

Naomi：「很好，不管是對妳自己或是對他人，這個經驗本身就是一個目的，是嗎？」

飄　飄：「人生就像是一個拼圖，拼圖本身就是意義。」

Naomi：「現在，我將從三數到一，當數到一的時候，妳會回到妳是女祭司的這一世，妳會投胎進到子宮裡面，三、二、一，現在妳已經在子宮裡面了。可以感受一下有什麼感覺嗎？」

飄　飄：「很輕鬆。」

Naomi：「我們每個靈來到世上，都是不帶包袱的，是嗎？」

飄　飄：「從來都沒有包袱，都只是為了經歷。」

Naomi：「此刻妳在子宮裡，知道妳為何而來嗎？」

飄　飄：「我與這個世界呈現一種互動，互動中都能夠有所成長，只是不知情。無關乎是什麼人，什麼角色，什麼原因，什麼地方，經歷都是一種成長。不管自己知不知道，這是已經設定好的軌跡。」

Naomi：「有些生命在時間長河裡，也許經歷的是個痛苦的乞丐，也許經歷的是個擁有一切資源的國王，但其實沒有什麼分別，他們就只是在經驗，是嗎？」

飄　飄：「想要經驗的不一樣，但其實都是一樣的。」

Naomi：「提示一下，這一世妳身為女祭司，想要體驗什麼？」

飄　飄：「智慧的奉獻。」

Naomi：「很好，在子宮裡，能否感受到媽媽的情緒跟感受嗎？」

飄　飄：「媽媽是一個傳統的女性，她是喜悅的。」

Naomi：「喜悅有一個生命來到她的生活當中，是嗎？」

飄　飄：「是的。」

Naomi：「可以感受到爸爸嗎？」

飄　飄：「可以。他對這個世界與對他自己有很多的期待，這些期待都是多餘的。」

Naomi：「妳的意思是說，其實他會經歷什麼，早就已經註定好了？」

飄　飄：「是的，大家都在按照著預定的軌跡去學習，過多的期待只會讓自己看不清真實的生命目的。」

Naomi：「妳的意思是說，人在人間會有過多的慾望，像是財富、金錢、地位、名利等等。這一切過度的慾望、追求跟期待，會讓我們看不清生命真實需要經驗的目的，是嗎？」

飄　飄：「是，也不是。」

Naomi：「妳的意思是說，有些人在他的生命過程當中，本來就是需要去經歷這一段慾望追求的過程？」

飄　飄：「是。」

Naomi：「很好，所以不需要刻意的認為怎麼樣才是好，怎麼樣才是不好的，是嗎？」

飄　飄：「都是好的。」

Naomi：「現在我將從三數到一，數到一的時候，妳會去到十五歲那一個時空場景，去感受一下在那時候的妳，有發生了一些事情，三、二、一，感受一下現在的妳在那裡？」

飄　飄：「我在神殿的儀式中。」

Naomi：「妳在這裡做什麼呢？」

飄　飄：「我在跟大祭司對話。」‧

Naomi：「妳跟大祭司說了什麼？」

飄　飄：「我對大祭司說：如果內心渴望的是更多的權力，那就不應該被膜拜。」

Naomi：「他的反應是什麼？」

飄　飄：「他很憤怒。」

Naomi：「他有做任何的決定或任何的動作嗎？」

飄　飄：「叫人把我帶回房間，關起來。」

Naomi：「然後呢？」

飄　飄：「我很擔心，擔心他會對國王不利。」

Naomi：「他知道妳們兩個的關係嗎？」

飄　飄：「他知道。」

Naomi：「現在妳的心底有某種情緒，感受那股情緒是什麼？」

飄　飄：「我擔心，但知道一切都是不可避免的。」

Naomi：「那一些事情是不可避免的？」

飄　飄：「大祭司的背叛。」

Naomi：「大祭司對妳做了什麼？」

飄　飄：「他把我跟國王的事情跟皇后說了，皇后下藥將我賜死。」

Naomi：「那國王呢？」

飄　飄：「他來不及救我。」

Naomi：「那臨死的前夕，以妳具有充滿平靜的智慧，如果與大祭司相處的時光再倒頭來一次，妳會做什麼樣子的選擇？」

飄　飄：「一樣。」

Naomi：「一樣的選擇？」

飄　飄：「這從來不是選擇的問題，只有我的死亡才能換來皇后的支持。」

Naomi：「妳的意思是說，大祭司與皇后也有利益上的關係是嗎？」

飄　飄：「對。但皇后深愛著國王，我的死亡可以確保皇后的支持。」

Naomi：「國王也無能為力，是嗎？」

飄　飄：「他不需要做什麼，因為本來就應該是這樣。」

Naomi：「很好，在這一世當中，妳看到了許多人性，看到許多人為自己利益傷害其他人，但也看到有些人願意為了給出愛，犧牲自己。在妳這一世，你曾傳遞什麼智慧給身旁的人嗎？」

飄　飄：「讓他們瞭解人與人之間沒有分別。」

Naomi：「非常的好。」

飄飄回溯探索

人生本來就不公平，但是也公平

在回溯中，飄飄提示了一句頗值得省思的話，她覺知到：「這個世界本來就不公平，但是也公平。」如果飄飄說的這句話是實相，那她意指的是什麼呢？

人看人生，會認定生命是不公平的：

- 💡 有些人生在富貴的家庭，但有些人生在貧賤的家庭。
- 💡 有些人天生聰明，但有些人天生愚笨。
- 💡 有些人生命過得順遂快樂，但有些人生命過得艱難痛苦。

但飄飄給的答案卻不盡然如此。她對於「生命不公平」這句話，只同意了一半，為什麼呢？

在飄飄回溯中的三段話給了答案：

- 💡 第一句話：「無關於什麼人，什麼角色，什麼原因，什麼地方，經歷都是一種成長。不管自己知不知道，這是已經都設定好的軌跡。」

💡 第二句話:「有些生命在時間長河裡,也許經歷的是個痛苦的乞丐,也或許經歷的是個擁有一切資源的國王,但其實沒有什麼分別,他們就只是在經驗。」

💡 第三句話:「只是想要經驗的不一樣,但其實都是一樣的。」

這三句話顯現了與許多其它個案相同的訊息,就是:「人來人間是一場規劃好的經驗。」

人在人間看生命,貌似不公平,但不管人扮演的角色是誰,經歷的情境是什麼,對於每個人來說,終究就只是一場貌似實相的虛幻經驗而已。既然人生只是場虛幻經驗,那何有不公平可言?

再談人與人之間並沒有分別

飄飄催眠回溯中覺知到:「人與人之間並沒有分別,沒有偉大,沒有渺小,沒有好,也沒有不好。」為何她如此說呢?

在人間的人會理所當然的認定:「人存在著二元屬性的高低、好壞的分別;譬如說,有錢比沒有錢好,高社會階層比低社會階層好,漂亮比醜好,貢獻多的比貢獻少好,愛比恨好。」人們認定這一切的二元差異均是實相,它因此區分了人在人間的位階、價值。

人之所以在人間存在著二元差距、分別,是基於不同的靈入世時擁有不同的人生規劃。然而本質上,每一個靈都來自於同一個根源母體。在一元的高維根源母體世界,一切均是空相,並沒有二元的執著。存在著思想的人們在我執下,是不能覺知這一切的,唯有放下思想,才能了知真相。

再談人生如夢

「人生如夢」這句話並非近代新語。自古以來，許多高僧大德與智者多會用這句話殷殷教誨人們看淡人生。不獨如此，連一般紅塵眾生都會獎掖風雅，將「人生如夢」掛在嘴邊自嘲人生。

呼應這句話，古印度那爛陀寺著名的寂天論師曾說：「人生如夢幻，無論何事物，受已成念境，往事不復見。」他詮釋的人生就像夢境一樣，不管內容是什麼，發生後便徹底消失了，只能成為過氣的回憶。

唐代寒山大師對人生也下過類似的註解，他說：「昨夜得一夢，夢中一團空，朝來擬說夢，舉頭又見空。」他說的這段話意思是：「昨晚做了一個夢，夢中一切全是空的。早上起來準備說夢話，舉頭一看，又見到萬事萬物皆是空的。」

看過聖天論師撰著的《中觀四百論》嗎？其中有句話說的好：「諸法如火輪，變化夢幻事。」他提示世間的一切境遇如夢、如幻、如海市蜃樓。雖然人間一切似呈各種顯像，但其真實智者了知其法體卻虛幻空無。

唐朝李公佐在他的《南柯太守傳》中載錄了一個成語「南柯一夢」，它被用來比喻「人生如夢」。

該故事描述著唐朝有個叫淳于棼的人，他喝醉了酒，就在家後園的大槐樹下不知不覺睡著了。夢中他娶了公主，並被皇帝派往南柯任職太守。他在槐樹下的長夢中，享受了二十年的榮華富貴。

一次敵國入侵南柯，他被打得一敗塗地，妻子在戰亂中身亡了。皇帝對他敗戰不滿，將他撤職遣送回老家。他正想著自己一世英名毀於一旦，羞憤難過的當下，大叫一聲，就從夢中驚醒了。他在夢中感受一生是如此的長，如此真實，但夢醒後才覺知到夢中意識的一生，是如此的短暫。

看過成語故事「莊周夢蝶」嗎？莊子在夢中變成了一隻蝴蝶，翩翩起舞、悠然自得。莊子夢醒了不禁思索，他不知是自己剛才做夢變成了蝴蝶，還是蝴蝶現在做夢變成了莊子。

飄飄在回溯中說：「人入世都是按照著既定的軌跡去經驗，面對既定的軌跡存在過多的期待，只會讓自己看不清真實的生命目的。」飄飄所謂的既定的軌跡，意指人們入世後所經驗的一切，不過是入世前被規劃的人生戲碼。飄飄的覺知如果屬實，那人生的確如一場「南柯一夢」，一切非真。

其實就算是上述內容並非生命真相，難道它不是個智慧的人生觀嗎？

想像一下，當你做夢時所覺知的一切，在夢中感受如此真實，但醒來後什麼都沒有了。同樣的，你生活中五官意識感受的一切，在下一個剎那不也全部都沒有了嗎？它跟夢境又有什麼不同？從這個結論繼續推續，既然過去的是夢境，那麼眼前的一切在下個剎那，又會變成是過去，那不也是夢境嗎？未來呢？未來也終將會變成過去，仍然也是夢境嗎？

既然人生一切過去的、現在的、未來的都是夢，那人生有什麼公平不公平呢？有什麼高低好壞呢？又有什麼需要執著、介意呢？呼應這個現象，佛陀在金剛經中說的好，祂說：「過去心不可得，現在心不可得，未來心不可得。」

有人可能會說：「如果人生如夢，那面對人生為什麼要積極的去運作呢？」這個道理既對也錯。終究你暫時擁有一個肉身與一個思想，就不妨好好感受與經營它吧，管它是不是夢。

輪轉完成拼圖回到合一

飄飄回溯中意識到：「生命不過就是一個經驗，一個互動，在互動中有所成長。」她也意識到：「靈不斷轉世經驗人生，就像是完成一個拼圖，當拼圖拼完了，就會到合一的狀態。」玩過拼圖遊戲嗎？當你打開了拼圖盒子想玩拼圖遊戲，你必須把每一片碎片拼湊成一個完整圖譜之後，才能算是大功告成。

依飄飄這些回溯中的覺知，它提示了一個現象：「每個靈入人間其實不是完全無限制的輪轉不休，當他重覆來去人間，經歷了所有規劃的經驗時，他會意識到這些累加經驗已完整了。而這時，他會聚焦聆聽心靈深處回到母親身邊的呼喚。這個回到母親身邊的聚合過程，就稱之為合一」。

為什麼稱為「合一」呢？

在輪迴中的靈都會意識到一個「我」存在，當他認定「我」存在時，會認為他是個獨立分離的個體。但當他結束這個獨立的意識，回到母親身邊時，這個「我」的意識會消失，而與母體結合為一。這個與母體結合為一的現象稱為「合一」。

如果內心渴望權利就不應該被膜拜

飄飄回溯中以祭司角色在神殿儀式中對大祭司說了一段話，頗值得省思，她說：「如果內心渴望的是更多的權利，那就不應該被膜拜。」

飄飄這句話想說的是什麼呢？一個真正在靈性上屬於高階層的宗教領袖，他的心是清淨的、一元的、仁慈的與無所求的，早就沒有如眾生的我執。既然「無我」，又怎麼會要求眾生對他景仰崇拜呢？

第九章　前世回溯案例探索

第二十七篇　無所得，就是有所得

第九章　第二十七篇　無所得，就是有所得

無所得，就是有所得

這是飄飄的第三次回溯。飄飄進行此次回溯是基於我的請求，為什麼會要求飄飄進行此次回溯呢？

依我做回溯的經驗，每個人的回溯內容不同，精彩度也不同。有些人的回溯內容很單純普通，多是一些日常的柴米油鹽雜事而已。但也有一些人的內容很精彩、風雨飄搖，充滿愛恨情仇。由於飄飄前兩次回溯的內容很精彩，為了豐潤這本書，我特別請求她做前世回溯。而預期是對的，飄飄這次回溯異常精采。

下方為回溯記錄。

與飄飄的催眠對話

劉醫師：「三、二、一，感覺到什麼？」

飄　飄：「在一個神廟裡面。」

劉醫師：「很好，感覺一下這個廟，廟大嗎？」

飄　飄：「很大。」

劉醫師：「廟裡供著神像嗎？」

飄　飄：「沒有神像。」

劉醫師：「在妳右方有一面大落地鏡，看著鏡中的妳，看到什麼？」

飄　飄：「一個十二、三歲女生，穿著古代白色的袍子，很簡單，沒有穿鞋子，膚色有一點黑。」

劉醫師：「此刻妳在廟裡做什麼？」

飄　飄：「對著神進行一個儀式。」

劉醫師：「我從三數到一，聽到一的時候，我要妳感覺做儀式的目的
　　　　　是什麼？三、二、一。」

飄　飄：「祈求勝利。」

劉醫師：「什麼事件的勝利？」

飄　飄：「戰爭。」

劉醫師：「這個廟是妳的家，還是妳有一個家？」

飄　飄：「我以廟為家。」

劉醫師：「告訴我此刻妳的心情是什麼？」

飄　飄：「平靜。」

劉醫師：「妳暫時離開這個場景，回到妳誕生的家庭，三、二、一，
　　　　　感覺到什麼？」

飄　飄：「很溫暖，看到爸爸、媽嗎。」

劉醫師：「好，這個時候妳幾歲？」

飄　飄：「三歲。」

劉醫師：「現在換個場景，去到妳父母親安排妳離開家送到廟裡那一
　　　　　天，感受到了嗎？說說看，妳想去那個廟嗎？」

飄　飄：「不想去。」

劉醫師：「很好，我從三數到一，聽到一的時候，妳會清楚的聽到爸媽告訴妳為什麼要去這個廟，三、二、一。」

飄　飄：「每個人都有自己的命，去接受這個命運。」

劉醫師：「這個命運背後的理由是什麼？是父母養不起妳，還是父母覺得是妳的宿命，妳應該進到廟裡服侍。」

飄　飄：「生來就應該去，我被選中。」

劉醫師：「妳父母心情是什麼？」

飄　飄：「捨不得，但是很認同。」

劉醫師：「他們認為與其過平淡的人生，不如像妳天生帶著某種神聖的任務，要進到廟裡去服侍神，去幫助人群，是這樣嗎？」

飄　飄：「嗯。」

劉醫師：「妳對於要離開這個家，有情緒跟不捨是嗎？」

飄　飄：「是。」

劉醫師：「但是妳不能夠去對抗，因為這是父母為妳所規劃的嗎？」

飄　飄：「對。」

劉醫師：「現在，我要妳翻動眼前的日曆，翻到五年後，這時候妳十七歲了，在廟裡正做法事，告訴我感覺到什麼？」

飄　飄：「沒有情緒，變得平靜，知道人生種種境遇都有原因。」

劉醫師：「說說看妳從小被置放在廟裡面，它背後隱藏著什麼原因？妳這一世生命擁有一個任務嗎？」

飄　飄：「有，就是指引世人去經驗該經驗的。」

劉醫師：「到底這個世上的人該經驗什麼呢？」

飄　飄：「在圓滿與不圓滿之間，人們會追求、會掙扎，最後他們會看懂，然後放下。」

劉醫師：「妳是說人們在生命中充滿著慾望，他們會尋求生命中的圓滿、幸福跟快樂。也因此，他們會在生命中起起伏伏，在紅塵中打滾掙扎，直等到他們真正瞭解這一切均是虛幻，他們才會懂得放下，是這樣嗎？」

飄　飄：「他要透過經驗才能學習到。」

劉醫師：「當他們來到人間經歷各種苦，這一切都是被選擇。他們要先去經驗，從不圓滿中去瞭解圓滿，然後瞭解放下，是這個意思嗎？」

飄　飄：「是。」

劉醫師：「很好，此刻妳清楚的覺察到這一切了嗎？」

飄　飄：「是。」

劉醫師：「當妳十七歲在廟裡，身為一個服侍神的人，身為一個帶著生命崇高任務的人，要協導眾生去感受，去經驗。在此刻的心中，妳覺知到人生的一切終究是泡沫幻影（註），並不存在，所以要懂得放下，此刻妳放下了嗎？」

飄　飄：「是的。」

註：妳覺知到人生一切終究是泡沫幻影，此刻妳放下了嗎？

催眠面對心靈轉化有個優點，就是在催眠過程中催眠師可見縫插針，在恰當時刻對個案的潛意識植入正向印記。當飄飄在回溯中意識到人生如浮光掠影，要懂得放下時，我利用這個時機，趁勢對飄飄的潛意識植入「放下印記」。這個植入的印記會令飄飄在爾後面對衝突時，懂得放下執著。

劉醫師：「妳懂得放下了，此刻妳的心感覺是平靜的？」

飄　飄：「清楚的瞭解接受我必須的經驗。因為在這個世界中我也在經驗。」

劉醫師：「此刻妳是全職在廟裡面服務人們嗎？」

飄　飄：「是。」

劉醫師：「非常好，我要妳進到十九歲。妳在廟裡專職服務，心中理解該放下紅塵滾滾中一切。我要妳面對一個讓妳在心目中心儀的英俊男生，他會出現在妳的眼前，三、二、一，感覺到了嗎？」

飄　飄：「感覺到了。」

劉醫師：「說說看這個男生穿著的是什麼？」

飄　飄：「穿著古代的衣服，很高貴。」

劉醫師：「妳此刻看著他，第一次見面，感覺有點心動嗎？」

飄　飄：「心動。」

劉醫師：「這個高貴男士看著妳的時候心中有想法，我要妳進到他的心去讀他的想法，三、二、一，他對妳有什麼感覺？」

飄　飄：「覺得我會懂他，是他的知音。」

劉醫師：「這個男生為什麼到廟裡去？有特別的原因嗎？」

飄　飄：「有，要進行成為做國王前的儀式。」

劉醫師：「他是王子，預期將來要做國王，是嗎？」

飄　飄：「是的。」

劉醫師：「現場有很多人嗎？」

飄　飄：「是。」

劉醫師：「這個王子這一世妳認識嗎？」

飄　飄：「認識。」

劉醫師：「是誰？」

飄　飄：「哥哥。」

劉醫師：「很好，在這個儀式中，妳扮演什麼角色？」

飄　飄：「主祭。」

劉醫師：「在妳這個時代，一個在廟裡專職服務的女人可以結婚嗎？」

飄　飄：「不可以隨便結婚。」

劉醫師：「讀妳這時候的心，如果有任何的機緣，妳會考慮走向婚姻
　　　　　或感情嗎？」

飄　飄：「不行的。」

劉醫師：「很好，我要妳繼續翻日曆，往前持續走，走到四年後妳跟
　　　　　這個王子在某個機緣下，單獨共同處在一個小房間裡，我要
　　　　　妳去感受發生了什麼？」

飄　飄：「我們在一起了。」

劉醫師：「在一起的方式是情人的方式？」

飄　飄：「是。」

劉醫師：「感覺妳是自願的？還是被逼迫的？」

飄　飄：「自願。」

劉醫師：「他呢？他面對妳是真心的？還是一時的興趣？」

飄　飄：「是真心的。」

劉醫師：「妳是真心的嗎？」

飄　飄：「是。」

劉醫師：「這世修行到此刻，感受一下，心中的愛情跟放下會衝突嗎？」

飄　飄：「不衝突。」

劉醫師：「因為妳惟有去經驗愛情，才能夠懂得放下，是不是這個意思？」

飄　飄：「是。」

劉醫師：「很好，我要妳進到下一幕場景，妳決定要離開他，感覺到了嗎？」

飄　飄：「嗯。」

劉醫師：「內在情緒怎麼樣？」

飄　飄：「很悲傷，但是很篤定。」

劉醫師：「妳認為這是理性的做法，是嗎？」

飄　飄：「是。」

劉醫師：「好，再深一點，為什麼要切斷這個感情？」

飄　飄：「因為對他比較好。」

劉醫師：「這樣子做，對一個未來將要接任國王的王儲來說比較好，妳願意犧牲，是嗎？」

飄　飄：「是。」

劉醫師：「對妳呢？」

飄　飄：「我清楚的知道所有都是我選擇經歷的。」

劉醫師：「妳清楚的知道，從妳認識他，對他心儀，到發生感情，這
　　　　一切，是妳必須去經歷的，是妳的選擇。而妳經驗到此，懂
　　　　得開始要放下了，為這段經驗劃下一個句點，是不是？」

飄　飄：「是。」

劉醫師：「當妳告訴王子與妳切離對他未來比較好，他能接受嗎？」

飄　飄：「接受，但很哀傷。」

劉醫師：「好，我們回頭來看這幾年的靜修，檢視妳所服侍的這個更
　　　　大宇宙的能量、更大的神，到底人生的真相是什麼？人生為
　　　　的是什麼？它有一個既存的目的嗎？」

飄　飄：「人生在每個當下都是選擇，每一次的選擇都有可能有智慧
　　　　產生。」

劉醫師：「妳是說，人生命中很多不同的境遇並不完全是宿命，它擁
　　　　有選擇，是嗎？」

飄　飄：「每個當下都可能有智慧產生。」

劉醫師：「智慧會帶領我們，令我們對生命會做出比較好的選擇，是
　　　　嗎？」

飄　飄：「是。」

劉醫師：「所以，妳此刻在愛情洪流中及時煞車，認為這時候放下愛
　　　　情是個智慧的選擇，是嗎？」

飄　飄：「這不是智慧的選擇，這只是必然去經歷的。」

劉醫師：「其實在妳生命的過程中，在妳來人生之前，這段情是設定好的經驗，是嗎？」

飄　飄：「是。」

劉醫師：「這個經驗的目的是什麼？為什麼要妳經驗這段漂萍般短暫的愛情？」

飄　飄：「愛而不得，也能圓滿。」

劉醫師：「妳是說人在生命中，他在心念下會去探索愛，但當對愛雖然不得，也是一種圓滿，因為人生本來就無所得，是這個意思嗎？」

飄　飄：「是。」

劉醫師：「人生終究是一個短暫的泡沫，好像擁有什麼，但是最終一切均無所得，而妳看穿了這一切，是嗎？」

飄　飄：「無所得，就是一個有所得。」

劉醫師：「在人間無所得，但是在心靈提升上有所得，是嗎？」

飄　飄：「是。」

劉醫師：「非常好，我現在要帶領妳進到往生那一天最後的五分鐘，三、二、一，感受到什麼？」

飄　飄：「很平靜。」

劉醫師：「對於這一世的生命，妳怎麼下評論？」

飄　飄：「每個起心動念的每一瞬間，都可以由智慧去引導。」

劉醫師：「妳是說每一個人活在滾滾紅塵中，在思想下每個起的心、動的念或想去做什麼，在那瞬間，他可以利用智慧去檢視，是這樣嗎？」

飄　飄：「是。」

劉醫師：「而因為檢視，每一個人擁有機會去引導出更好的生命，是嗎？」

飄　飄：「其實從來沒有更好的生命。」

劉醫師：「妳是說生命終究只是一個經驗，並沒有所謂更好的選擇，是嗎？」

飄　飄：「是。」

劉醫師：「我瞭解了，我們離開根源母體來到人間，不管我們如何認定善惡、是非、對錯、好壞，那是人的看法。但是從更高維的世界看，它就只是來經驗，而經驗的本身沒有對錯，是這個意思嗎？」

飄　飄：「無有分別。」

劉醫師：「很好，那妳此刻安靜的躺在床上等待死亡，對這一世妳所做的如果重新來過，妳會更改它嗎？」

飄　飄：「不需要。」

劉醫師：「換句話講，人生既然是一個經驗，就沒有好跟壞，因此也沒有後悔跟不後悔，是這個意思嗎？」

飄　飄：「人們都以為生命在追求快樂。」

劉醫師：「這不對嗎？」

飄　飄：「從來都不是目的。」

劉醫師：「這只是人們在思想下表象的看法，是嗎？」

飄　飄：「是。」

劉醫師：「從更高的智慧，該怎麼看？」

飄　飄：「經歷所有一切經歷，感受、接受。」

劉醫師：「很好，妳提到了一個至高的宇宙真相；意識的流動沒有方
　　　　　向跟目的，本身就是一個經歷。人在人間會在兩元間飄動跟
　　　　　經驗，並沒有一定的好壞，是不是這個意思？」

飄　飄：「都好。」

劉醫師：「此刻在妳往生前的五分鐘，寧靜智慧升起；妳知道這一世
　　　　　所發生的一切不管如何，終究只是一個經驗，既無好，也無
　　　　　壞，所有的一切妳都不能帶走，這就如同所謂的泡沫幻影，
　　　　　妳都覺察了。所以在往生前，妳沒有遺憾，是嗎？」

飄　飄：「從來都不會有遺憾。」

劉醫師：「有恐懼嗎？對於往生離開人間的恐懼？」

飄　飄：「都一樣的。」

劉醫師：「妳是說死亡只是人的看法，而真相不是如此，是嗎？」

飄　飄：「是。」

劉醫師：「好極了，對於人間我們檢討到這個地方足夠了。我將再次
　　　　　數數字，從三數到一，聽到一的時候，妳會回到妳來這一世
　　　　　之前的靈性世界，三、二、一，感覺到了嗎？」

飄　飄：「嗯。」

劉醫師：「心情呢？」

飄　飄：「愉悅、平靜。」

劉醫師：「感覺此刻心中有個『我』存在嗎？」

飄　飄：「沒有。」

劉醫師：「在人間，每一個人誕生後大腦存在著一個「我」，此刻妳
　　　　　沒有「我」了，是嗎？」

飄　飄：「不需要。」

劉醫師：「所以妳此刻內在沒有企圖，沒有索求，沒有情緒，是嗎？」

飄　飄：「是。」

劉醫師：「感覺妳呈現的樣子是什麼？」

飄　飄：「感覺很完整。」

劉醫師：「很好，完整是一種智慧的合一感受？」

飄　飄：「對。」

劉醫師：「很好，環觀四週，有任何的心靈夥伴在場嗎？」

飄　飄：「有。」

劉醫師：「看到誰，說說看，有看到這一世認識的嗎？」

飄　飄：「看到玲玲姊姊。」

劉醫師：「很好，她是以什麼樣的形態存在？」

飄　飄：「我們都一樣，像霧又像光。」

劉醫師：「說說看妳們對談是用講話嗎？還是別的模式？」

飄　飄：「不是講話。」

劉醫師：「很好，就這一世，妳經驗了在神廟的服務跟那一段感情，妳怎麼跟她分享？」

飄　飄：「在人生的旅途中，每個際遇、每個經驗都讓我開始明白，沒有什麼東西是必須追求的，只要在每個瞬間存在智慧。」

劉醫師：「很好，妳明白人間種種一切，眾生汲汲營營的去追求，去要或者不要。但在高維智慧下，每一個瞬間，她都應該清楚其實沒有任何需要追求的，沒有可以帶得走的，是嗎？」

飄　飄：「是。」

劉醫師：「所以人生要從索求而學習放下執著，失而不失，是這個意思嗎？」

飄　飄：「每一次的努力追求與每一個失去都很好，一切都是有價值的經驗。」

劉醫師：「在人間，人的心靈中有得與失，但在更高靈智慧中，生命種種際遇都是既定的。生命是二元世界中兩元情境的探索與經驗而已，它既無得也無失。所以從高靈世界角度面對兩元情境的經驗，人們都可以考慮去經驗。終究這兩元情境的經驗，不管是二元情境兩端中哪一端的經驗，是快樂的或是痛苦的，是有所得的或有所失的，那只是人間的感受。而在更高靈世界中，這一切都是虛假的，最終只是經驗，是這個樣嗎？」

飄　飄：「是的；智慧與慈悲是透過經歷累積。」

劉醫師：「妳是說智慧與慈悲，必須透過紅塵中各種經驗的累積，慢慢去感受、去學習、去覺知，是這樣嗎？」

飄　飄：「是。」

劉醫師：「此刻當妳講到這個地方的時候，看看這一世的飄飄，她感受到了嗎？」

飄　飄：「她知道。」

劉醫師：「她能接受嗎？」

飄　飄：「知道，但還不接受，她仍然很用力去追求。」

劉醫師：「有趣的是，飄飄在那一世身為一個專職的神廟祭司，清楚的知道生命終究是無所得，無所失。也知道在二元紅塵中，兩邊的經驗都會讓她去成長，讓她去升起更高的智慧，而從智慧中會讓她去引動愛跟慈悲。但今天的飄飄暫時還無法放下，是嗎？」

飄　飄：「她始終在為自己準備面對已選擇的道路。」

劉醫師：「妳是說飄飄雖然在本世中執迷於追求二元兩端某一端的東西，但她現在心靈中，她已經慢慢在成熟，她快要滿足了。她已經準備在未來懂得慢慢放下，在智慧中做不同的選擇，是嗎？」

飄　飄：「在用力追求過程中，她清楚知道終究要放下。」

劉醫師：「既然要放下，又何必這麼用力的追求，是嗎？」

飄　飄：「這都是必須去經驗的。」

劉醫師：「但是妳也感受到飄飄經驗到此，好像很多的經驗她都已經品嚐過了，她知道一個蛻變的時機將要開始發生，是嗎？」

飄　飄：「心裡是知道的。」

劉醫師：「所以她的心中有一個鬧鐘，一個碼錶，秒針在滴答、滴答的響著。飄飄心中清楚的知道，秒針很快就會到達預設的某個時間。當到達這個時間時，她會清楚的看穿人間的一切，也清楚的看穿人間她要經驗的大概都經驗過了。她也清楚的感覺到生命所經驗的一切，暫時好像是實相，其實不過是泡沫幻影。因此飄飄會有一個新的決定，她想透過二元經驗，導向一個新的覺知，引動她心中的智慧、平靜與愛，而利用這些元素令她的生命變得不一樣，變得不同凡響，是嗎？」

飄　飄：「是。」

飄飄回溯探索

引導世人經驗該經驗的

飄飄在回溯中覺知她在該世是個祭司的角色，她的使命是引導世人勇敢的去經驗生命中該經驗的一切。什麼是經驗生命中該經驗的一切呢？

人在面臨生命的各類情境，特別是逆境與挑戰，會有兩種不同心態；第一種心態是軟弱消極的逃避或怨天尤人。第二種心態，則是無怨無尤的接納，勇敢的面對、經驗與積極的處理。兩種不同的心態會創造兩種截然不同的生命。

依飄飄覺知，人入人間，是在預設的軌道下去經驗不同面向的人生。如果飄飄的覺知是真相，那麼人既然擁有難得的人生，既然有了規劃，又既然該規劃是自己在靈界預設的自由選擇，或者是在指導靈協導下你同意的規劃，那麼，與其消極的逃避或怨天尤人，何妨改換態度，積極勇敢的去經驗各種生命情境。

人面對人生的確擁有選擇，智慧的你會怎麼選呢？

人們在圓滿與不圓滿之間會追求、掙扎，最後會放下

飄飄在回溯中講的這句話「人們在圓滿與不圓滿之間會追求、掙扎，最後會放下」頗有人生哲理，值得我們省思。

飄飄說的圓滿，代表成功；不圓滿，代表失敗。人在面對人生的情境時，總是心中期待成功，拒絕失敗。在這個期望下，人們會努力的去追求成功，會努力的避免失敗。當最後的結果是失敗時，人們會感到自卑、掙扎與痛苦。然而由靈界層次看，成功或失敗全然不是重點，重要的是經驗，而不是結果。人期待「成功」與否定「失敗」，只是人的執念，而非靈界智慧。

所以，人面對人生，要盡情的去經驗，去感受，去享受過程，也要懂得放下對企求成功過度的期望與執著。

每個起心動念的一瞬間，都可以由智慧引導

飄飄此處提示的內容頗值得參考。

人在人間面對生命情境，會由透過思想的分析、研判引導出行動。然而人的思想基本上是制約的、跛腳且主觀的。基此，透過思想所引動的行為經常是錯誤的。

前面已提示過，飄飄此處提示的「智慧」，不是一般思想運作下的智慧，而是在大腦總體意識更深處的非思想形態的「無意識」、佛教的「自性」或神祕主義的「高我」。

無意識與思想運作的模式不同；思想是藉由它內在既存資源做分析研判，而無意識則是與宇宙存在的「量子圖書館」聯結的天線。人們可藉由無意識與「量子圖書館」聯結，覺知館中一切訊息與智慧。而該訊息與智慧所提示的指引，能給予面對生命狀況的最佳建言。這種利用無意識接收量子圖書館訊息的心靈運作模式，就是飄飄提示的「智慧」。

總結之，藉由思想運作提示訊息的智慧，是低層次的入世智慧；而藉無意識接收量子圖書館訊息的模式，則為高層次的出世智慧。面對生命，當然最佳模式是善用無意識處理人生。

再談人生在每個當下都是選擇

我問飄飄到底人生的真相是什麼呢？飄飄回答的頗值得參考，她說：「人生在每個當下都是選擇，每一次的選擇都有可能有智慧產生。」如果飄飄答的是真相，那意指人的生命中的生命經驗，不完全是靈界既定的規劃，有一部分是我們自己在選擇下決定的。

智慧與慈悲是透過經歷累積的

依回溯個案的訊息，人生的學習有許多層次，而最高層次的學習是智慧與慈悲。飄飄此處提示的「智慧」，是覺知生命真相的出世智慧；飄飄提示的「慈悲」，不是人間條件的愛，而是無條件的大愛。

為什麼要修習離世智慧與慈悲呢？修習的理由是回歸到創生我們的根源母體或生命源頭。佛家稱回歸生命源頭為「合一」，道家稱回歸生命源頭為「復命」，這種現象與鮭魚回歸誕生源頭極為相似。

如何提升心靈而能擁有智慧與慈悲呢？依飄飄提示，其方法在於透過累世經歷與學習的累積。

依催眠回溯累積的訊息，並非每個靈均可透過累世經歷，學習智慧與慈悲。某些靈心念中並未看穿二元世界的虛幻不實，也不願意放下經驗二元世界的慾望。當他們仍執著人間一切，熱衷於在紅塵浮沈翻滾時，他不會擁有動機願意走上修習智慧與慈悲的路。

只有某些心念中已「看穿二元世界虛幻不實」與「願意放下經驗二元世界慾望」的靈，他們才擁有動機，願意走上修習智慧與慈悲的路。佛家談的菩薩道修行，就是修習智慧與慈悲的可行模式。

第九章　前世回溯案例探索

第二十八篇　把能量與光傳給他們

把能量與光傳給他們

Alina是個四十多歲頗有靈氣的女孩，幼年喪父，由母親獨自扶養長大。由於家境頗佳，她沒外出工作。也因此，她每天閒著，苦惱不知道怎麼消磨時間。

Alina從年輕時就跟菩薩有緣，但不執著於宗教儀式，不進廟，不燒香，也不膜拜菩薩。她直觀認為菩薩早已放下我執，不需要被膜拜。她也相信每個人心中都是佛，更不需要膜拜。

Alina找我做催眠並非存有什麼心靈障礙，她僅想透過回溯探索生命真相，並探索她該做些什麼，令生命更有價值、更精彩。

與Alina部分催眠對話

Alina很能聚焦催眠引導，因此快速進入了某個前世。她進入回溯後的部分內容節錄在下方。

劉醫師：「感覺到什麼？」

Alina：「我在一個東方皇宮裡，宮殿很高大，家具豪華，大理石鋪滿地面，裝潢金碧輝煌。」

劉醫師：「看看妳是誰？」

Alina：「我二十多歲，女性，身穿白紗，頭帶金色皇冠，身上與腳踝掛著金色手飾。」

劉醫師：「我要妳進入生命中最有意義的時刻，感覺到什麼？」

Alina：「我在一個古代市集中，有很多人，穿著東方古代衣服，他們很苦，向我求救，希望我能幫他們(哭泣)。」

劉醫師：「妳可以幫他們嗎？」

Alina：「我可以。」

劉醫師：「現在，我希望妳進入最快樂的時刻，感覺到什麼？」

Alina：「我是宗教儀式主持人，跟幾十個人在一起，他們平靜安詳的手牽著手祈禱。」

劉醫師：「現在，我要妳看看本世你最親近的親人，感覺到什麼？」

Alina：「我和姊姊穿著紗衣，帶著金飾，開心的跳著印度舞蹈，不停的轉圈圈，好開心。」

劉醫師：「姊姊是妳本世認識的人嗎？」

Alina：「是我的母親。」

劉醫師：「現在，進入妳死亡前的五分鐘，感覺到什麼？」

Alina：「我躺在床上，老了，心情平靜。許多人跪在地上，我的孩子陪我，她是我本世的妹妹，我叫他們不要傷心。」

劉醫師：「想檢討一下本世生命內容嗎？」

Alina：「我告訴他們我會再回來。我告訴他們人們的痛苦是來自於無知，只要一個念頭的轉變，就可以脫離痛苦了，其實很簡單。」

「我把能量與光傳給他們的時候，他們的心就會轉變。當越多的人明白，就會聚集愈多的能量，就會轉化越多的人。」

「他們未來會明白每個人的苦都是自己的選擇，可以不必要的。我感覺下一世要去的地方與天堂愈來愈近。」

劉醫師：「現在，我要妳進入往生後的旅程，感覺到什麼？」

Alina：「我來到了一個非常光亮的地方，有很多跟我一樣的靈在一起，每一個靈身穿白衣，都很平靜喜悅，大家在聊天享受當下，很多的靈都回來匯報。」

劉醫師：「你感覺這些靈有本世親近的人嗎？」

Alina：「我看到許多本世的朋友，也看到你。」

劉醫師：「看到我？」

Alina：「嗯！」

劉醫師：「為什麼你要去到那一世？」

Alina：「是個任務，為了要辦一些事。我跟一群靈帶著光、能量與
　　　　愛轉化人們的能量。我們讓這個影響變成像雪球般，越滾越
　　　　大；能量出去的越多，就會回來得更多。每一個任務也是提
　　　　升自己的途徑，我們提升了許多。」

劉醫師：「對於這個愛與能量的提升，有一個終極的願景嗎？」

Alina：「感覺我們臣服在一個宇宙很大的能量下，是這個能量的一
　　　　份子，感受沒有自我，願意為這個能量所用。」

劉醫師：「想要結束這個心靈之旅嗎？」

Alina：「好的。」

Alina前世回溯探索

把能量與光傳給他們，心就會轉變

Alina的回溯中有一些內容值得探討。

到底現代人最迫切需要的是什麼？面對這個提問，相信許多人會同意現代人迫切需要的，絕對不是更好的物質，而是心靈的平靜喜悅。然而理想歸理想，現代人多數活在競爭、高壓的物質世界中，企求平靜喜悅變得是個夢想。如何能夠擁有平靜喜悅的心靈美質呢？你得擁有生命的智慧。

面對生命，有兩種形態的智慧：

- 💡　一種是「入世智慧」，它是經營企業或處理人生問題的智慧。
- 💡　一種是「出世智慧」，它是理解生命真相與引導正向行動的大智慧。

Alina回溯中提示：「把能量與光傳給他們的時候，他們的心就會轉變。」Alina所提示的「能量」與「光」，指的就是「出世智慧」。

如何修習「出世智慧」呢？你得經常修習靜心。

下一世去的地方與天堂愈來愈近

Alina在與神聖智慧能量意識聯結中提示：「我感覺下一世要去的地方與天堂愈來愈近。」這是什麼意思呢？

人們執持不同的宗教信仰，對於往生後的去處，有不同的見解。基督教教徒認定會去天堂，佛教教徒認定會去六道中某一道，神秘主義者認定會去一個充滿光與愛的世界。

依Alina回溯中的覺知，人往生後去的界域不盡相同，不同界域的能量意識層級不同。有些界域的能量意識層級是一元的，該界域中沒有肉體的包袱，而且心靈中沒有痛苦與焦躁，只有當下、歡喜與平靜。

依回溯中累積的經驗，當一個人在地球上功課做到某個程度，心靈變得平靜有愛時，他的能量意識層級會提升，內在的震動頻率會同步改變。這個轉化，會讓他下一世不再投身二元的情緒世界，而會轉入恆在寧靜歡喜的一元世界。

Alina所謂「去的地方與天堂愈來愈近」，就是這個意思。

與這個宇宙很大的能量融合在一起

Alina在聯結中提示：「感覺我們臣服在一個宇宙很大的能量下，是這個能量的一份子，感受我們願意為這個能量所用。」Alina不是個宗教徒，但催眠中她與該「神聖能量意識」聯結時，清楚的感受到祂的臨在。人們內在的能量意識，其實一直都與這個宇宙智慧能量意識聯結，只是無法意識祂的存在。

Alina提示「願意為這個能量所用」意指什麼？Alina透過與這個「神聖能量意識」聯結，意識到她累世扮演「光的使者」角色，入人間傳播「神聖能量意識」的訊息、智慧與慈悲。

許多人間的宗教家、心靈導師或上師，一生以協助人們脫苦與提升心靈為職志。從心靈層次上探索，這類心靈導師有兩種層級：

💡 層級一、入世心靈導師

所謂入世心靈導師，意指：心靈導師利用思想下的理性、知識與語言，協導眾生脫苦與提升心靈。

💡 層級二、出世心靈導師

所謂出世的心靈導師，意指：心靈導師在寂靜中升起無意識（自性），放下「我」，利用無意識與「神聖能量意識」聯結並融合在一起，將自己完全交托給祂，並臣服於祂。心靈導師接收「神聖能量意識」傳送給他的訊息、智慧與能量後，扮演傳信差（Messenger）的角色，將接收的訊息、智慧與慈悲能量傳播給人間，協導人們脫苦、提升心靈與覺知生命真相。

依觀察，世間入世心靈導師多，而出世心靈導師少。

第九章 第二十八篇 把能量與光傳給他們

第九章　前世回溯案例探索

第二十九篇　高維世界亞特蘭提斯（Atlantis）

高維世界亞特蘭提斯（Atlantis）

古老傳說中，存在著亞特蘭提斯（Atlantis）古文明。傳說中，創建亞特蘭提斯王國的是海神波塞頓。在某小島上，波塞頓娶了一個少女，該少女為波賽頓生了五對雙胞胎兒子。波塞頓將整座島劃分為十個區域，分別讓給十個兒子來統治，並設定長子「阿特拉斯」為最高統治者，長子的王國稱為「亞特蘭提斯」。

依據傳說，「亞特蘭提斯」原本十分富強，後出現腐化現象，眾神之首宙斯為懲罰其墮落，在公元前一萬年引發大地震和大洪水，令亞特蘭提斯王國沒入海底。

「亞特蘭提斯」最早的描述，出現於古希臘哲學家柏拉圖的著作《對話錄》裡。他提示亞特蘭提斯存在九千年前，處在一個海洋包圍的大島。很多歷史學家認定亞特蘭提斯只是一個神話，對它的存在抱持否定態度。他們認為柏拉圖藉由虛構的亞特蘭提斯，提倡「理想國」概念，並勉勵當時腐敗的雅典振奮起來。

雖然懷疑普遍存在，仍有不少考古學家和歷史學家希望找到它。全球已有超過一千處，被懷疑是亞特蘭提斯曾存在之地。

Naomi是一個專業的瑜珈老師，也是一個禪定的覺知者。她透過禪定，意識到她可能曾停留過亞特蘭堤斯。藉由這個覺知，我在催眠中引導她進入亞特蘭堤斯，一探亞特蘭堤斯的真相。

催眠中與Naomi的對話

下面是催眠中與Naomi的對話。

劉醫師：「等一下，我將從三數到一，當聽到一點時候，你的智慧會引導你進入亞特蘭提斯。三、二、一，Naomi，環觀四週，告訴我看到什麼？」

Naomi：「在一個古城裡面，有個大廣場，廣場中都是希臘羅馬時代很高的白色建築，有許多大柱子。」

劉醫師：「前方有個水池，走過去俯視水池，告訴我看到什麼？」

Naomi：「像人的形狀，眼睛黑黑大大的，耳朵尖尖、細細長長的，皮膚有著偏藍極光的顏色，會閃動，鼻子、嘴唇跟人很像，沒有頭髮。」

劉醫師：「很好，妳現在在做什麼？」

Naomi：「看著廣場，等一下會有個儀式。」

劉醫師：「非常好，此刻的情緒是什麼？」

Naomi：「平靜。」

劉醫師：「除了平靜外，還有其它感受嗎？」

Naomi：「有著追求某種能量的期望。」

劉醫師：「能量會為妳做什麼？」

Naomi：「帶給我智慧跟創新能力。」

劉醫師：「生命有多長？」

Naomi：「很長，大概兩千年。」

劉醫師：「好，兩千年後生命就消散了嗎？」

Naomi：「沒有，我們利用能量延續。」

劉醫師：「生命消散後，妳會重新回到亞特蘭提斯？還是會到不同的世界？」

Naomi：「不同的世界。」

劉醫師：「很好，我要妳去到往生後的世界，三、二、一，感覺是什麼樣的世界？」

Naomi：「強烈的白光世界。」

劉醫師：「存在形體嗎？」

Naomi：「只是一個意識能量。」

劉醫師：「這個世界是個恆在狀態嗎？」

Naomi：「嗯。」

劉醫師：「在這個世界，有想做什麼？或不想做什麼？」

Naomi：「沒有。」

劉醫師：「很好，為什麼去亞特蘭提斯？」

Naomi：「經驗、認識自己。」

劉醫師：「地球人間跟亞特蘭提斯是平行的兩個世界嗎？當亞特蘭提斯存在時，人間存在嗎？」

Naomi：「是。」

劉醫師：「它們存在同一個空間？還是不同的空間？」

Naomi：「曾經重疊過，但又分開了。」

劉醫師：「暫時進入到亞特蘭提斯存在於地球的那段時間，三、二、一。感覺到了嗎？」

Naomi：「嗯。」

劉醫師：「很好，大概是什麼時代？」

Naomi：「好久好久以前，幾萬年前。」

劉醫師：「那時候人類存在嗎？」

Naomi：「不存在。」

劉醫師：「感受一下，地球上的亞特蘭提斯存在地球的什麼地方？」

Naomi：「非洲跟南美洲中間，很大；原先與陸地連在一起，但在不斷的擴散中離開大陸。」

劉醫師：「妳移動用什麼方式呢？」

Naomi：「不需要在陸地上移動，用在空中飛行的飛行船，或用意念。」

劉醫師：「意念移動的速度有多快？」

Naomi：「瞬間。」

劉醫師：「比如說從台北到高雄，需要多少時間？」

Naomi：「念頭之間。」

劉醫師：「在那個時代，除了飛行船外，還有什麼科技是現代文明沒有的呢？」

Naomi：「存在可聚集能量的建築，它可幫我們尋找能量。」

劉醫師：「很好，亞特蘭提斯人聚集能量的目的是什麼？」

Naomi：「為了永恆。」

劉醫師：「可不可以更進一步說明，死亡後難道生命不是永恆的嗎？」

Naomi：「永恆存在於靈魂意識之內。」

劉醫師：「其實生命本質上本是永恆的？」

Naomi：「是。」

劉醫師：「所以亞特蘭提斯追尋永恆，不是必要的，是嗎？」

Naomi：「是個經驗。」

劉醫師：「依亞特蘭提斯社會型態，人與人之間是什麼關係？」

Naomi：「很自由。」

劉醫師：「有像人間的男女關係嗎？」

Naomi：「沒有。」

劉醫師：「有像人間肉體的愛嗎？」

Naomi：「有也可以，但不怎麼需要肉體的愛，因為心靈中已有了永恆的滿足。」

劉醫師：「亞特蘭提斯人覺得生命擁有目的嗎？」

Naomi：「就是在追尋能量。」

劉醫師：「把亞特蘭提斯人跟人類比，差距在什麼地方？」

Naomi：「亞特蘭提斯的創新智慧是高的。」

劉醫師：「亞特蘭提斯人有預知能力嗎？」

Naomi：「有的，但預知了不一定能改變。」

劉醫師：「照您這樣子說，過去、現在與未來都是虛相，其實都已經
　　　　存在了，是嗎？」

Naomi：「既存在，也不存在。」

劉醫師：「它既存在，也不存在。所以亞特蘭提斯的生命在地球，不
　　　　過只是意識能量的某個暫時經驗，是嗎？」

Naomi：「是。」

劉醫師：「從亞特蘭提斯的智慧看人類，該怎麼看？」

Naomi：「人類追求不一樣的東西。」

劉醫師：「是的，追求的不一樣。而且人類在情緒上是二元的，而亞
　　　　特蘭提斯沒有二元情緒。」

Naomi：「是。」

劉醫師：「亞特蘭提斯現在還存在嗎？」

Naomi：「以不同形式存在於某一個宇宙角落。」

劉醫師：「人類有機會轉化到亞特蘭提斯去嗎？」

Naomi：「它是自然的流動，不一定需要。」

劉醫師：「這不完全是人類的選擇，是嗎？」

Naomi：「是。」

劉醫師：「請教一下，如果地球的靈想轉進到亞特蘭提斯這種能量層次，如何去呢？」

Naomi：「要放下更多的慾望，才有機會進到這個界域。」

劉醫師：「身為一個亞特蘭提斯人，妳在什麼理由下轉入人間呢？」

Naomi：「來經驗，透過這個旅程才可理解到靈魂的永恆，才可轉換靈性能量的震動頻率。」

劉醫師：「未來的旅程中，妳會回到亞特蘭提斯，還是去不同的界域呢？」

Naomi：「都可以。」

劉醫師：「依妳現在靈性的層次，妳是擁有選擇的，是嗎？」

Naomi：「是。」

劉醫師：「很好，現在我要妳回到剛才的亞特蘭提斯廣場。三、二、一，回去了嗎？」

Naomi：「嗯。」

劉醫師：「很好，還是妳一個人嗎？」

Naomi：「有一些夥伴，儀式快要開始了。」

劉醫師：「是什麼儀式？」

Naomi：「很多的人圍著像火般的能量光，寧靜的坐著。」

劉醫師：「這個儀式為的是什麼？」

Naomi：「在一個同頻下共振，提升能量。」

劉醫師：「在亞特蘭提斯的世界中，有宗教嗎？」

Naomi：「沒有。」

劉醫師：「在妳們的心目中，有信仰任何一個所謂的神嗎？」

Naomi：「不需要。」

劉醫師：「為什麼不要宗教？不要神？」

Naomi：「一切都是自然的。」

劉醫師：「妳是說，人間所謂的神或宗教，是人在心存永恆想法下所
創造的，是嗎？」

Naomi：「是的。」

劉醫師：「這個大宇宙本身就是一個神的本體，是嗎？」

Naomi：「是的。」

劉醫師：「亞特蘭提斯人所做的，就是轉化內在的震動頻率跟能量，
往一條永恆的路走，是嗎？」

Naomi：「嗯。」

劉醫師：「看看週邊的伙伴，有沒有看到這一世妳熟悉的人？」

Naomi：「蘭妍。」

劉醫師：「很好，她也是藍色皮膚嗎？」

Naomi：「是。」

劉醫師：「請教妳，在亞特蘭提斯人怎麼過日子
呢？譬如說，吃什麼東西？」

Naomi：「不用吃東西，生命依賴的是能量。」

劉醫師：「他們肉體的結構跟人相似嗎？」

Naomi：「不太像，比較透明，體內結構跟人也不一樣。」

劉醫師：「亞特蘭提斯的人需要工作嗎？」

Naomi：「不需要工作，可以用意念創造生活需要的物質。」

劉醫師：「非常好，亞特蘭提斯像地球般有白天跟晚上嗎？」

Naomi：「有，很漂亮。」

劉醫師：「為什麼漂亮？」

Naomi：「像在星際裡面。」

劉醫師：「妳現在所在的時間是白天還是晚上？」

Naomi：「傍晚。」

劉醫師：「可以描述一下嗎？」

Naomi：「粉紅、粉藍的天空，像是日落的感覺。」

劉醫師：「有太陽嗎？」

Naomi：「沒有太陽。」

劉醫師：「它會慢慢變成黑暗嗎？」

Naomi：「像黑暗但也不會看不到。」

劉醫師：「好，現在是傍晚，我從三數到一，看看晚上像什麼，三、二、一。」

Naomi：「星光就是能源。」

劉醫師：「滿天都是星星嗎？」

Naomi：「是。」

劉醫師：「妳們呼吸嗎？」

Naomi：「不需要呼吸，依靠能量。」

劉醫師：「好，所以亞特蘭提斯空氣成份跟地球不一樣？」

Naomi：「是。」

劉醫師：「所以亞特蘭提斯人的身體並非肉體型態，而是能量型態？」

Naomi：「在能量與有機物之間。」

劉醫師：「我們進入白天看看好嗎？三、二、一，進入正午的時候，告訴我天空像什麼樣子？。」

Naomi：「全是白光。」

劉醫師：「光的來源是什麼？」

Naomi：「像太陽發著白光的星球，但不是地球的太陽。」

劉醫師：「溫度大概幾度？」

Naomi：「涼涼的， 大概二十幾度，很舒服。」

劉醫師：「亞特蘭提斯一天時間比地球長嗎？」

Naomi：「是。」

劉醫師：「長多少？」

Naomi：「一天像是地球一個月。」

劉醫師：「需要睡眠嗎？」

Naomi：「吸取能量就可以了。」

劉醫師：「請教亞特蘭提斯人的生活，人與人間怎麼互動？」

Naomi：「心念上互動，用口語也可以。」

劉醫師：「如果要講『妳好嗎？』，亞特蘭提斯人怎麼說這句話？」

Naomi：「Lihasa。」

第九章 第二十九篇 高維世界亞特蘭提斯

劉醫師：「很好，如果亞特蘭提斯人說『我喜歡妳』，怎麼說？」

Naomi：「Rubada。」

劉醫師：「非常好。如果亞特蘭提斯人說『我是妳的好朋友。』，怎麼說？」

Naomi：「Ludusa dibasa。」

劉醫師：「如果亞特蘭提斯人說『天黑了。』，怎麼說？」

Naomi：「Sidusa。」

劉醫師：「亞特蘭提斯的人生病嗎？」

Naomi：「劫數到的時候會，但平常不會生病。」

劉醫師：「亞特蘭提斯的人需要透過活動尋找快樂嗎？」

Naomi：「不需要，本身就是平靜喜悅的。」

劉醫師：「亞特蘭提斯人聚集在一起嗎？」

Naomi：「聚集能量時在一起，經常是孤獨的。」

劉醫師：「亞特蘭提斯人有夫妻、家庭制度嗎？」

Naomi：「不必，都是自由、獨立的。」

劉醫師：「非常好，非常謝謝妳對亞特蘭提斯所提示的訊息。在回醒前，能不能說幾句語？」

Naomi：「永恆在心中，不必刻意追尋永恆，一切都是自然的。」

劉醫師：「還有什麼可以說的？」

Naomi：「所有的智慧就在呼吸之間，人有著過多的執著、索求與慾望。」

劉醫師：「很好，謝謝妳的提示，還能說什麼呢？」

Naomi：「不需要了。」

亞特蘭提斯界域探索

從Naomi對亞特蘭堤斯這個世界的覺知，如果它是實相，則它是一個介於一元意識層級與二元意識層級間的世界。

依Naomi的描述，亞特蘭堤斯似乎是人們嚮往的伊甸園。在這個世界中的靈，不存在肉體的累贅與牽掛，不存在負面的心靈情緒，永遠是平靜喜悅的。他們若需要的物質，在心念中就可以創造，而且一念間即可移動。

如果亞特蘭堤斯如實存在，如何能夠去亞特蘭堤斯呢？由於它是個較高維的能量世界，要去這個世界並不是無條件的。如Naomi所提示，需要擁有放下執著、慾望的清靜心，也得存有較高層級的心靈震動頻率。

第九章　前世回溯案例探索

第三十篇　Ｎａｏｍｉ 遊地獄

第九章　第三十篇　Naomi 遊地獄

Naomi 遊地獄

地獄存在嗎？

自有歷史記載的數千年來，透過文化或宗教信仰，許多人都相信往生後並未消散，會有兩種可能去處；一處是美好的世界，西方叫它做天堂，東方叫它做西方極樂世界；另外一處是不好的世界，就是地獄。

考證歷史，地獄的觀念同時出現在古代東方的印度和西方的西亞，而最初的來源可能是位於兩地之間的「伊朗高原」。至於在中國，佛教在一世紀漢朝時期傳入前，並沒有地獄觀念。當佛教進入中國後，就引入地獄觀。而該地獄觀又間接影響了道教。道教不但接受地獄觀，並持續發展出十八層地獄概念。

綜觀現代，許多人透過宗教信仰與文化下地獄觀的影響，相信人往生後會經過某個審判機制的審判，當判定重罪，則可能被移送至地獄受刑。

多數人都會問：「地獄存在嗎？」。對於這個議題，相信許多人頗有興趣深入探討。我主動邀請了Naomi在催眠下一遊地獄，一則探索地獄是否存在，一則看看地獄到底像什麼樣子。

Naomi催眠中進入地獄談話內容

下方是Naomi在催眠引導下進入地獄與我的談話內容。

劉醫師：「等一下，我從三數到一，數到一的時候，你會帶著菩薩的慈悲與能量，去經驗人所意識到的地獄或者是酆都城，三、二、一，感受到什麼？」

Naomi：「一片紅色，看到很多痛苦的人；很多人被慾望驅使著，追求某樣東西。」

劉醫師：「追求什麼？」

Naomi：「其實，他們內在有種想抓取的心，但不明白追求什麼。」

劉醫師：「很好，這群人為什麼痛苦？是在某種罪惡的生命經驗下被懲罰嗎？」

Naomi：「不，內心的執念，是自己創造的。」

劉醫師：「你是說，他們在這一片紅色情境中感受的痛苦，並不是真正有地獄各種酷刑的懲罰，而是他們心念中執念、慾望創造了他們的痛苦?」

Naomi：「是（註一）。」

註一：他們感受痛苦，並不是真正地獄各種酷刑的懲罰，而是他們心念中執念、慾望創造了他們的痛苦。

依Naomi遊地獄的覺知，她提示的地獄觀與宗教的地獄大大不同。此提問在前文已探討過，本處略做複習。

聖經中的「地獄」像什麼呢？查考聖經，來看看聖經中是怎麼說「地獄」：拘留在陰間中受苦的人將經過審判，審判定罪後，會被扔到不滅火湖（Lake of fire）裡，在那裡哀哭受刑，永不能獲得救贖。

看完聖經「地獄」描述後，不禁省思：「如果聖經所載為實，人是被神創造的。若神對兒女有愛，有愛的神會創造地獄嗎？」

再談佛教六道中的地獄。

佛教經典對「地獄道」描述的非常清楚。凡眾生生命所做所為符合入地獄惡業，往生後將會入地獄受苦。佛家所描述的地獄極為恐怖，陷入的眾生重覆受刑，不但極度痛苦，且刑期極極長。入地獄後不得脫離，直到業報結束始能脫離地獄。

到底佛家描述的地獄存在嗎？佛陀提示的「一切唯心造」給了答案。「一切唯心造」意指：「眾生的妄想心為自己造出了地獄。」眾生面

對所經驗的地獄，眾生既是創造者，也是經驗者。當眾生相信地獄，就會感受地獄存在，並墮入地獄。當眾生心已經淨空無相，則空性中地獄根本不存在。

依Naomi催眠中遊地獄的覺知，人所謂入地獄，並非透過某個審判，被強迫送入基督教或佛教的地獄，那是人們執著、慾望的信念，為自己創造了令他們痛苦的地獄。

劉醫師：「而他們在痛苦下，以為是進入地獄，在地獄中被審判下受苦，是嗎？」

Naomi：「是，心中的一切慾望、執著，造成他們心念的痛苦。」

劉醫師：「他們是從人間往生後來這個地獄嗎？」

Naomi：「它們是同時存在的。」

劉醫師：「人間與地獄是平行且同時存在的空間？」

Naomi：「是（註二）。」

註二：人間與地獄是同時存在的。
依Naomi遊地獄的覺知：「宗教所謂的地獄並不存在；人並非犯錯，在業報下進入實體懲罰的地獄，而是人心靈的執著跟貪慾為自己創造痛苦的地獄。」所以，她才說人間與地獄是同時存在的。

劉醫師：「所以，地獄在實體上，並不是一個人犯了什麼錯，譬如，犯了身、口、意三業，而在業報機制審判下，被強迫進入一的個實體懲罰場域？而它是在的心靈中，面對生命中的執著跟貪慾，在臆想下自我創造的地獄？」

Naomi：「是。」

劉醫師：「那在一般民俗信仰、佛教觀念中，或在基督教觀念中，人往生後會透過某個審判而進入地獄，是真實的嗎？」

Naomi：「它是在往生後，執念過強所衍生出來的（註三）。」

註三：地獄是在往生後，執念過強所衍生出來的。
人在往生後，當他的執念過強，相信犯了罪，也相信有個地獄存在，他的意識就會為他創造一個讓他自己去經驗痛苦的地獄，這就是佛陀所謂的「一切唯心造」。

劉醫師：「你是說，所謂往生後的地獄，是一個人在往生後，因為缺乏人生的智慧，充滿著執念，而在執念中為自己創造的，是嗎？」

Naomi：「是的。」

劉醫師：「這個地獄是他被審判而去的呢？還是事實上是他自己的所作所為引導他去的呢？」

Naomi：「自己的所作所為。」

劉醫師：「基督教提示人在神的審判中下地獄，並沒有這個現象，是嗎？」

Naomi：「是他的二元對立心念創造的地獄。」

劉醫師：「他存在二元對立的心念，在善惡、是非、對錯、好壞的執著下，往生後丟不開這一些執著，就為自己創造了一個心靈的地獄，是這個樣嗎？」

Naomi：「是的。」

劉醫師：「好，佛教裡面講的十八層煉獄存在嗎？」

Naomi：「相信的人就存在。」

劉醫師：「相信的人就存在，那不相信的人就不存在嗎？」

Naomi：「沒有這個心念的人就不存在（註四）。」

註四：相信十八層煉獄存在，煉獄就存在；不相信十八層煉獄存在，煉獄就不存在。

再次複習佛教的「一切唯心造」：
「眾生所經驗的這個三千大千世界，其實是眾生自己所創造的，也是人想要去經驗的。換句話說，眾生相信有個地獄，相信惡報下會被懲罰入地獄，眾生就創生了一個地獄，並墮入了自己創造的地獄。」

這個覺知存在著一個人生大祕密，那就是：「當你面對生命困頓、壓力或災難時，不應怨天尤人喊不公、不義，而應對內自省；因為所有你所經驗外在世界給予你的一切，都是你內在的世界創造的。」

劉醫師：「你是說，一個人當他認定有地獄存在，就可能往生後進入一個他創造的地獄，是嗎？」

Naomi：「是的。」

劉醫師：「很好，他進入這樣的地獄，能脫離這個地獄嗎？」

Naomi：「當下即刻放下。」

劉醫師：「如果他能懂得放下，地獄就消散了？」

Naomi：「是。」

劉醫師：「但是，如果他相信有地獄，在這個執念下他怎麼能脫的開呢？」

Naomi：「存有一絲絲的利他心念。」

劉醫師：「在人間，經常滯留的陰靈到底是怎麼回事呢？」

Naomi：「有時候是自己的執念造成的。」

劉醫師：「你是說，他往生後他並沒有意識到他結束了，仍然存在著執念，就會呈一個陰靈狀態，滯留在人間？」

Naomi：「是（註五）。」

註五：人間經常存在滯留的陰靈。
依Naomi遊地獄的覺知：「有些人在往生後，他的肉體死亡留在了人間，但他的靈魂由於存著牽掛、不捨、耽憂、不平或憤怒等情緒時，這些意念會令他滯留在人間，不知道返回靈界，或不願返回靈界。」

劉醫師：「他如果滯留在了人間，他所停留的區域裡會對人產生困擾嗎？」

Naomi：「有些陰靈會，有些陰靈不會。」

劉醫師：「但最終，他們是不是還是要回到他們原來存在的地方？」

Naomi：「是的。」

劉醫師：「這些靈如果離開地獄，會去什麼地方？」

Naomi：「會去到宇宙源頭，屬靈存在的地方。」

劉醫師：「當他回到源頭，以屬靈的狀態存在，那是什麼樣的狀態？有形體嗎？」

Naomi：「依據能量的層級決定，不同能量層級的靈會有不同的形體（註六）。」

註六：不同能量層級的靈會有不同的形體。

每一個靈會呈現不同層級的能量意識狀態，或者說，呈現不同的心靈震動頻率。不同層級的能量意識，也會呈現不同的形體狀態：

- 💡 極低層級的能量意識，呈現物質狀態。
- 💡 低層級的能量意識，呈現植物狀態。
- 💡 稍高層級的能量意識，呈現動物狀態。
- 💡 再較高層級的能量意識，呈現人形狀態。
- 💡 高層級的能量意識，呈現光的狀態。
- 💡 最高層級的能量意識，則呈無時、無空、無形的狀態。

劉醫師：「最普通的形體是什麼樣子呢？」

Naomi：「人形的樣子。」

劉醫師：「他有可能轉變成其他的動物或者植物嗎？」

Naomi：「會。」

劉醫師：「再高層一點的形體是什麼樣子呢？」

Naomi：「光的樣子。」

劉醫師：「很好，你現在是什麼樣的形體呢？」

Naomi：「人形，也可以是光，取決於能量狀態。」

劉醫師：「你曾經是光嗎？」

Naomi：「是的。」

劉醫師：「那你以人形來人間為的是什麼？」

Naomi：「有了形體，就會領受二元經驗，對外經驗這個二元世界，對內覺知自己。」

劉醫師：「Naomi在二元世界中，是想透過經驗二元世界，去映照她的一元，是嗎？」

Naomi：「嗯！」

劉醫師：「Naomi進入二元的感受，除了映照自己以外，有其他理由嗎？」

Naomi：「自由的流動。」

劉醫師：「她在化成形體經驗二元的時候，有刻意想在某個方向選擇嗎？還是兩邊都想經驗？」

Naomi：「兩邊都可以（註七）。」

註七：兩邊都想經驗。

這個議題在前面章節分享過。依據Naomi在高維能量意識下的覺知，一些靈入人間，為的是經驗二元紅塵，而這個規劃下的經驗是二元性的。換句話說，他想經驗快樂，也有興趣覺知痛苦；他想經驗勇敢，也有興趣覺知懦弱；他想經驗富有，也有興趣覺知貧窮；他想經驗成功，也有興趣覺知失敗。但當靈進入了人間後，就忘了曾經在靈界期待二元經驗的規劃，而只是對於二元中正向屬性的情境有興趣。

當然，如同前面所提示的，這些二元經驗，特別是負面的，其背後隱藏了學習的規劃。每個靈透過面對負面情境，學習提升心靈中能量意識的震動頻率。內在震動頻率每提升一點，就更靠近根源母體一步。每一個靈，不管如何被規劃的、隨性的、自由的或頑皮的遊走於三千大千世界中，最終還是得倦鳥歸巢，回歸根源母體。這一切，取決於他內在歸鄉的樂章展開了沒有。

劉醫師：「從Naomi到現在所經驗的所有二元世界的一切，覺得滿足了嗎？還是想經驗更多的？」

Naomi：「想經驗自由。」

劉醫師：「還有特別想經驗些什麼嗎？」

Naomi：「想經驗愛情。」

劉醫師下催眠結束前指令：

「很好，我想我們都滿足了這個冥想下的心靈旅程，我想在此結束這個旅程。在結束前，我要你牢牢的將這個經驗記在心靈深處。」

「你可以開始清楚的理解，世俗信仰與宗教提示了地獄，但其實一個人往生後，並非犯錯後會被懲罰入地獄。一個靈往生後，如果沒有去到他該去的靈界，是因為心中對於人間仍然存在著執著，而這個執著讓他滯留在一個心靈創造的地獄。」

「Naomi會深深的記住這個訊息；爾後，當她帶著愛去幫助別人的時候，永遠可以教導其他的人，讓他們理解生命都是祝福的。人來人間為的是經驗，為的是學習。而不管學好學壞，它的背後並沒有存在一個地獄的懲罰。她也必須讓被她幫助的人來了解，地獄根本是不存在的。而一些人往生後滯留地獄，只是他的執念所臨時創造的一個暫時場域而已。只要他能夠夠放下執著，升起利他的愛，就能脫離這個感受像地獄的場景。」

劉醫師下喚醒指令：

「我將數數字，從一到五，聽到五的時候你會慢慢的睜開眼睛。一、二，每一個吸氣跟吐氣都會將你慢慢的帶入清醒的狀態；三，不妨開始慢慢的吞吞口水，眨眨眼皮，動動身體，好舒服，好快樂，慢慢的準備回復清醒的狀態；四，等一下聽到五的時候，你會進入完整的清醒，開心的、充滿能量的睜開眼睛，五。」

Naomi地獄行探索

Naomi的地獄行有趣嗎？如果Naomi的覺知屬實，那麼生命中也不必老是做了錯事就擔心往生後入地獄了。但就算是如此，生命中能夠經常心中有愛、做好事、正念正語，不是活得更快樂嗎？

第九章 前世回溯案例探索

第三十一篇 為何創生有苦呢？

第九章　第三十一篇　為何創生有苦呢？

為何創生有苦呢？

蘭妍是個中年女士，早年婚姻不順離了婚，有兩個孩子。她的經濟寬裕，退休的早。她退休後擁有大量時間，選擇修習心靈提升技巧，並經常靜心。近日她自覺學而有成，開始舉辦心靈課程。蘭妍本身就是個催眠師，既喜歡催眠別人，也喜歡被催眠。她此次找我做催眠，是順應心中指引。下面是她與我回溯的對話。

與蘭妍的催眠對話

劉醫師：「感覺到眼前這扇生命之門了嗎？」

蘭　妍：「好像有個能量罩住我，感覺不到自己，我消失了。」

劉醫師：「感覺這個能量與妳聯結了？」

蘭　妍：「對。」

劉醫師：「這是一股高智慧的能量，請容許它貫穿妳。」

蘭　妍：「嗯。」

劉醫師：「很好，在這個能量下，我要妳進入妳某個前世，三、二、一，感覺到了嗎？」

蘭　妍：「嗯。」

劉醫師：「想像你眼前有面巨大落地鏡，站在鏡子前面，看看這一世妳是誰。」

蘭　妍：「我在西方，女生的樣子，穿男生服裝，很年輕。」

劉醫師：「心情呢？」

蘭　妍：「有點迷惘。」

劉醫師：「很好，暫時離開這場景，回到三歲的時候，感覺到了嗎？」

蘭　妍：「家裡發生了變故。」

劉醫師：「描述看到的一切。」

蘭　妍：「突然家道中落。」

劉醫師：「原本開心的妳現在不再開心了嗎？」

蘭　妍：「嗯。」

劉醫師：「很好，看到父母了嗎？」

蘭　妍：「父母很悲傷、憂愁。」

劉醫師：「我要妳進到六歲，用第三者去觀察，不要進入痛苦情緒，怎麼了？」

蘭　妍：「家不見了。」

劉醫師：「妳的父母還在嗎？」

蘭　妍：「不在人間了。」

劉醫師：「看看妳穿的衣服呢？」

蘭　妍：「灰灰破爛的。」

劉醫師：「心情呢？」

蘭　妍：「沉重。」

劉醫師：「妳在哪？」

蘭　妍：「修道院，穿粗布衣。」

劉醫師：「好，我要妳進入十二年後的十八歲，覺知到什麼？」

蘭　妍：「小女孩長大了，滿漂亮的，皮膚白白的。」

劉醫師：「她此刻是什麼情緒？」

蘭　妍：「沉重。」

劉醫師：「為什麼沉重？」

蘭　妍：「沒有方向，迷惘。」

劉醫師：「前面有一個落地鏡，走到鏡子前面，妳是誰？」

蘭　妍：「我在修道院幫忙人家打掃。」

劉醫師：「衣著呢？」

蘭　妍：「傭人的衣服。」

劉醫師：「眼前有個日曆，我要妳往前翻，翻到妳的生命有了一個新的覺知的時候，這個覺知會帶領妳離開痛苦，進到一種歡喜的臨在狀態。進入那個時刻，感覺到了嗎？」

蘭　妍：「在一個教堂裡面。」

劉醫師：「很好，心中的苦還在嗎？」

蘭　妍：「忽然明白了。」

劉醫師：「明白什麼？」

蘭　妍：「那是一個天主教堂，我跪在聖母的前面，祂的光照在我的身上。」

劉醫師：「聖母瑪利亞傳遞給妳什麼訊息？」

蘭　妍：「祂的撫慰讓我過去的痛苦都不見了，就在那個剎那得到救贖。」

劉醫師：「妳幼年時家道中落，父母往生，這些苦是什麼安排？」

蘭　妍：「那是告訴我生命的意義；孤苦是為了幫助我自己找到我內在的力量。」

劉醫師：「這時候妳幾歲？」

蘭　妍：「有一點年紀了。」

劉醫師：「穿著修女的服裝嗎？」

蘭　妍：「是。」

劉醫師：「很好，我要妳把日曆往後翻，翻到妳在未來幫助人們放下苦，覺醒生命。感覺到了嗎？」

蘭　妍：「我感覺我都在安慰別人，那個安慰就像是媽媽一樣給他們愛、力量。」

劉醫師：「很好，眼前是什麼場景？」

蘭　妍：「戰爭。」

劉醫師：「怎麼教導人們在戰爭中能夠擁有勇氣走過去呢？」

蘭　妍：「照顧好自己，永遠不要放棄希望。」

劉醫師：「生命就是一個經驗，對於眼前所有的一切考驗、災難、困苦，都要站起來，不要放棄對嗎？」

蘭　妍：「是。」

劉醫師：「所以生命的一切苦，它表象是苦，背後隱藏的是學習嗎？」

蘭　妍：「是一個祝福。」

劉醫師：「妳是說人表象上經驗的是災難，但其實是被既定安排的祝福，要人們透過痛苦、壓力去學習勇氣，是嗎？」

蘭　妍：「是，所有的苦，並非苦。所有快樂和痛苦是一樣的。」

劉醫師：「為什麼妳會這樣說呢？」

蘭　妍：「那只是一種經驗。」

劉醫師：「換句話說，人來人間，也許在人的心念中希望快樂不要痛苦，然而在一個更大的智慧覺知下，人來人間就是來經驗而已。經驗快樂就像經驗痛苦，都是一種經驗，並沒有一定的好跟壞，是嗎？」

蘭　妍：「是，但是往往人們經過痛苦，會有更大的學習跟跳躍。」

劉醫師：「這就像蘭妍這一世小的時候家道中落，父母雙亡，這種痛苦也是一個祝福，要她去經驗、去學習，是這個意思嗎？」

蘭　妍：「是。」

劉醫師：「人生需要去學習什麼？人生在學習路徑中擁有一個特定目的嗎？」

蘭　妍：「他只是要去經歷，經歷過這些過程之後，再回到完整。」

劉醫師：「他必須走過這所有二元的兩極經驗後，才能夠合一，回到他來之前的完整狀態，是嗎？」

蘭　妍：「是。要完整經歷這一些分崩離析的事情，讓他有更大的完整。」

劉醫師：「他必須透過二元情境去經歷這個分，透過這個分才會完整對這個分的覺知，而最終會回到一。」

蘭　妍：「對，再往上可跳升到更大的一，進入更大的能量階層，更大的圓滿，震動頻率會往上。」

劉醫師：「蘭妍此刻的覺知對蘭妍這一世，會帶給她什麼訊息呢？」

蘭　妍：「在靈性的道路上，不要猶豫。」

劉醫師：「您是說蘭妍心中想著什麼，就該自由的去展現，是嗎？」

蘭 妍：「是。」

劉醫師：「蘭妍心中此刻猶豫了嗎？」

蘭 妍：「她沒有猶豫，只是她擔心金錢。」

劉醫師：「蘭妍覺知到這個訊息，她可以放下這些不必要的念頭嗎？」

蘭 妍：「一步的距離，看她自己。」

劉醫師：「蘭妍要相信她自己？」

蘭 妍：「是。」

劉醫師：「所以，在未來的路徑，她可以很自由的、積極的往前行。
不管眼前的天候是什麼樣子，陽光或陰天，蘭妍都會放下所
有掛念，因為她知道她擁有足夠的能量資源，是這樣嗎？」

蘭 妍：「是。」

劉醫師：「對蘭妍往後，有什麼其他應該知道的呢？」

蘭 妍：「她在迷惘的時候，要靜下來。只要靜下來，就能與她預定
安排好的能量聯結。」

藉由蘭妍回溯探索生命實相

蘭妍艱苦動盪的前世

依蘭妍在回溯中對她在該世生命所下的詮釋，其內容與書中其它個案在與「高維智慧能量意識」聯結下所詮釋的生命答案近似或雷同。顯然，她在回溯中同步與某個「高維智慧能量意識」是聯結的。

在回溯中，蘭妍進入的前世頗為動盪、辛苦。她在該世家道中落，幼年即父母雙亡，被迫送入修道院做個低階的清潔工，而且面對顛沛流離的戰爭。蘭妍面對絕大多數人認定的艱苦人生，所給的生命答案出人意表，它絕非在滾滾紅塵經歷痛苦的人能給的答案。

苦並非苦

當我問及蘭妍對該世辛苦生命的感受時，她回答：「生命的苦，表象上是災難，但苦並非苦，而快樂和痛苦同樣的是祝福，因為所有的苦都只是一種經驗。而透過經歷痛苦，才會有更大的學習跟跳躍。人必需要透過人生各種經歷，才會再回到完整。」

蘭妍提示的生命答案頗值得省思，但相信一些人無法接受這些論點。如前面再三提示，一般人利用思想評斷生命，會是偏頗的。因為思想內一切入世侷限資源，沒有資格評斷出世訊息。

若要評斷蘭妍給予的生命詮釋，必須將三維意識覺知提升為高維意識覺知，始可給予客觀判斷。但這顯然是強人所難，因為多數人無法存在高維意識覺知。基於這個理由，往下，讓我們不妨降階，嘗試利用思考邏輯探索生命苦痛的真相。

利用思考邏輯探索生命苦痛的真相

如同前面所提及的，在思考邏輯下，會認定生命有兩個版本的真相，一個是無神論下的真相，一個是有神論下的真相。

如果「無神論」是真相，人往生後就消散了，那生命中所經驗的苦就是實存的，一分苦就是一分苦，毫無討價還價餘地。但相反的，如果「有神論」是真相，那面對苦必須問一個問題：「神創生我們，為什

麼要讓我們的生命痛苦呢？」這個提問會有三個不同版本答案，不妨感覺三個版本中那個版本最具有說服性與可能性。

三個不同版本生命苦痛的真相

版本一：根源母體在無聊戲謔下的遊戲

宇宙至高無上的「神聖智慧能量意識」或者「根源母體」閒暇之餘無聊，基於戲謔心態創生人類。然後在創生後，故意在人的生命中給予苦難。神創造人並給予痛苦，只是一個無聊戲謔的遊戲嗎？這樣子的版本可真殘酷，它的信度有多高呢？

我同意道家講的「大道有愛」，一直堅信創生我們的根源母體對祂的子女所安排的一切，必然是和善有愛的。想像一下，如果人間平凡的父母都可無條件關愛他們的子女，那麼創造我們的母親難道沒有比人間父母更高尚的慈悲嗎？相信這個版本的解釋不容易被接受。

版本二：根源母體創生能力不夠

根源母體創生人的時候，雖然是心存大愛的，但由於創生能力不足，令被創生的人得在生命中經驗苦痛。然而神為了彌補祂的缺失，給了祂創生的兒女一個轉機，就是人若想規避苦，可回歸到祂的身邊。但回歸並非無條件的，它有個但書，就是想回歸的兒女必須透過某些學習提升、轉化心靈，否則無法回到祂的身邊。

但誰又會相信神創生能力不夠呢？也因此，這個版本也會被多數人拒絕。

版本三：根源母體想透過經驗二元型態生命覺知祂自身

解釋這個版本之前，必須先做個創世假設：「創世篇」，這個「創世篇」假設源於禪定下的高維覺知。

創世篇如下：

💡 在實相宇宙形成之前，存在著一種「混沌原始態」或「量子態」的無時、無空、無形的至高無上的「神聖智慧能量意識」。

💡 該「神聖智慧能量意識」什麼都不是，但是通過祂能量意識的波動，可創造一切，並擁抱一切。

💡 為了方便理解，對於這個「神聖智慧能量意識」，可用一個「無限大的」、「創造一切的」且「包容一切」的「一元寂靜態」的「量子能量大海」描述祂。

💡 「量子能量大海」在其能量意識的某個自然波動下，由大海中激起一些「小浪花」。「小浪花」從大海中的激起，並非是「企圖下」或「規劃下」的變動，它就是由大海中激起了。這種自然波動，稱為「如是（As it is）」。

- 小浪花激起後，祂的能量意識暫時離開根源母體，由「一元高維層級能量意識狀態」轉化為「二元低維層級能量意識」。

- 「能量意識層級」的高低，決定了對大宇宙的覺知、體驗與互動形態。

- 但「能量意識層級」的高或低，並非思想下所意識的「高級或低級」、「好或壞」，它僅意指：「不同能量意識層級對大宇宙的一切覺知、體驗與互動形態不同。」

- 小浪花的「二元屬性能量意識」在屬性上，遠不同於根源母體的「一元屬性能量意識」。「二元屬性能量意識」如同水波鏡面，他的存在，映照了根源母體不一樣的「一元屬性能量意識」。

- 小浪花的「二元低維能量意識」所屬的三維層級有個特色，他不同於「一元且一合的根源母體」，能察覺到有個「我」存在，而且察覺到「我」是個獨立於宇宙其它一切的分離個體。此時，當小浪花的「我」存在了，就忘記了祂來自於「無我、無垠的大海母體」。

- 對於「一元大海母體」來說，二元屬性的小浪花只是一個「微不足道的自身波動」。祂意識到小浪花的存在，但卻無情；對小浪花，祂既不動念，也不造作；祂只是靜靜觀照者小浪花的一切波動，並給予祝福。

- 二元能量意識的小浪花形成後，他在他的自由選擇與規劃下，暫時離開了大海，展開他的二元旅程。

- 為了豐盛他的二元旅程，小浪花開始自編、自導、自演；他創造了宇宙星辰，也創造了萬物、人。至此，他開始不斷輪迴入世，享受二元的人生經驗旅程。

- 當小浪花開始進入他所創生的三維世界，為了盡情享受他規劃的二元情境，得喝下孟婆湯，暫時忘記他是誰。

- 他得暫時被制約於他所存在的「低階能量意識層級（物質意識層級與因果層級）」。如此，藉由降低意識層級，他才可在紅塵中感知物質世界一切境遇皆為實相；也才能藉由二元境遇，引動慾望、情緒，盡情經驗享受人間的愛恨情仇。也藉由這個層級，他才可在因果業報遊戲規則下輪迴不止。

- 人的入世，是「高層級能量意識」轉化進入「低層級能量意識」的一種狀態。這種意識的降階跳躍，都是他的自由選擇。但入了塵世，他卻忘了。

- 這種人生旅程，是忘記了「真我」的一場自編、自導、自演的泡沫遊戲，好讓「假我」入世間，盡情享受快樂、痛苦與生死悲喜劇。

- 基此，面對二元紅塵情境，他對二元經驗的規劃並非單向的，而是雙向的。譬如說，他想經驗快樂，但對經驗痛苦也有興趣；他想經驗成功，但對經驗失敗也蠻好奇；他想經驗真愛，但對於假愛也不排斥。

- 為了盡情享受紅塵情境，在世世輪轉中，雖然根源母體一直都存在，但他進入一種對高維世界無感、無覺的沉睡。

- 整個人世輪轉中，雖然他的意識暫時停留在較低意識層級，但他內在深邃結構中仍潛藏所有高層級意識結構。他只要不刻意限制三維意識，懂得放下五蘊運作，擴展其意識層級，則可在靈性長河的旅途上擴展面對旅程的各種可能性。

💡 如果他已經厭倦了二元世界愛恨情仇的經歷，變成已經驗一切的老靈魂，他的心中會自動升起歸鄉的訊息。此刻，他若能放下三維的五蘊運作，則可與根源母體合一。

💡 但有趣的是，當他內在意識雖欲回歸根源母體，卻又矛盾的隱約意識到回歸根源母體呈合一態時，得放棄自我，等同死亡。對他而言，這似乎又是一件難以抉擇的十字路口。

💡 在這個矛盾情結下，他會腳踏二條船；一邊創造一個宗教、一個救贖的神，說服自己回歸根源母體；一邊卻不斷的造業，在不斷入世輪轉中滿足自我，不令「我」消失。

💡 總結之，不管這個小浪花的人生旅程是多麼崎嶇，不管旅程耗時多久，最終，他仍會倦鳥歸巢，回歸到根源母體，與母體融合呈一合態。

💡 在物質與生物世界層次，時間與空間是實相，它存在於意識頻譜裡的思想層次。但在高維層級的意識頻譜，沒有時間，也沒有空間。因此，小浪花的一切波動，終究只是剎那生滅的泡沫幻影。

創世篇下的人生探索

如果這個假設屬實，那麼以人本位看苦，會討厭苦。但從根源母體一元覺知角度，祂對二元世界兩極屬性的境域無感，並無好壞之分。換言之，生命中的「苦」並非懲罰，它只是二元型態能量意識離開根源母體後自我規劃的某種二元經驗而已，它並非根源母體的戲謔遊戲或詛咒。

當二元能量意識長期流連於二元世界，圓滿了所有二元經驗，對人生一切不再眷戀了，此時，他會透過宗教或者屬靈覺知，探索生命到底是什麼？他是誰？他來自於何處？這些探索，會讓他了知他來自於根源母體。此刻，他心中歸鄉鬧鐘會自動響起，叮嚀他回歸母親身邊。

然而當他意識到源於根源母體，想要返回時，他無法無條件返回，因為他的「二元能量意識震動頻率」跟「一元根源母體震動頻率」不同頻。如何回去呢？他必須轉化內在的震動頻率與根源母體震動頻率同頻。如何調頻呢？他得藉由在人生經驗中學習勇氣、自由、愛、慈悲與智慧調頻。

上面描述的內容如果為實相，則圓滿解釋了為什麼有些個案回溯中覺

知來人間，為了完整經歷一切不同屬性的二元情境，例如「快樂與痛苦」、「輕鬆與壓力」、「善良與邪惡」、「好與壞」、「乾淨與骯髒」等等。它也解釋了為什麼有些個案在回溯中覺知到：「若要返回根源母體，得藉由人生經驗中學習的勇氣、自由、愛、慈悲與智慧調頻。」

總結之，二元世界就是個不折不扣的經驗場域，也同時是企圖歸鄉的心靈轉化教室。至於分享本書到此處的你，擁有兩種選擇，想持續經驗？或企圖歸鄉？這全然是你的選擇，沒有對錯。

但追根究底，這兩種選擇並非真正的兩種選擇，不管你生命的旅程是否長長久久，終究在終了，你得回歸合一。

第九章　前世回溯案例探索

第三十二篇　Alina與神聖智慧能量意識聯結〔I〕

Alina與「神聖智慧能量意識」聯結 {I}

這是我幫Alina進行的第二次催眠，目的不再是回溯。我希望她在引導下能夠與「神聖智慧能量意識」或「宗教所謂的神」聯結，藉由聯結探索生命真相。對這個企圖，Alina欣然同意。

依據既往經驗，並非每個人透過催眠都可與「神聖智慧能量意識」聯結，條件是他的心必須清淨。Alina雖然生活在城市中，既沒有進入宗教，也不參禪，但她的心卻天生純淨。

催眠地點在上海，清晨的窗外一片寧靜。初陽灑在花園中，葉片在陽光下閃閃發光，街道上車輛稀疏。我直觀感覺，這將會是一場歡喜的心靈覺知旅程。

如我預期，Alina在催眠中聯結了某個「神聖智慧能量意識」。在聯結中，她揭露了很多有關生命真相的訊息。

Alina揭露的生命真相內容難得的完整，值得從頭到尾一氣呵成欣賞。有趣的是，它同步呼應了書中其它個案的回溯訊息。其部分訊息與前面內容重覆，但基於內容的重要性，仍會提出來再度討論。

Alina與「神聖智慧能量意識」聯結內容

下方為Alina在「神聖智慧能量意識」聯結下與我的對話。

劉醫師：「等一下，我將數數字，從三數到一，當你聽到一的時候，你內在深層的真我會與神聖智慧能量意識自動聯結，讓你清楚覺知生命真相，三、二、一，Alina，此刻有什麼感受？」

Alina：「感受到所有生命萬物皆合而為一（註一）。」

544

註一：感受到所有生命萬物皆合而為一。

若從人的「三維能量意識層級」來看，宇宙中一切萬事、萬物是分離獨立的。但依Alina聯結下的訊息，宇宙中一切萬事、萬物並非分離的，而是相互聯結，合而為一，呈一個單一整體的龐大能量意識。至於這個「合而為一的能量意識」是什麼，不是人的意識可臆想、描述的。此處，我試著從科學角度詮釋。

多年來科學家一直想了解宇宙，知道如果想瞭解它，就必須得瞭解物質的本質。要瞭解物質本質，就得了解構成物質的最基礎元素「微粒子」。因為宇宙的一切存在，包括星辰、萬物、你與我，都是由微粒子構成的。

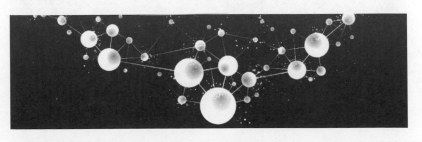

第九章 第三十二篇 能量意識聯結 I
Alina 與神聖智慧

科學家研究微粒子，發現微粒子存在一些難以想像的特質。科學家發現：「宇宙一切存在的微粒子並非是孤立的，它們之間透過某種量子能量網，相互緊密地聯結，交換訊息與相互影響。」

如果這個發現為真相，那考量基本上我們身體結構也都是由微粒子構成，那表示在某個能量層級上，我們與宇宙所有的星辰、大自然、生物等等，並非分離獨立的。許多科學證據顯示：「我們的確可透過一個存在的量子能量場與宇宙萬物相互聯結、呼應、交換訊息與交互影響。」

換句話說：

- 你可以展開你內在深層覺知天線，透過宇宙量子能量網，去感應周邊的場域或生物。

- 他人或生物也可展開他們內在深層覺知天線，透過宇宙量子能量網，去感應你的存在。

- 當你動念時，會將你的心念透過宇宙量子能量網，傳遞給周邊的場域或生物，而造成對他們的影響。

- 當他人或生物動念時，也可透過宇宙量子能量網，將訊息與能量傳遞給你，造成對你的影響。

舉四個案例說明。

一、野生猴子洗水果

在日本某個離島上有許多野生猴子，一群科學家在該島觀察這些猴子的生活狀態。他們有趣的發現，有幾隻猴子忽然間吃水果前在溪水中清洗水果。隔一段時間後，竟然所有島上猴子都學會洗水果。

這個心念與行動傳播過程並沒有任何的教育，而是自動發生的。更令科學家驚奇的是，再經過一段時間後，另一個離該島不遠的一個離島上，該離島所有的猴子也會洗水果了。

為什麼該島一群猴子洗水果的心念，會傳輸給另外一群猴子，而造成他們心念與行動改變呢？

科學家無法解釋這個現象，但顯然猴子的心念必定存在著某種科學上尚無法觀察的量子能量波，而這個能量波能夠傳遞到其它的猴子。但是猴子的心念能量波並不能夠無條件的傳遞到另外的猴子，它必須要透過某個媒介。這就像是光不能夠不透過某個媒介傳送到另外一個地方。 這也有點像手機傳輸訊息，手機電波必須要透過某個傳輸電波的中間站。

這個猴子傳輸心念能量波的中間媒介，可稱它為「量子能量網」。這個網並非存在於宇宙某一處，祂無形的瀰漫滲透於整個宇宙中。

二、貝克斯特（Cleve Backster）博士千年蕉的實驗

由上述案例，我們知道動物間可傳輸心念，那麼我們對植物可傳輸心念嗎？許多人也許會主觀認為不可能，因為植物沒有感受的能力，但一些科學研究證明它是錯的。美國生物感應學家貝克斯特（Cleve Backster）博士利用對千年蕉的實驗，證實了這一點。

貝克斯特的實驗室裡有一株大盆的千年蕉。某天，他在實驗室裡徹夜工作到早上七點鐘。在休息喝咖啡時，他腦海裡閃過一個有趣念頭。

546

第九章 第三十二篇 能量意識聯結 I
Alina 與神聖智慧

他把千年蕉的葉子接上了測謊器，想看看測試人類思想的測謊器對植物會發生什麼現象？出現的答案令他驚訝萬分。

在開始，測謊器記錄了一分鐘左右，接上測謊器的千年蕉在測謊器上呈現很像人類受試者對測謊感到害怕時所呈現的電波形態。貝克斯特忽然升起一個念頭，他想如果給千年蕉心念刺激與實體刺激，千年蕉會有什麼反應？

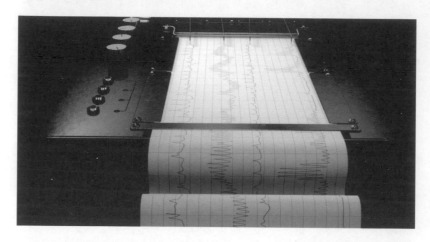

起初，貝克斯特把一片葉子浸到熱咖啡裡，測謊器毫無反應。他接著用筆戳葉子，測謊器一樣沒有變化。他突發奇想：「如果用火燒接上電極的葉子，威脅這株千年蕉的生存，會發生什麼？」接下來發生的事令他跌破眼鏡。

當他的心裡升起火燒千年蕉葉子的惡念時，測謊器上的記錄筆快速滑動，顯現了類似人們驚恐心緒下呈現的激烈電波圖，他意外發現這株植物竟然會讀他的心念。貝克斯特隨即僅點燃火柴輕輕的掃過一片葉子，並把火柴放回桌上，對千年蕉表達並非真想傷害它。這時，測謊器的記錄筆終於平息下來。當天早上九點，他在同事前面重複這個實驗，得到相同的反應。

貝克斯特接著做了另一個實驗；他把千年蕉連接上測謊器，然後離開實驗室去辦事。他發現在辦事存在情緒波動時，只要他有個念頭想著實驗室植物時，植物都會明顯的在同一時間，呈現與他的心念同頻的

波動或反應。他發現千年蕉竟然對他的心念存有遠距感應能力。

貝克斯特另外設計了一個實驗；他選了豐年蝦為測試對象,將植物連接上測謊器後,把豐年蝦丟進滾水裡。豐年蝦死亡的同時,發現植物呈現同步激烈反應的電波。令貝克斯特不解的是,植物僅在夜晚對豐年蝦生死同步反應,而在其他時間對豐年蝦生死無感。

貝克斯特這個實驗並未獲得所有科學家認同,它仍舊存在爭議。有一些研究家好奇地重複他的實驗,但並未得到相同結論。但不諱言,這些重複實驗有個明顯的設計陷阱,就是它們是按照一個計劃下的劇本訂製的。而假設,若被實驗的植物並非白痴,存有超靈覺力,可讀到實驗者在演戲的心念,即可能拒絕配合研究的劇本演出。

的確,許多物理量子學實驗顯示:「實驗者的心念極可能是改變實驗結論的變數。」

其實不妨從另外一個角度看貝克斯特的實驗;不要去看一些重複而沒有得到相同效果的實驗,因為它們可能未完整地重複貝克斯特在實驗中設定的條件,而要謙卑地自問:「如果貝克斯特的實驗心態是誠實的,而且其結果是誠實的,那這些結果是怎麼發生的呢?」

三、家庭系統排列(Family Constellation)的心念感應現象

另外一個支持人的意識與其他人的意識呈聯結狀態的證據,就是近年來在心靈領域流行的家庭系統排列(Family Constellation)技巧。該技巧由德國心理學家伯特‧海寧格(Bert Hellinger)發展出來,約有幾十年歷史。

在「家庭系統排列」進行中，家排師會在現場的觀眾中指定代表，要求代表利用「無意識」，在「以心覺心」技巧下感應當事人身心靈狀況、其原生家庭各成員狀態與工作狀況等等，然後要求該代表描述指定感應的覺知。

有兩個證據可證明家庭系統排列代表感應的真實性：

其一、存在可重複性（Reproducibility）
許多對家庭系統排列的科學實驗證實：「在家庭系統排列的實驗中，數位代表針對同樣的人、事或物的感應，其結論幾近相同，且可被重覆。」

其二、存在可信性（Validity）
現場當事人可證明代表感應內容的真實性。

家族排列是驗證心念感應存在極有說服力的模式。以深層的無意識感應人、事或物的技巧，稱為「以心覺心」。「以心覺心」並非稀有祕術，是真實可行的，它是每個人在心靈寧靜下存在的基本能力。

四、利用「以心覺心」技巧覺知植物心念實驗

曾經在一個心靈課程中，我做了一個心念實驗；利用參予課程的將近四十個學員，以「以心覺心」心念技巧，感應植物是否存在覺知能力與情緒。該實驗採用的樣品是蕃茄。

實驗中，學員們被引導利用「以心覺心」的技巧，同步感應蕃茄在不同狀況下的心念波動：

心念感應一：
學員們感應蕃茄處在自然生長環境中心念。

結論：幾乎每個學員均覺知到蕃茄呈現恆在平靜、歡喜狀態。

心念感應二：
學員們心中規劃由蕃茄樹上剪下蕃茄，感應蕃茄心念。

結論：幾乎每個學員均覺知到蕃茄呈現驚恐狀態。

心念感應三：
學員們心中冥想由蕃茄樹上剪下了蕃茄，感應蕃茄心念。

結論：幾乎每個學員均覺知到蕃茄呈現極度悲傷狀態。

心念感應四：學員們冥想吃蕃茄前對蕃茄表達感恩，感應蕃茄心念。

結論：幾乎每個學員均覺知到蕃茄心念重新回到平靜狀態。

這個實驗結果有趣的是：「所有的學員覺知到的蕃茄在不同狀態的心念，幾乎是完全一致的。」

如果上述的實驗為實相，那透過這些實驗可以認定：

💡 植物具備著人所不及的超感官功能，能敏銳感應周遭環境其它生物心念波動。

💡 植物是存在思維及喜、怒、哀、樂等各種情感的生物體。

💡 植物面對負面環境變動，例如壓力或死亡，會立即產生激烈的負面情緒。

上述這些科學證據，應可迂迴暗示「宇宙萬物並非獨立、分離，他們在合一狀態下互相交換訊息與能量」。這個理論存在的可能性極高。

第九章 第三十二篇 能量意識聯結 I Alina與神聖智慧

同樣的實驗若做在玫瑰花，得到的是與做蕃茄相同的結論。如果這個結論屬實，那現在時下流行將花插在花瓶中欣賞，會是一個殘酷的行為。因為欣賞花的人是快樂的，但是被放置在花瓶中的花是痛苦的，因為它們痛苦悲傷的慢慢地走向死亡。

從上述實驗，不禁想到佛教不吃葷食的戒律。如果實驗的結果屬實，那麼吃素比較仁慈嗎？

許多人一直認定不吃葷食、不殺生比較仁慈。但是如果上述實驗為實相，那植物雖然不像動物，它們不會動，不會反應，臉沒有表情，但不能理所當然的假設它們沒有感覺或情緒。在這個情境下，那素食者該吃什麼？

很多文化傳統或宗教，對食物不論素或葷，都會在吃前，對吃的食物表達感恩成全之心念。依一些實驗結果顯示，當進食者在進食前感謝被食用而失去生命的動物或植物，它們會感受到這個訊息，並在平靜心下接納它們的宿命。

利用這些對植物的實驗，不妨一談人類真的是萬物之靈嗎？

自人類踏上地球後，由古至今，人類類比其他生物，總覺得自己為萬物之靈，在能力與智慧上高高在上，遠遠超越地球萬物。但實際上真的是如此嗎？

只因為人類低層級感官的限制，聽不到、看不到或摸不到整個地球上的萬物、大自然與大宇宙的訊息。在缺乏與外境溝通和互動的情況下，就認定自己是萬物之靈，實在有井蛙觀天之嫌。試問，到底是誰「落後」呢？

劉醫師：「 此刻你感受與生命萬物不是分離的個體，而是一個結合的個體嗎？ 」

Alina：「一切都在我之內（註二）。」

註二：一切都在我之內。

Alina語句「這個一切都在我之內」中的「我」，暗指該段話並非Alina本人回應，而是某個「神聖智慧能量意識」利用Alina的口回應。

如果該高維能量意識真實存在，而非催眠中Alina潛意識編織的夢幻
故事，那這個能量意識必定是一個含括、聯結所有宇宙的一個「極大
的、至高無上的能量意識」，祂也許可被認定就是宗教提示的真神。
或者更精準的說，祂就是佛家提示的大千世界一合相。前面提示過，
所謂一合相，並非意指單一高高在上的神，而祂創生的兒女臣服在祂
之下；它意指宇宙一切萬事萬物，皆透過某個無所不在的量子網，結
合為一個極大的能量意識。

劉醫師：「在這個神性覺知中，你可以感受到生命萬物背後真相嗎？
　　　　生命到底是什麼？」

Alina：「他是很多層面的，每一個層面都有不同的答案（註三）；
　　　　以人間來說，人間覺知的生命體是分不是合，有分了之後就
　　　　有你和我。人覺知的分，覺知一個我的存在，覺知我跟他人
　　　　是不同的個體（註四），這是人在心念下的覺知。」

註三：生命有很多層面，每個層面都有不同的答案。

依Alina的描述，宇宙存在著許多不同層級的能量意識，而不同層級
的能量意識所覺知的人間生命不同。如果對這樣子的敘述有點迷惑，
可以這樣子想：「如果你站在一幢大樓中，站在不同樓層看地面街景
是不一樣的。」

註四：人覺知的分，覺知一個我的存在，覺知我跟他人是不一樣的個
體。

三維世界的人類在他的能量意識層級下覺知這個世界，會存在一個特質，就是認定擁有一個「我」。在這個「我」的信念下，會認定自己是與別人或整個宇宙的星辰、萬物是分離、獨立的個體。

但是從更高維的能量意識層級來看，宇宙所有一切星辰、萬物，貌似獨立，但皆非獨立，他們藉由某個無所不在的量子能量網，融合一切的存在，形成一個完整的龐大能量意識。而大宇宙的所有個體之間，可在能量意識聯結下互動並傳輸訊息與能量。

劉醫師：「這樣子獨立的分是生命的真相嗎？」

Alina：「 他是生命的一種狀態。」

劉醫師：「換句話說，當人有個思想，覺知生命是分離獨立的個體，您的說法是這個樣子嗎？」

Alina：「 可以這麼說。」

劉醫師：「您說生命有不同的層次，換句話說，如果人能夠站在更高維看人生，人並不是分離的？」

Alina：「生命可以不是分離的，每個生命是可以自己去選擇的（註五）。在分裂中，他們會不斷的分裂，從最大的分裂進行到最小的分裂（註六）。」

註五：生命可以不是分離的，每個生命可以自己去選擇。

依Alina覺知到的訊息，人感覺生命是獨立、分離的。但是人被制約於感官的低階屬性，未曾意識到大宇宙中另有頗多不同層級的高維世界，而這些高維世界呈現無我的合一狀態。

面對整個大宇宙，人可以擁有選擇：

其一、
他可以自限於與大宇宙分裂的生命狀態，認定自己獨立、分離的。

其二、

他可以選擇從存在「我」的分離狀態，透過心靈震動頻率的改變，與大宇宙聯結，自我提升到一個「無我的合一狀態」。

人擁有選擇，但做選擇前有個前提，就是他得知道他擁有選擇。在分裂狀態的能量意識是自封且迷惘的，他並不知道他擁有選擇。

註六：他們會不斷地分裂，從最大的分裂進行到最小的分裂。

Alina覺知的訊息暗指：「宇宙萬物都是從根源母體分裂出來的，這些能量意識分裂後喝了孟婆湯，暫時忘卻是由根源母體分裂出來的，而以為自己是完整獨立的個體。當他不能意識到與根源母體呈聯結狀態時，就會持續分裂。但相反的，當他開始覺知源於根源母體，最終終將回歸合一時，他的分裂會減少，開始漸漸的由大分裂轉變為小分裂。」

劉醫師：「換句話說，在人的演變中，生命在一個演化中從大分裂轉進到小分裂嗎？」

Alina：「是的，因為進入這種分裂，他們才能夠再次的合一，回到一。」

劉醫師：「您是說，生命必然導向是從分裂到合一嗎？」

Alina：「生命是自由的體驗（註七）。」

註七：生命是自由的體驗。

Alina這段覺知如果屬實，它背書了前面回溯個案所揭露的「人由靈界入世體驗」的訊息。我詢問Alina生命導向，一定是個單一路徑，從分裂到合一嗎？Alina的回答是：「生命是一個自由的體驗。」怎麼說呢？

如果一個二元的人類侷限於三維感官，並不知道他來自於根源母體，他會理所當然的，持續在二元分裂世界中經驗生命。但某一天，因為某個機緣，他覺知到他來自於根源母體，也覺知他擁有選擇，那時，他可以選擇回歸母體合一，或者選擇仍然留在二元世界體驗人生。人的一切選擇都是自由的，並沒有對或錯。

更進一步探討，什麼因素促成一個分裂的二元能量意識覺察到他擁有一個合一的母親呢？多數答案來自於外界刺激。當他感受生命無趣或者痛苦時，他會經由宗教或屬靈覺知，尋求生命真相與探索往生後的世界。在這個努力下，他有機會意識到他來自於根源母體。

劉醫師：「生命是一個自由的體驗，雖然分裂最終導向回到合一，但基於人有選擇，他不一定要走上合一的道路，是這樣嗎（註八）？」

Alina：「是的。」

註八：人不一定要走上合一的道路。

有個議題值得探討：「當一個人知道他只是暫時由一元根源母體分離出來的二元能量意識，在這個覺知下，他應該選擇合一道路嗎？」

多數宗教都強調回歸根源母體的重要性，認定它是個必然選擇。例如說，佛教就認定眾生多苦，每一個眾生都應該學習脫苦。要如何脫苦呢？離開六道輪迴回歸合一。佛教教義提示：「惟有合一的覺知，才是個完美的人生智慧。」

如果Alina聯結內容為真，答案就不盡然如此。合一完美嗎？完美的定義是怎麼下呢？

從二元的人類來講，人生的確苦多樂少。當苦多了，當然在二元意識下感覺脫苦是好的。在這個覺知下，他會認定合一是個完美的狀態。但這個見苦本苦的感受，只是二元能量意識在人間的感受。然而從根源母體來講，祂是一元的。在一元的意識下，祂並不認定一元完美而二元不完美。祂對人類低維能量意識所感受的一切二元經驗，例如像「善、惡」、「是、非」、「好、壞」、「愛、恨」、「香、臭」、「乾淨、骯髒」等等，均無感、無相。只有二元的能量意識才會有分別心，認定一元完美而二元不完美。

如果這個論述屬實，那麼宗教傳播教義，該認定所有的人都該回歸合一呢？還是會選擇性的幫助想要回歸合一的人合一呢？

心靈導師該如何協導人類呢？若心靈導師存在著二元執著，會理所當然地認定每一個人都應該回歸合一。若心靈導師存在著與高維能量意識連結的能力，則會依循因緣而因材施教，選擇想回歸合一的有緣人幫助他們回歸合一。

劉醫師：「眾生在選擇上擁有兩個選擇，一個是持續分裂，一個是慢慢地從大分裂減少成小分裂，而最終合一。這兩種選擇有對跟錯嗎？」

Alina：「沒有任何的對跟錯。」

劉醫師：「人在思想運作下能夠覺察擁有兩種選擇嗎？還是他在眾生心念下無法覺知兩種選擇，只認定分裂是唯一的存有？」

Alina：「來到二元世界的眾生，正是來體驗這種分的經驗。」

劉醫師：「這種經驗是一種被選擇嗎？他被強迫進入這樣的經驗嗎？」

Alina：「不，這是一個自由的選擇（註九）。」

註九：分裂下的能量意識來到二元世界是一個自由的選擇。

Alina這段覺知如果屬實，它背書了前面回溯個案揭露的自由選擇訊息。

能量意識在自由選擇下，暫時由根源母體分離，進入了二元世界經驗紅塵二元情境。當他感受到生命的無奈、壓力與痛苦時，在無法擁有高階靈性覺知下，會認定他是被迫入人間受苦。他唯有擁有高階靈性覺知，才可覺知他這一切不斷轉世的生命經歷，均是他來人間前自己的自由選擇。

命相學談「命運」；「命運」中的「命」意指生命中必須經歷的現象或事件。換句話說，「命」是天生既定的。更準確一點說，「命」是能量意識入世前在自由心念下的選擇。

但不諱言，「分裂下的能量意識」面對既定的生命規劃或命相學所謂的「命」、「緣分」或「劫數」，擁有自由處理的選擇。他可以選擇用積極心態處理，也可以選擇用消極心態處理。面對生命狀況不同的處理態度，會導致不同的生命結論。

劉醫師：「換句話說，每個眾生經驗生命的分裂，是他曾經做過的自由選擇，是嗎？」

Alina：「是的，一切都是自由的。」

劉醫師：「但他並不知道這一切是個自由的選擇，是嗎？」

Alina：「是的，他必須站在更高層次才可覺知。」

劉醫師：「生命中一切所經歷的，歡喜也好，痛苦也好，幸福也好，災難也好，其實是他自己做過的選擇？」

Alina：「是這樣子的，他們得到的所有結果都是自己種下的種子。」

劉醫師：「人在生命長河演化的路途中，未來所有的一切，都是他以前種下的種子嗎？」

Alina：「是的。」

劉醫師：「所以在這個靈性流動的長河中，因果是存在的？」

Alina：「因果都是自己去創造的（註十）。」

註十：因果都是自己去創造的。

Alina這段覺知如果屬實，它背書了前面回溯個案揭露的因果訊息。

當一個能量意識脫離根源母體，進入二元世界享受二元生命經驗時，這個二元生命波動的背後，隱藏著一個「因果業報律」的掌控機制。當一個人在生命中做任何事情時，就創造了「業」，這個「業」會在因果業報律運作下產生一個「果報」加諸在他身上。

「因果業報」是有情世界的定律；只要你是有情眾生，就必須接受因果業報律的掌控，呼應因果業報律給你的結果。面對因果業報律的掌控，你沒有選擇，你種了什麼因，就會得什麼果。

當你在混沌源頭決定進入二元世界時，是你的自由選擇；但當你進入二元世界，因起心動念而觸發行動時，行動就創造了「業」。

當「業」存在，就得在因果業報律下接受「業」的報應。所以Alina會說：「因果都是自己去創造的。」總結之，當存在於混沌世界，你擁有無限的自由；但進入二元世界中，你得在因果業報律的掌控下變作「被選擇的」。

劉醫師：「所以生命是擁有選擇的，如果他想要有好的果，他就必須種下好的因？」

Alina：「生命沒有所謂的好與壞，它只是自然規律下的一個結果（註十）。」

註十：生命沒有所謂的好與壞，它只是自然規律下的一個結果。

對Alina這個聯結下的覺知，與書中許多其它回溯個案提示的訊息相同。

人在思想之下，對一切紅塵中的覺知都是二元的，都會衍生出「好與壞」、「善與惡」、「愛與恨」等等評斷。有了評斷，就會有情緒、喜好與撿選。

560

但從更高維靈性層次來看，這一切二元覺知都只是二元思想下的幻相而已，沒有好或是不好。所以Alina才會講：「生命中一切沒有好跟壞。」就是這個道理。

劉醫師：「所以從人的角度講，善所種的好果，或惡所種的惡果，那只是人在人心下的念頭，是嗎？」

Alina：「是的，但是在大自然的平衡準則下，並沒有一定所謂的真正的好與壞。」

劉醫師：「一個人在分離途徑中，有個必然的方向，最終應該去理解跟選擇合一嗎？」

Alina：「在這個經歷之中，分久必合，合久必分。」

劉醫師：「您是說一個人在生命演化路途中，不管變動往合往分，最終必定是遵循一個分久必合或合久必分的自然法則嗎？」

Alina：「它是一種循環（註十一）。」

註十一：生命遵循分久必合、合久必分的自然法則。

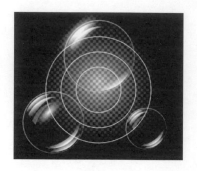

「分久必合，合久必分」這段話，出自於三國演義開場第一回的第一句話。它畫龍點睛的說出了人類歷史的必然趨勢。這段話套在Alina聯結下的提示，指出人在他的靈性變動、轉化的長河中，呈現與根源母體分分合合的現象：「不斷的由分裂到合一，由合一再到分裂，循環不止。」

這個觀念，頗符合佛家提示的大宇宙恆在的變動。佛教認定的大宇宙呈現一個「成、住、壞、空」的生、滅大循環。祂由空到成，由成到住，由住到壞，由壞到空，不斷的演化與循環。然而在宇宙大循環之下，你、我這些微不足道的分裂後的能量意識，在宇宙大循環中，卻擁有演化或轉化的選擇。你、我可選擇持續分裂，或者選擇合一。但最終，你、我仍需遵循分久必合，合久必分的自然法則，由分裂回歸合一，由合一再次轉入分裂。

劉醫師：「佛教提示修行放下五蘊心靈運作進入合一，是一個必然法則，是嗎？」

Alina：「是的。」

劉醫師：「每個眾生不管心願如何，最終必定走向合一的路徑，是這樣子嗎？」

Alina：「是的。」

劉醫師：「每一個眾生也許並沒有這麼思考，但事實上這一切都是他心靈自由的選擇，是不是？」

Alina：「是的。」

劉醫師：「所以佛教引導人們脫苦，也不過是人從人的角度下一個想法（註十二），是嗎？」

Alina：「是的。大自然有他一個自然的法則，最終他會走向這個方向。」

註十二：佛教引導人們脫苦，不過是人從人的角度下一個想法。

依照Alina聯結下的訊息，一個人分裂後選擇經驗痛苦時，他面對痛苦會有二個選擇；一個是選擇持續受苦，一個是選擇脫苦。這個面對苦的選擇，並沒有一定對跟不對，該或不該，這是一個能量意識的自由選擇。如果他選擇脫苦，他可透過宗教或其它模式協助他脫苦。但若他企圖持續在人間輪轉享受痛苦，他會延續感受苦的既定規劃。

這一切變動，是整個大宇宙的一個自然法則。這個自然法則尊重每一個能量意識的意願，也會無條件地成全他。

大衛·赫伯特·勞倫斯（David Herbert Lawrence，1885年－1930年）是位英國作家，他在作品「自憐（Self-Pity）」中有一句話道盡人性，他說：「我從來未見過為自己難過的動物。」它影射人獨有的自憐。為什麼自憐呢？因為他忘了經驗苦曾是他的選擇。而對苦，動物知道坦然受苦，苦就苦了，但人卻不知。從這一點來看，人的心靈覺知層級不見得高於萬物。

第九章 第三十二篇 能量意識聯結 I
Alina與神聖智慧

劉醫師：「您可不可以提示佛教徒在拜的菩薩到底是什麼？」

Alina：「菩薩、佛陀的能量，是他們來之前曾經本身擁有的能量（註十三）。當他們了知從那裡來，嚮往那種合一，就終將回到那裡。所以對於那樣的能量，每個靈魂都有種嚮往。」

註十三：菩薩、佛陀的能量，是他們來之前曾經本身擁有的能量。

多數宗教徒會認定神是與我們分離的個體，祂高高在上，而我們低低在下，我們必須膜拜祂，並接受祂的規劃與審判。

Alina所言與部分宗教教義相異。她在聯結下指出：「每個人來之前在合一態下，存在著與菩薩、佛陀相同的能量。當他們分裂後，就忘記了曾擁有過這個能量。」這個觀念頗符和佛教教義：「眾生內在都是佛」，但人在五蘊的遮掩下忘記了、無明了。

如果Alina所言是真相，那當你問「神在哪」時，就問錯了問題。神無法被指出在某個地方，也不是以某個特定的狀態存在。祂既在你之內，又包含一切，祂存在於一切之中。那麼眾生到廟裡對著佛、菩薩燒香拜佛，祈福消災，不管最終福祉有無祈至，他們拜的其實就是自己。

如果你很想找神，不要張開眼睛對外找，要閉起眼睛對內找。如何對內找？先讓自己的心寂靜。當心寂靜後頭腦消失了，內在深邃結構中隱存的自性會升起。當自性升起，內在神性般的臨在覺知也會自動萌現。

劉醫師：「從眾生角度講，神是個獨立的分離個體，一個高能量、高智慧的個體，是這個樣嗎？」

Alina：「祂就在每一個靈魂的裡面。」

劉醫師：「依您所說，每個人存有菩薩跟佛陀能量，那當眾生在廟裡燒香拜佛，拜的其實就是自己，不是嗎？」

Alina：「是的。」

劉醫師：「眾生如何知道他們的生命源頭是佛陀跟菩薩呢？」

Alina：「他們終將知道（十四）。」

註十四：眾生終將知道他們的生命源頭是佛陀跟菩薩。

一個能量意識在分裂的低層級三維狀態下，可能延續千萬年，仍不知他內在存有神聖能量。但以一個靈在整個靈性長河來說，即使千萬年在不同界域經驗不同生命，仍如剎那般的短。換言之，一個能量意識不管累世輪轉多麼崎嶇、艱苦或漫長，他們終將知道他們的生命源頭是佛陀跟菩薩。所以Alina會說：「他們必將知道。」

第九章 第三十二篇 Alina與神聖智慧 能量意識聯結 I

劉醫師：「您是說不管眾生選擇分或是合，終將知道他們就是佛跟菩薩，是這樣子嗎？」

Alina：「因為在分裂的過程中，分裂就是為了合一。」

劉醫師：「照您這樣講，所謂眾生苦，救度無量眾生，但其實並無眾生可救（註十五），是這個意思嗎？」

Alina：「是的。」

註十五：所謂眾生苦，救度無量眾生，但並無眾生可救。

Alina這段聯結下的回應，呼應了書內一些回溯個案有關眾生苦的訊息，也同時呼應了金剛經中佛陀的一段話：「如是滅度無量無數無邊

眾生，實無眾生得滅度者」。佛陀這段話想說的是：「一個慈悲者幫助痛苦眾生脫苦滅度，其實法體上並無任何眾生被協導滅度。」為什麼呢？

若一個從根源母體分裂的能量意識，當初選擇進入二元世界，感受生命的苦、樂、情、仇，是他自由意願下的選擇與規劃，那任何宗教企圖幫助眾生，告訴他們生命有苦，應該要脫苦，對一些仍想經驗二元苦的眾生而言，可能是多餘的，不是嗎？

追根究底，從恆在的靈性長河角度來看，眾生的生命本來都是短暫虛幻的，而他的根性就是菩薩跟佛陀的能量。他之所以感受到苦，是因為他進入了二元世界後忘了他的法身，忘記了肉體與生命只是暫時擁有，只是如泡沫般的虛相，而「我」也並非實存。既然「我」並非存在，生命只是個暫時的幻相，那幫助一個短暫虛幻的泡沫眾生，又有何實相功德可言呢？

然而，當你發無相慈悲心幫助眾生，你內在靈魂的震動頻率會自動提升、轉化。而該振動頻率的提升、轉化，無心插柳柳成蔭，就是你如假包換的功德，也是你往生後可帶著走的。所謂的利他，其實就是利己，不是嗎？

劉醫師：「眾生心靈深層就是佛跟菩薩，只是暫時以眾生態去經驗享受分的狀態，最終將呈合一相。所以您提到眾生非眾生，並無眾生可救，是這個意思嗎？」

Alina：「是的。如果某人感覺有眾生的話，那說這句話的人和眾生就是呈分離狀態，他就是個眾生（註十六）。」

註十六：如果某人感覺有眾生的話，那說這句話的人和眾生就是呈分離狀態，他就是個眾生。

如何詮釋Alina這段訊息呢？

如果有人認定眾生痛苦，刻意發慈悲心協助眾生脫苦，他的行性絕對值得誇獎。但不諱言，他的心念中仍存在五蘊運作；或者說，仍然有情。在五蘊運作下，他並未看清其實眾生本是虛相，也未看清所謂眾生痛苦，也曾是眾生在久遠時，在分裂下的自由選擇。既然該人五蘊仍存，則呈分裂狀態，與眾生無異。如Alina所說：「也是個如假包換的眾生。」在心靈能量層級上，他與眾生呈現五十步與百步差距而已。

延續討論眾生救贖議題。

人間心靈導師面對紅塵中苦痛眾生，他能否具足智慧覺知那些眾生已到合一機緣？那些眾生仍頑皮的想遊戲人間呢？對於想遊戲人間頑皮眾生，若他正在享受苦的經驗，何救贖之有呢？有些心靈導師可能是仁慈的，但莫要不分青紅皂白，見了每個眾生都想救贖，他必須懂得「順緣」，莫著了「有所為的慈悲相」。

Alina在聯結下的訊息與某些宗教教義迥異，僅供參考。

劉醫師：「如果人間心靈導師覺知您覺知的一切，該如何協助眾生脫苦？」

Alina：「何有苦而言？那只是生命的一種狀態，只是在一個歷程當中。看到人們的苦也只是自己內心的一種投射。」

劉醫師：「換句話講，一個心靈導師感受到芸芸眾生的苦，不過是他自己心靈對苦的投射。在真實情況下，並無眾生可救。」

Alina：「是的。」

劉醫師：「依您在神聖能量聯結中，面對世上許許多多的心靈上師、智者、修行者，您會對他們怎麼建言呢？」

Alina：「真實的情況是，在最高生命層次中，沒有任何事情需要改變，一切都是自然的運轉（註十七）。但在人間層次來說，人對生命感受到二元的分裂，感受到樂好，苦惡。但快樂、痛苦均只是生命的現象，但人把它分裂成好與不好，苦是不好，樂是好。」

註十七：在最高生命層次，沒有任何事情需要改變，一切都是自然的運轉著。

從發慈悲心的修行者來說，普渡眾生苦是高德性的心願。但在生命最高能量意識層級來說，由於祂屬性本空，並無五蘊下的二元感受。不管人間眾生感受苦或樂，感受災難或幸福，祂不會意識到人間有任何的事情需要改變，祂僅令宇宙一切自然、自由的運轉。

Alina：「人間的上師們想救其他眾生，讓受苦的人離開苦，去到喜悅，去到極樂。他們做的這個工作可喚醒一些靈魂，讓他們脫離思想制約，幫助他們回歸到合一，它也是一個自然的現象。但就算這些上師們不去做這些事情，生命也必將自然回歸到合一。但上師們在二元世界裡，當他們內心投射到了痛苦，痛苦像鏡子一樣，讓他們看到、反射出他們內心的慈悲跟愛。所以上師救贖心念其實也是一種思想層面的運作。」

劉醫師：「我理解，所以眾生不管苦也好，快樂也好，善也好，惡也好，不過就是生命萬花筒中的一種現象。在高維層次，並沒有絕對的好跟壞，而眾生也不一定需要心靈救贖者。」

Alina：「這不過是上師們透過這些行動中去顯示他們心中的愛跟仁慈，上師與眾生是互相需要的，這也是生命變動中的某種現象而已。」

劉醫師：「生命並沒有一定是要或不要，是這個樣子嗎？」

Alina：「是的，一切都在選擇之中。」

劉醫師：「對於億億萬萬的眾生來說，多數人在經驗生命中的苦、無常、老、病、死，從眾生的角度講這些是辛苦的。您對芸芸眾生能說幾句話嗎？」

Alina：「其實在這個二元世界中，處處都是答案。黑夜不會永遠是黑夜，它的存在是為了白天到來；白天也不會永遠是白天。所有的一切在不停的替換當中（註十八）。苦不會是永遠的苦，分也絕對不會是永遠的分。」

註十八：二元世界中處處都是答案，所有的一切在不停的替換當中。

這個大宇宙一切星辰、萬物存在一個不變的定律：「宇宙處在恆在的變動」，沒有一個現象例外。而變動不一定有必然的方向，一切都存在選擇。

Alina持續回應：「每一個眾生都是自由的靈魂，他們可隨時選擇自己想要去體驗的東西，一切生命的變動、因果、輪迴都是自己的創造（註十九）。」

註十九：一切生命的變動、因果、輪迴都是自己的創造。

依Alina這段話，從根源母體分裂出來的能量意識都是自由的能量意識，他們可以選擇自己想要去體驗的。也因此，當他們想覺知二元世界時，他們就在集體意識下創造了「輪迴」與調節輪迴的「因果業報律」，而利用「輪迴」與「因果業報律」豐潤二元經驗。

Alina持續回應：「當一個靈魂來到了將要合的時機，自然會明白這一些，自然就會看到答案了，也自然就會走向合的道路（註二十）。」

註二十：當靈魂到了合一時機，他自然會明白，自然就會看到答案，也自然會走向合的道路。

依Alina這段話，這個宇宙存在於恆在的變動。一個人當處在分裂的無明狀態下，會盡情的享受紅塵的愛、恨、情、仇。但是當時機成熟時，他自然就會明白一切，自然會走向合一。但面對正在享受分裂的眾生，他需要被提醒走向合一嗎？這是一個有趣的提問，不是嗎？

如果上段見解是真相，那它解釋了為什麼在芸芸世界中，有些人極度相信神的存在，也願意進入宗教，熱誠的執行神所賦予他的使命，並學習走向合一。同時也有一些人鐵齒，既不相信神的存在，也不願意接近宗教。很明顯的，前者已覺知合一存在，願意走合一；而後者暫時正在享受分裂狀態，不願意走向合一。這一切，沒有對或錯，都是他們自由的選擇。

劉醫師：「當還沒到達這個時機，也是他自己選擇要體驗這個分，他自然也看不到答案，所以苦也是他的選擇？」

Alina：「是的，只是暫時在苦中，他以為是被動的，他不知道他心靈中曾經期待苦的歷練。」

劉醫師：「照您這樣子說，眾生面對生命所有的一切都是個經驗，生命其實並沒有擁有任何目的，是這個樣子嗎？」

Alina：「生命的目的就是去體驗，去自由的創造，它本身就已經是個目的（註二十一）。」

註二十一：生命的目的就是去體驗，去自由的創造，它本身就已經是個目的。

如果能夠感知佛教所謂的三千大千世界，整個的三千大千世界的高維能量意識源頭，會是寂靜的、無時空的、一元的與合一的。然而在三維的二元世界，一切感受卻是分裂獨立的、花花綠綠的、燦爛繽紛的實相。

如果Alina提示「經驗論」屬實，當一元的寂靜能量意識轉化為二元能量意識，進入花花綠綠的實相世界經驗二元感受時，那經驗二元就是生命的目的。

劉醫師：「依您的提示，人間一切，包含財富、地位、榮譽，這一切人所認定的目的，在更高層次並非真的目的，是這樣嗎？」

Alina：「從高靈的層次看人間，一切都是非常短暫的、不存在的幻相，這些幻相永遠沒有辦法存留在靈魂內（註二十二）。」

註二十二：從高靈的層次看人間，一切都是非常短暫的、不存在的幻相，這些幻相永遠沒有辦法存留在靈魂內。

Alina這段覺知，呼應了本書一些回溯個案中對財富、權力、地位提示的訊息。依Alina覺知，人在三維世界追求的一切，包括財富、權力、地位、享受、愛、性等等，是短暫的不存在的幻相，是往生後帶不走的。

Alina持續回應：「靈魂體驗到生命由分到合的內在轉變，會改變靈魂的狀態，而那個狀態是永恆的（註二十三）。」

註二十三：靈魂體驗到生命由分到合的內在轉變後，會改變靈魂的狀態，而那個狀態是永恆的。

依Alina覺知，什麼是可以存留在靈魂中的呢？什麼是永恆的呢？或者說，什麼是往生後可帶走的呢？答案是：「透過體驗到生命由分到合，他心靈的震動頻率會改變，而心靈震動頻率的改變是永恆的，且可帶走的。」

劉醫師：「人在靈魂長河中擁有一個我嗎？」

Alina：「來到這個二元世界的靈魂，他們願意來體驗分，所以在他們的內在深處有一個我，這個我存在的必要性，就是分離他們與合一的不同。然而，他在合一的時候，這個我就消散了（註二十四）。」

註二十四：他在合一的時候，這個我就消散了。

當一個人處在二元世界時，他有個肉體的包袱，有個思想的制約。在這個時候，他的腦袋中會有個「我」存在。但當這個「我」痛苦時，他會探索生命真相，會開始停止分裂，走向合一。當他進入了合一態時，這個「我」融入根源母體，就消散了。

每一個分裂出來的能量意識都有兩個選擇；一個是繼續在分裂狀態享受二元下「我」的感受，一個是拋下二元下「我」的感受，回到無我的合一狀態。是你的話，你會怎麼選呢？

劉醫師：「所以眾生的我也非我，是這樣子嗎？」

Alina：「是的。」

劉醫師：「非常歡喜聽到您這段對於生命真相的覺知。在結束前，面對芸芸的地球眾生，您有什麼話對他們說呢？」

Alina：「在合一層次，對芸芸眾生實在也沒有什麼可說，因為一切都是自然的流動。但正如我之前所說，生命有不同層次，在回到合一之前二元世界的層次，生命狀態是分離的，所以是痛苦的。」

「我想告訴在二元世界層次的人們，在二元世界之外還有其他層次，這些不同層次是無苦的生命狀態，離開二元就可去到其他生命層次。這些狀態雖然沒有達到合一，但他們可以享受另一種生命狀態（註二十五）。」

註二十五：在地球生命之外還有其他的層次，這些不同層次是無苦的生命狀態，離開二元就可去到其他生命層次。

Alina這段內容顯示，在二元世界與一元合一世界之間，其實有許多其他不同靈性狀態的世界，而這些居中的世界沒有痛苦，只有歡喜。人們如果了知這些界域的存在，他可設法脫離痛苦的二元世界轉向這些界域。

Alina：「如果眾生心中想要體驗那樣的生命狀態，而他們時機已經到來，他們會明白。他們可以自由去選擇，一切在於他們自己。」

第九章 第三十二篇 能量意識聯結 I Alina 與神聖智慧

劉醫師：「能不能提示一個簡單的路徑？當他們對於生命的苦或二元感受，已感覺不再希望持續時，他們該用什麼方法離開二元呢？」

Alina：「正如我剛才所說，二元世界裡分裂持續的進行。所有造成人們痛苦的起因，是因為他們和其他眾生分裂了。這個分裂的鴻溝越大，他們越是痛苦。

「想停止這個分裂，只有將自己從這個分裂之中拉開。當他們由身邊的人、事、物開始，把分裂轉化到融合，則眾生靈魂的痛苦必將消失。只要他們的內在升起合一的願，合一自然就會到來（註二十六）。」

註二十六：只要他們的內在升起合一的願，合一自然就會到來。

依Alina描述內容顯示：「只要他們的內在升起合一的願，合一自然就會到來。」

當一個人在痛苦的二元世界中，該怎麼樣子離開呢？要離開二元世界並非想要離開就可以離開，你得學習一些方法；其一，改變內在心靈的震動頻率，令內在的震動頻率與根源母體同頻共振。如何改變呢？你得學習勇氣、愛、慈悲與智慧等改變心靈震動頻率。其二，你得學習放下五蘊；當你能夠放下五蘊，則會自動走向合一。

劉醫師：「最終，基於眾生的好奇，想詢問您是什麼呢？」

Alina：「我沒有任何的位置。」

劉醫師：「那我該怎麼稱呼您呢？」

Alina：「無須任何的言語，這只是一個生命的狀態，是每個眾生內在都有的狀態（註二十七）。」

註二十七：我沒有任何的位置，無須任何的言語，這是每個眾生內在都有的狀態。

在人的心念中，神是有位子的；人面對神會認定祂高高在上，且不斷的對神祈求福祉，但這是人的心念。如果神真的是至高無上的，且充滿大能、慈悲與智慧的，祂在祂的一元意識中是沒有位子的。

劉醫師：「我們如何能夠覺知到您現在所提示的覺知狀態呢？」

Alina：「這樣的狀態也是每個靈魂自由的選擇；選擇分裂的靈魂不會有這樣的狀態，而他們那樣的狀態也是很自然的。而選擇合一的靈魂能夠體驗到這樣的狀態，這只是一個自然的現象而已。」

劉醫師：「非常感恩，我心中充滿著無限感動，也存在著一個清明覺知，我要謝謝您所提示的所有的生命訊息。」

劉醫師下催眠指令：

「Alina，我希望你將經驗的訊息牢牢深植在心靈中每個角落，深植在身體內每一個細胞。它不獨能夠提升你生命的智慧，而且能夠幫助你提升生命能量，讓你未來的生命豐盛美好。」

劉醫師喚醒Alina：

「等一下我將數數字一到五，聽到五的時候，你會歡喜的睜開眼睛，重新領受到一個新的心靈狀態、能量與覺知，重新對未來展開新的一頁，一個新的、歡喜的、豐盛的、創造的生命樂章。要牢牢地將這個經驗中所有的訊息深植在心靈，在生命未來每個分秒中，這種心靈覺知會瀰漫在你生命中的每個行動中，讓你生命未來的舞動，符合這一次所覺知的一切訊息。」

Alina回醒了，臉上帶著平靜、歡喜。

劉醫師：「恭喜，非常殊勝難得。」

Alina：「我都不知道自己講了些什麼，那個能量很強，我覺得到現在好像還有一種發抖的感覺，整個過程中似乎一切都是自動的。訊息來時是一大框，要慢慢地體會它，分解它。有時候因為回應時間很短，來不及分解它。」

劉醫師：「我可以瞭解，對我來講，這些訊息非常的有深度，內容豐盛。我心中滿滿的歡喜，這個冥想對於妳無疑是個祝福。非常好，謝謝。」

Alina與神聖智慧能量意識聯結訊息討論

再談Alina聯結中揭露的訊息是真相嗎？

人們面對人生，心靈深處總是渴望靈魂永存，渴望美好的未來世界。為了強化這個期望，人們會透過宗教信仰探索安身立命的答案。

然而令人不安的是，現世檯面上宗教信仰提示的生命真相多如7-11架上的貨品，不可勝數，且不盡相同；它們之間甚至於相互矛盾、對立。令人警覺的是，真相當然只能有一個；換言之，絕大多數宗教信仰偏離了真相。

Alina催眠中在與「神聖智慧能量意識」聯結下，揭露了許多與生命相關的訊息。這些訊息部分與現世主流宗教教義相符，而部分存在岐異，它們是真相嗎？對這個疑思，人們思想內有限的入世資源是無法提示答案的。所以，面對Alina在催眠聯結中提示的內容，不妨以歡喜的柔軟心當電影欣賞就好了。

也許此刻你會問：「如果我對真相不清楚，那面對生命我到底該怎麼辦呢？」面對這個議題，我不打算偏執某一方，信誓旦旦地告訴你真

相是什麼，但我可以提示你二個你不難接受的理性建言。

第一個建言是：

依前面所討論的，面對生命真相不管你打算怎麼辦，絕對不在半信半疑下強迫壓寶，賭某個信仰是真相。面對生命真相選錯了邊，可能會輸的很慘。理性的做法是謙卑的執持不知論，不知就是不知，不要刻意賭單雙。

第二個建言是：

在安全的考量之下，不妨執持一種兩全其美的哲學觀，就是暫時採用「腳踏兩條船策略」。什麼叫做「腳踏兩條船策略」呢？

當你在波濤洶湧的怒海中，腳下有兩條船，你不清楚哪一條船是救命方舟。在不知情的情況下，不要勉強自己踏上某條船。智慧的做法是暫時不做決定，把兩隻腳同時跨在兩條船上，待確定了那條船是真正救命方舟後，才再把二隻腳同時踏在那條確定的方舟上。

基此，面對兩個不同版本的生命真相，一個是「無神論」，一個是「有神論」，當你不清楚那個版本是真相時，可考慮暫時同時接納這兩種版本為真相。在這個策略下，不管那個版本是真相，既然所執行的生命內容同時符合二個版本真相，當然會是贏家。這個策略既瞻前也顧後，不是滿有智慧的嗎？

在這個策略下，你願意暫時接納「無神論」是真相。什麼最佳生命型態符合無神論呢？

為了不虛度此生，你會利用有限生命盡情享受，且令它美好、豐盛、精彩，精彩到像是在元旦除夕滿天燦爛的煙火。這個「無神論」下的生命觀你一定可以接受的，不是嗎？

這個策略下，你也願意暫時接納「有神論」是真相。什麼最佳生命型態符合「有神論」呢？世間主要宗教核心信仰皆大同小異，我驅異取同，綜合一些你可說服自己接受的論點：

- 💡 相信生命結束後並未消失，靈魂永存。
- 💡 相信人生是場祝福下的心靈旅程。生命苦短，應盡情在當下享受它。
- 💡 相信人生所做所為與往生後去處與轉化的角色有關。
- 💡 相信輪迴下的因果業報存在，因此，能避開身、口、意三業就努力避開吧。

💡 相信人生是個學習場域，不妨學習一些靈性長流中可帶得走的東西，例如勇氣、自由、寬恕、愛、慈悲、智慧等等。

此刻你也許會問我：「我同意你的見解，但如果往生後我消失了呢？這一切不是白做了嗎？」其實你的顧慮是多餘的，為什麼呢？

想像一下，不管到底生命結束後是那一個答案，如果你往生後就消失了，那麼學習寬恕、愛等心靈美質有什麼不好？但如果人往生後靈魂恆存，那你可賺大了，因為你學習的一切是生命帶走的東西。

所以，不管生命的真相是哪一個，執守「腳踏兩條船策略」會令你永遠是贏家，不是嗎？

第九章 第三十二篇 能量意識聯結 I Alina 與神聖智慧

第九章　前世回溯案例探索

第三十二篇　Alina 與神聖智慧能量意識聯結

〔II〕

第九章　第三十三篇

能量意識聯結 II

Alina 與神聖智慧

Alina與「神聖智慧能量意識」聯結 {II}

陪同Alina做完第一次與神聖智慧能量意識聯結後，她自覺心靈變動頗大，既改變了生命觀，且自覺對生命真相有了清晰的覺知。約一年後，直觀下邀請Alina做第二次聯結。對我的邀請，Alina欣然同意。

Alina此次聯結下接收的訊息，與她上次聯結訊息相互呼應，既有加乘性，且有續集感。雖然聯結中一些內容與前次聯結重覆，但基於其重要性，有些內容仍會提示分享。

劉醫師：「當妳聽到數字一的時候，妳將與神聖能量意識連結，三、二、一，Alina，能說出此刻感覺嗎？」

Alina：「很平靜、舒適（註一）。」

註一：Alina催眠中聯結的「神聖智慧能量」到底是什麼？

依Alina描述，她此次聯結的「神聖智慧能量意識」與上一次聯結的能量意識是相同的。

宗教徒也許會好奇，問Alina聯結的「神聖智慧能量意識」是何方神聖，這個提問永遠沒有答案。在既往催眠個案的聯結經驗，沒有一個「神聖智慧能量意識」告知祂是誰，譬如說菩薩或耶和華。「神聖智慧能量意識」在一切實相之先，在一切之上，祂既沒有名字，也不存在位階。

在聯結中，我曾好奇的問祂為何現身回應提問，得到答案是：「應許你心中需要而來」。

劉醫師：「此刻想要說什麼？」

Alina：「人們在慣用語言和文字溝通，然而生命本態全然是一種感受。所以大家用耳朵聽語言、用頭腦分析文字的同時，我邀請大家把心打開，用自己的心去感受生命（註二）。」

註二：我邀請大家把心打開，用自己的心去感受生命。

Alina在聯結中所接受到的訊息，並非言語，而是一筐感受。如何將一筐感受轉化作言語，是Alina聯結中要抉擇的。也因此，Alina有些聯結下的言語需要揣測、解析才能瞭解。

什麼是「用自己的心去感受生命」呢？

前面提示過，思想由於其資源屬入世的侷限經驗，絕非探索生命真諦的好工具。人們面對真相，可知道為什麼總會激烈的爭辯？因為當人們心中存在恐懼，怕真相不真時，會在面對真相矛盾時存在情緒。

面對生命真相，有一種人是鸚鵡型追隨者。他們不相信自己的探索，但相信上師、法會、心靈課程的教導。別人講什麼，他們就信什麼。在真相尚未水落石出之前，奉勸各位莫要學鸚鵡，鸚鵡是沒有資格判斷真相的。強制自己信服某個真相，等同到拉斯維加斯賭場賭單雙，不是嗎？

如前面所提示過的，如果想完整的盡信真相，得先放下思想。思想放下後，令內在升起深處的「自性」或無意識（Nil consciousness）

第九章　第三十二篇　能量意識聯結 II
Alina 與神聖智慧

去覺知真相。記住，是覺知真相，而非用自我催眠來強制自己去相信
真相。這種探索真相的模式，就是Alina說的：「用自己的心去感受
生命」。

第
九
章
第
三
十
三
篇
能
量
意
識
聯
結
II
Alina
與
神
聖
智
慧

劉醫師：「您的意思是，與其用大腦來詮釋生命，不如用心去感受生
　　　　命？」

Alina：「是的，感受與我們在一起的這個能量。」

劉醫師：「我想詢問生命到底擁有一個目的嗎？」

Alina：「你可以說有，也可以說沒有。」

劉醫師：「如果說有，什麼算有呢？」

Alina：「生命的存在就是目的。」

劉醫師：「那如果說沒有呢？」

Alina：「生命沒有任何的計畫，就只是存在著（註三）。」

註三：生命沒有任何的計畫，就只是存在著。
依Alina的訊息，生命沒有任何的計畫，就只是存在著，有趣嗎？

「人」的「創生」與「入世經驗生命」，是根源母體在其量子態能量
意識波動下的自然現象。其波動的背後，並不存有任何固定導向的目

的，它純粹是能量意識在自由選擇下的「二元經驗探索」。但人入了人間，暫時制約於思想。在思想運作下，一切思念與行動都是目的導向的。

針對「生命目的」這個議題，沒有固定答案，也沒有什麼對跟不對，端看從那個能量意識層級來看，不同層級的能量意識所覺知的生命不同。Alina說：「生命沒有任何的計畫，就只是存在著」，她這段話是依循高維根源母體的能量意識覺知；Alina說：「可以說有」，她這段話是依循三維層級人類的能量意識覺知。

有趣嗎？

劉醫師：「生命中所有一切，包括物質、權力、地位，愛情，我們該怎麼看待這些事情呢？」

Alina：「所有的這一切，它只存在我們頭腦的認同之中。」

劉醫師：「我們頭腦所認同的是本相、真相、實體嗎？」

Alina：「它是實體的另一面（註四）。」

註四：生命中存在的物質、權力、地位、愛情是實體的另一面。

前面已提示過，人們生命中追求的一切，包括物質、權力、地位與愛情，在思想感受下都是真實的。但從高維靈性層級觀察，終究只是短暫的泡沫幻影。一個人擁有肉體與思想，很難否定物質、權力、地位與愛情的存在與誘惑。但往生後回到高維層級的能量意識覺知，他將清楚的了解，這一切都是帶不走的虛相。

劉醫師：「能不能針對所有的眾生，提示人在生命中該怎麼去決定這個經驗呢？還是他不必去決定這個經驗？」

Alina：「生活的經驗與生命的經驗存在不同的層次（註五）。」

註五：「生活的經驗」與「生命的經驗」存在不同的層次。

依Alina聯結下的訊息，人經驗生命有兩種模式，一種是「生活的經驗」，一種是「生命的經驗」，往下解說這兩種經驗的差別。

多數人面對生命，仰賴大腦的思想主導，這是Alina說的就是「生活的經驗。」想瞭解「生活的經驗」屬性，就得瞭解思想是如何產生的。

前面提到過，思想並非生下來就已存在，它是入世後創制的。人呱呱落地入人間後，隨著生命歷練，一些東西慢慢進入大腦貯存起來，它包括生命的經驗、知識、教條、人生觀與信仰等等。這些進入大腦資訊的累加，就創造了思想。思想資源既然侷限於入世經驗，自然對探索出世生命真相是斷手斷腳的。

請設法理解，大腦總體意識的深邃結構中，存在多層不同維度層級的能量意識。它如同多格寶盒，而思想，只是多格寶盒中的一格而已。當你沉迷於寶盒中某一格，認定該格就是整個寶盒，那你會缺乏動機打開寶盒其它格層。也因此，你杜絕了探索寶盒中其它格層的寶藏。

如同前面曾提示過，依禪定下的覺知，人的總體意識中，除了「表層思考邏輯意識」與「較深層的潛意識」外，還存有更深層的非思想形態意識，我稱他為「無意識（Nil consciousness）」，佛家稱他為「自性」，神秘主義稱他為「高我」。「無意識」具有超越三維的覺知能力，而且是一元的。

如何升起「無意識」呢？當你能夠讓心靜止不造作時，「無意識」會升起。當「無意識」升起後，它能夠與宇宙的「量子能量網」聯結，而在聯結中截取生命的訊息、指引、知識、能量與生命真相。當開發了無意識去覺知與經營生命並接受天外指引時，這就是Alina所謂的「生命的經驗。」

有些人也許會質疑：「此處講的無意識有點詭異，不知道該不該相信它」。他們當然不會知道，因為沒有經驗過。惟有透過實體經驗，可驗證它的存在。思想對未知，總是抱存懷疑，單純思想下的揣測，不存在意義。

怎麼經驗無意識呢？讓心真正的安靜吧！

如果上述內容是實相，那麼面對生命，你希望利用思想去經營生命？還是利用無意識去經驗生命？這一切都是你的選擇。話說回來了，生命既然不過就是一場經驗，願不願意開發你的無意識，是你的選擇，不是嗎？想開發就開發吧，不想開發也沒有錯，下一世再來吧！

劉醫師：「可以進一步解釋嗎？」

Alina：「如果我們生活中用頭腦感受經驗，這些經驗就只是你頭腦的認同而已。」

劉醫師：「那人如何正確的經驗生命呢？有一個普世模式可以教導大家正確地經驗生命嗎？」

Alina：「生命的旅程其實起點也就是終點。在離開起點後，我們由一進入到二，穿越二，超越二，又回到了一，而這整個過程是為了感受一（註六）。」

註六：生命的旅程其實起點也就是終點。

Alina在此處用最簡單的方式揭露了生命真相。她提示：「生命的旅程，其實起點也就是終點。」這段話揭露的訊息是什麼呢？

我們來自於一元的根源母體，離開根源母體後，進入了二元世界經驗生命。當歸鄉的訊息出現了，我們就會從二元世界返回一元的根源母體。這一切是個循環，在這個循環中所有的一切都是經驗，既不得，也不失。

當你了解這個生命終極祕密後，面對的人生，你會自然地放下執著，變得既柔軟又達觀，面對苦也不再那麼苦了。此外，你會放下對任何結果的執著，而著重在經驗。

什麼時機會引動一個人回歸合一呢？

在人間有些所謂的老靈魂，他們對於人們汲汲營營追求的一切已了無興趣，莫名的感受存在著另一個家，且莫名的存有歸鄉思念。知道候鳥到了秋天嗎？牠會在心靈訊息指引下，存在淡淡的鄉愁。牠會把頭頻頻轉向北方，準備振翅高飛，飛回牠生命該去的地方。

劉醫師：「您提示生命並沒有擁有一個目的，是這個意思嗎？」

Alina：「是的，可以這麼說。」

劉醫師：「生命純然是個感受的旅程，從零進入一，感受二，幻化回到一的原點。經驗的本質擁有某一種成績或者是結論嗎？」

Alina：「依頭腦層次感受，經驗的本質可給它任何結論，但依根源母體感受，經驗的本質並沒有任何結論（註七）。」

註七：依人的頭腦層次感受，經驗的本質可給它任何結論，但依根源母體感受，經驗的本質並沒有任何結論。

根源母體能量意識屬性是一元的，所以對人在人生的經驗無感、無好壞評分、無結論。但能量意識入人間後屬性是二元的，他在頭腦層次對人間的經驗有感，有好壞評分，且有結論。他必須要對人生經驗有感、有結論，如果對經驗無感，又何言經驗呢？

能量意識入人間經驗生命前，曾自行規劃了一個探索不同生命經驗的旅程。當規劃定了案，該能量意識進入二元世界後，會遵循這個規劃在紅塵起伏翻滾，且不再輕易改變規劃。各位收藏郵票嗎？收藏郵票的人必須把整套郵票收藏完才會收手。多數能量意識會經驗人間所有一切二元感受後，才會在心中響起回歸根源母體的叮嚀。

所以你開始理解，生命中很多的際遇好似是隨機混沌的，但並非如此。基於完整經驗生命的企圖，貌似無常的生命際遇其實是既定的規劃。然而從更高靈性層級下觀，人生經驗終歸只是一場自導的戲碼，它不存在任何結論，且在歸鄉時自動歸零，是帶不走的。

劉醫師：「生命中充滿著二元對立的情緒，比如說像愛跟恨，人該怎麼去面對這類二元對立的情緒呢？」

Alina：「我想邀請大家感受自己所追求的背後真相。生命真實的感

受是什麼？在物質世界中我們要追求的只是個表象。大家追求愛情，它背後真正渴求的是什麼？所有物質世界中顯化的一切，其實都對應出我們生命旅程中正在經歷的狀態，而這股能量推動著我們去生命該去的地方，它就是存在之流。而這一切都是為了讓生命去感受。」

劉醫師：「生命經驗與追求的，有單純的對、錯，好、壞嗎？」

Alina：「沒有任何對、錯，好、壞（註八）。」

劉醫師：「善是好嗎？惡是壞嗎？」

Alina：「它們是頭腦的認同。」

註八：生命經驗沒有任何的對、錯，好、壞。

Alina聯結中提示：「生命經驗沒有任何的對、錯，好、壞。」有人聽了這句話會說：「不會吧，你是說做錯或做惡沒有不好嗎？」

從有思想的二元肉身來講，會非常理所當然的認定「對」是好的，而「錯」是壞的；「善」是好的，「惡」是壞的。因此，在思想的引導下，人們會堅持要對的，不要錯的，要善的，不要惡的。對於此點，佛教背了書。佛教教義強調人面對人生時，不得存有「邪見」或「邊見」；也強調不得作惡，作惡在因果業報律下會有業報。

從二元思想者來看，這些見解是真理。但從高維靈性層級來看，人生不過只是能量意識自編、自導、自演的旅程或一場戲而已。所以佛陀利用「不生不滅，不垢不淨，不增不減」這段話，為人生戲背了書。

宗教叫人為善好不好？很好；愛人好不好？很好；原諒別人好不好？很好。但終結，生命只不過是一場短暫的戲碼。因此，不管旅程經驗如何，對根源母體來說，正負雙向的二元經驗都是圓滿的。

但切記，這個論點並沒有明示或暗示人可跨矩作惡、失德或違法，到底這一切，會帶出人間令人痛苦的唾棄與處罰，不是嗎？

劉醫師：「所以對跟錯，也不過就是大腦下的認同而已？」

Alina：「是的，而每一個人的標準都不同。」

劉醫師：「但如果人一切生命行動都仰賴大腦主導，那他如何覺知這一切呢？」

Alina：「正是這個大腦的主導在帶領生命去流動。而它最終也將再回到起點。」

劉醫師：「大腦帶動生命變動是您建議使用的模式嗎？」

Alina：「沒有任何的建議，因每個生命都是圓滿美好的，他們都正在經歷自己所需要經歷的旅程。他們在的每一個點，都是完美的。」

劉醫師：「所以並沒有對錯、好壞、圓滿與否，最終結都不過是一個經驗的旅程，是嗎？」

Alina：「可以這樣說。」

劉醫師：「離開源頭後，當大腦充斥著生命各種制約經驗後，就失去了對源頭的認知，我們有任何模式覺知源頭嗎？」

Alina：「覺知源頭，是一個頭腦放下與簡化的過程。」

劉醫師：「當思想佔據大腦後，生命都是由大腦主導。眾生在生命中有必要覺知源頭嗎？還是這是他的選擇？」

Alina：「它是一個必定的旅程。」

劉醫師：「不管眾生選擇覺知或者不覺知源頭，最終它會走向同一個答案，是嗎？」

Alina：「是的。」

劉醫師：「在人的大腦意識下，時間流有長短，百年、千年、萬年，時間是存在的實體嗎？」

Alina：「時間並不存在（註九）。」

註九：時間並不存在。

人在大腦意識下，認定時間是存在的實體。

物理學家用五百公克力量丟出一顆球，球以每秒五公尺的速度到達某一點。估量球體移動時，時間是必存因素，這是物理時間。你坐在花園中賞花，心中會感受過了半小時，這是心靈時間。我們心靈中有個時鐘，它不斷滴答、滴答的作響。

你可曾注意到你的心中有個時間長軸嗎？這個長軸像廣東燒臘店櫥窗內掛的烤鴨，軸上掛滿了一串串既往記憶與未來規劃。時間是思想下的產品，它在三維世界是實相，但在一元神聖能量意識的覺知下，時間是不存在的。想探索真相嗎？你得放下思想中時間因子。

劉醫師：「人一切的生命計畫都在時間節奏下被不斷的設定，人需要時間因素嗎？」

Alina：「如果一個人他認同他大腦的時間元素，那他就創造了被時間所控制的生命，但這也是他想要去經歷的。」

劉醫師：「當人想在時間長河覺知下運作一切，這是他靈性的選擇，他有對錯嗎？」

Alina：「沒有所謂的對錯。」

劉醫師：「人的出現是創生母體計畫下的行動嗎？」

Alina：「不能說是計畫，它是萬有一個自然發生的現象（註十）。」

劉醫師：「祂是一個自然的波動，任何能量都有波動的特質嗎？」

Alina：「是的。」

註十：人的創生是萬有一個自然發生的現象。

依據Alina訊息，人的創生並非萬有蓄意促成的計劃，這是祂自然的一種能量波動。

劉醫師：「宗教您怎麼看？」

Alina：「宗教？」

劉醫師：「是，一群人相信有個神，神是對萬物創造、教育與顯化的角色。」

Alina：「那是人類頭腦集合創造出來的幻象（註十一）。」

註十一：宗教的神是人類頭腦集合創造出來的幻象。

依Alina所接收的訊息，宗教的神是人類頭腦集合創造的幻象。相信這段內容一些宗教徒聽起來會有點難以接受，但值得探索。

請瞭解「神」與「宗教」不是同義詞；神意指某個至高無上的「神聖智慧能量意識」，而宗教則是一群人為了宣揚神所組合的團體，二者之間不見得是等號。

談三個值得關切的宗教議題：

💡 其一、現在坊間有許多宗教，每個宗教教義都不盡相同。真相只能有一個，但教義相異的宗教卻多到論百計算，那一個宗教教義是真正的真相呢？

第九章 第三十三篇 能量意識聯結 Alina與神聖智慧 II

💡 其二、千年來人們不斷編改宗教經典。既然宗教經典是眾人編寫成的，就難免存在著個人疏失、企圖或慾望，而令經典內容偏離真相。

💡 其三、頗多宗教千年來經常不斷的分裂與演化。理論上「神」當然不會演化，演化的是人的想法。

宗教當然很好，它給了社會穩定性與心靈安定的力量。此處要談的，不是宗教的貢獻，而是如何接近生命真相。一般在信仰下理解的神，到底是真正的神？還是只是在信仰制約下投射的神？也許上師或牧師沒有投射，但是我們可能投射了。

試問，面對所謂的神，我們心中如實感受到真神的臨在嗎？還是只是思想堆積的幻相呢？

劉醫師：「依您所提示，一些宗教的神是人集合性地用大腦創造的幻象。我不經好奇，人為什麼會用大腦共同創造一個願意相信與依賴的神，而這個神卻不是真相的神？」

Alina：「在感受分離的過程中，生命會感受到空虛、無助，他們會渴望向外去尋找依賴（註十二）。」

註十二：人在感受分離的過程中，生命會感受到空虛、無助，他們會渴望向外去尋找依賴。

依Alina聯結下的訊息，人在離開根源母體後，會隱隱約約感受到與源頭分離的空虛與思念。這種思鄉情結，會令人們不自主的在集體意念下創造了一個療癒的神。

宗教徒面對自己的宗教，心中都願意相信宗教提示的神是真相。在這種集體心靈能量的認同下，宗教提示的「神的意念」，會透過集體潛意識傳播到更大的群體，令人們會自動強化他們共信的神。

《聖經》裡神提示：「我以我的樣子創造了人」。試問，到底是神以祂的樣子創造了我們？還是我們以我們內在的投射創造了神？切記，我沒有否定神，我只是否定人對神過多的投射。

劉醫師：「當生命在流動過程中感覺無助痛苦的當下，心靈在共同意念下創造了一個療癒的神，有多少宗教內涵是接近真正的萬有呢？」

Alina：「這個問題很難回答，每個人面對他的宗教，心中都有一個相信，而每個相信就造就他們自己的神。然而這整個過程，每一個人之所以追求他們相信的神，是順應帶領他們回到源頭的那個內在能量。在這個過程當中，他們一世一世的去追尋、去體驗、去完整。」

劉醫師：「所以人會在對神的覺知中去體驗，去圓融完整它。圓融完整對神的覺知是生命的目標嗎？」

Alina：「這只是生命的過程。」

劉醫師：「佛教相信輪迴，催眠師引導被催眠者覺知到一世一世的生命，每世生命都如此的真實，有一個輪迴嗎？」

Alina：「每個人對輪迴的定義不同。在天地大自然中早已有答案。太陽會升起、落下，月亮圍繞著地球運轉，宇宙的星球都圍繞著在轉著；所有生命的過程都是一個圈（註十六）。」

註十六：Alina說：「所有生命的過程都是一個圈。」

什麼是生命的過程都是一個圈？

人源自於根源母體，在離開根源母體後進入人間。人透過輪迴，一世一世在人間中體驗。當人在人世的二元經驗完整後，會透過某種覺知或途徑，引導他們回到源頭。所以Alina說：「所有生命的過程都是一個圈。」

劉醫師：「您可不可以更直接提示，生命後另有生命嗎？」

Alina：「其實每一個人對這個題問都有答案。只是他們選不選擇去聽到這個答案，這個答案只有在頭腦靜止的時候才能真正地浮現。」

劉醫師：「怎麼界定死亡呢？」

Alina：「人生中的死亡，其實就像是換掉一件衣服而已（註十七）。」

註十七：人生中的死亡，其實就像是換掉一件衣服而已。

依Alina聯結下的指示，死亡並非實體消散，它只是人在靈魂長河流動的中間站。所以Alina形容死亡像換掉一件衣服，脫掉一件衣服後換上另外一個新裝。

劉醫師：「那衣服換掉了之後，就是另外一件衣服嗎？」

Alina：「那是生命的選擇。」

劉醫師：「個體在能量世界中，他是被迫去選擇，還是他主動的擁有選擇？」

Alina：「每一個生命都可自由的去選擇。」

劉醫師：「您是說在生命中經驗的一切，包括快樂、痛苦、成功、失敗、怨恨、歡喜等等一切，都是靈性的自由的選擇嗎？」

Alina：「生命的本相就是自由（註十八）。」

註十八：生命的本相就是自由。

依Alina所言，每個靈在靈性長河所經驗的一切，並非被強迫的，而是靈的自由選擇。

有些人抱怨生命苦多樂少，希望往生後選擇不再進入人世，真相不盡然如此。你覺得苦多樂少，那是你思想下的錯覺；在你心靈深處根性下，你是自願入人世享受人生的悲歡離合，只是你忘了。

人生境遇終究是你來人間之前自編自導的戲碼，如果你真的很想重新規劃生命，企圖離苦趨樂，不是不可以，但改編戲碼不是無條件的，你的思想運作不能夠幫助你。你必須放下思想，在呈現「真我」時，好好的在高靈覺知下改變你的選擇。

劉醫師：「每一個生命的能量，是一個擁有性的能量嗎？是一個獨立的能量嗎？」

Alina：「這是一個很難用頭腦理解的現象；它是獨立的，卻又是連結一體的（註十九）。」

註十九：每一個生命的能量，是一個擁有性的能量嗎？是一個獨立的能量嗎？

這句話問得有點咬文嚼字，此處想問的是：人感受到存在著一個獨立的「我」，這個獨立的「我」恆存嗎？還是「我」會消散呢？

Alina的回應可用杯中水為比喻來解釋。假設你是杯子中的水，你會認定這杯中的水就是你。

但當這杯水被倒進大海了，那你還存在嗎？

思想是擁有性的能量意識；當你在輪轉中一世一世的期望經驗人生情境，這個「我」的意識必需存在。但若「我」回歸了根源母體後，思想消散了，那「擁有我」的意識就自動消散了，你與根源母體融合為無我之一合態。

到底擁有一個「我」好呢？還是呈現一合態比較好呢？

好多人當不堪面對生命中的苦，看透人生不過是短暫的虛幻泡影，會想要回到根源母體。然而不妨換個角度，在靜心中感受一元的根源母體。根源母體沒有「我」的存在，沒有「我」的感受，呈現了一個恆在的無時、無空、無形狀態，這個狀態你喜歡嗎？

這個提問不存在標準答案，一切皆在於選擇。

現在，依你在思想運作下的詮釋，認真感受一下，你真的想放棄二元覺知，而融入一合嗎？面對二元的人生中，好吃的東西不是很棒嗎？愛情不管甜或苦，不是很刻骨銘心嗎？人生的悲歡離合，雖然動盪坎坷，不是既刺激又精彩嗎？你真的願意放棄二元的生命嗎？

記住，沒有標準答案，一切皆在於選擇。

當然，在這個無垠的三千大千世界中，除了根源母體，另外還有許多不同層級的靈性世界。有些世界沒有痛苦、競爭，只有平靜、創造與歡喜；也有些世界無肉身，呈現恆在的光、智慧與愛。你若厭煩坎坷多苦的地球人生，儘可選擇這些樂多苦少的界域。然而要轉進這種高維界域，不是無條件的，你必須先轉化、提升內在心靈的震動頻率。

劉醫師：「我剛提到的問題是從眾生大腦下的關切，在真相覺知中，這不算是一個問題，是嗎？」

Alina：「是的。有些問題很難用大腦去理解。要理解得完全的在心放空的情況下去感受（註二十二）。」

註二十二：要理解得完全的在心放空的情況下去感受。

一些人為了要覺知生命真相，會著意修某個祕法。然而如佛陀所言：「萬法法，萬法非法」，萬法不如無法。何妨化繁為簡，用簡單法：「請學習放下紛亂造作的思想，升起你既有的無意識。」升起無意識後，展開更高維的智慧去觀照世界。如此，你對人間百態會有更深層的理解。

劉醫師：「面對這樣一個美好的三千大千世界，您可否給眾生一些生命建言？」

Alina：「每個人正在經歷的都是完美的，都是他們所需要經歷的，我們內在的生命與源頭從來未曾分離過，它是聯結著。每一

個人都可以去選擇，去感受祂或是忽視祂。現在所經歷的不論是好是壞，而最終聯結會帶領你們每一個人從二進入一，回到萬有，回到空無。」

「生命一切的過程，都可以在每個念頭間有所改變跟轉化，一切的發生都是自己的創造與選擇。我們都可以選擇去超越或是繼續留在生命的因果輪迴之中。如果選擇留下，那也只是因為那個生命個體需要更多的經歷去圓滿它的過程。」

「我希望大家不要用頭腦的感覺與思想來體驗與分析這種過程，因為那並不重要。重要的是在每一個當下覺知生命，覺知生命而不是覺知生活。在大家覺知生命之後，每一個人都會有答案，那個才是真正的答案。」

Alina與神聖智慧能量意識聯結總結

看完了Alina聯結下的訊息，有什麼感想？如果不要刻意的與某個宗教或信仰評比，不覺得內容看起來頗有趣嗎？何妨就當作自己是個歡喜觀賞電影的第三者，觀賞就好了。至於辯證真偽，就交給時間評斷吧！

結語

人生有趣，怎麼說呢？面對同樣的人生，不同的人卻擁有不同的人生觀。有些人覺得生命充滿挑戰與壓力，苦多樂少，總希望走完這一世後，快快去宗教應許的天堂。但另有一種人，態度截然相反，總覺得人生殊勝難得，一定要盡情的經驗與享受，讓生命變得精彩。

到底生命是什麼？是詛咒？還是祝福呢？答案並非在於你擁有什麼？或者這個世界能給你什麼？而在於你心中對於生命的認知與價值觀。

約在一年前，順應心中指引，寫了這本書《由前世看今生－幸福的外一章》。衷心希望這本藉由回溯探索生命真相的書，能夠激起你內在的光，點燃心中熊熊之火，令你精彩的享受難得的人生。

想追求幸福嗎？

希望本書為你開啟一道幸福、智慧之門

結
語

由前世看今生 幸福外一章

作　　者：劉心陽
美術編輯：簡綷優（集美印前有限公司）
責任編輯：郭念洛
企畫選書人：賈俊國

總　編　輯：賈俊國
副總編輯：蘇士尹
編　　輯：高懿萩
行銷企畫：張莉榮·蕭羽猜

發　行　人：何飛鵬
出　　版：布克文化出版事業部
　　　　　台北市中山區民生東路二段141號8樓
　　　　　電話：(02)2500-7008　傳真：(02)2502-7676
　　　　　Email：sbooker.service@cite.com.tw

發　　行：英屬蓋曼群島商家庭傳媒股份有限公司城邦分公司
　　　　　台北市中山區民生東路二段141號2樓
　　　　　書虫客服服務專線：(02)2500-7718；2500-7719
　　　　　24小時傳真專線：(02)2500-1990；2500-1991
　　　　　劃撥帳號：19863813；戶名：書虫股份有限公司
　　　　　讀者服務信箱：service@readingclub.com.tw

香港發行所：城邦（香港）出版集團有限公司
　　　　　香港灣仔駱克道193號東超商業中心1樓
　　　　　電話：+86-2508-6231　　傳真：+86-2578-9337
　　　　　Email：hkcite@biznetvigator.com

馬新發行所：城邦（馬新）出版集團 Cité (M) Sdn. Bhd.
　　　　　41, Jalan Radin Anum, Bandar Baru Sri Petaling,
　　　　　57000 Kuala Lumpur, Malaysia
　　　　　電話：+603- 9057-8822　　傳真：+603- 9057-6622
　　　　　Email：cite@cite.com.my

印　　刷：集美印前有限公司
初　　版：2020年（民109）1月
售　　價：750元（平裝）

ISBN：978-986-5405-28-1

© 本著作之全球繁體中文版為布克文化版權所有·翻印必究

城邦讀書花園
www.cite.com.tw　布克文化 WWW.SBOOKER.COM.TW